Nicolás Gissi

Indígenas urbanos y economía moral

Nicolás Gissi

Indígenas urbanos y economía moral

Oaxaqueños en Ciudad de México

Editorial Académica Española

Impresión

Informacion bibliografica publicada por Deutsche Nationalbibliothek: La Deutsche Nationalbibliothek enumera esa publicacion en Deutsche Nationalbibliografie; datos bibliograficos detallados estan disponibles en Internet en http://dnb.d-nb.de.

Los demás nombres de marcas y nombres de productos mencionados en este libro están sujetos a la marca registrada o la protección de patentes y son marcas comerciales o marcas comerciales registradas de sus respectivos propietarios. El uso de nombres de marcas, nombres de productos, nombres comunes, nombres comerciales, descripciones de productos, etc incluso sin una marca particular en estos publicaciones, de ninguna manera debe interpretarse en el sentido de que estos nombres pueden ser considerados ilimitados en materia de marcas y legislación de protección de marcas, y por lo tanto ser utilizados por cualquier persona.

Imagen de portada: www.ingimage.com

Editor: Editorial Académica Española es una marca de
LAP LAMBERT Academic Publishing GmbH & Co. KG
Heinrich-Böcking-Str. 6-8, 66121 Saarbrücken, Alemania
Teléfono +49 681 3720-310, Fax +49 681 3720-3109
Correo Electronico: info@eae-publishing.com

Aprobado por: Ciudad de México, Universidad Nacional Autónoma de México, Tesis Doctoral, 2009

Publicado en Alemania
Schaltungsdienst Lange o.H.G., Berlin, Books on Demand GmbH, Norderstedt,
Reha GmbH, Saarbrücken, Amazon Distribution GmbH, Leipzig
ISBN: 978-3-8465-7020-3

Imprint (only for USA, GB)

Bibliographic information published by the Deutsche Nationalbibliothek: The Deutsche Nationalbibliothek lists this publication in the Deutsche Nationalbibliografie; detailed bibliographic data are available in the Internet at http://dnb.d-nb.de.

Any brand names and product names mentioned in this book are subject to trademark, brand or patent protection and are trademarks or registered trademarks of their respective holders. The use of brand names, product names, common names, trade names, product descriptions etc. even without a particular marking in this works is in no way to be construed to mean that such names may be regarded as unrestricted in respect of trademark and brand protection legislation and could thus be used by anyone.

Cover image: www.ingimage.com

Publisher: Editorial Académica Española is an imprint of the publishing house
LAP LAMBERT Academic Publishing GmbH & Co. KG
Heinrich-Böcking-Str. 6-8, 66121 Saarbrücken, Germany
Phone +49 681 3720-310, Fax +49 681 3720-3109
Email: info@eae-publishing.com

Printed in the U.S.A.
Printed in the U.K. by (see last page)
ISBN: 978-3-8465-7020-3

Universidad Nacional Autónoma de México

Posgrado en Antropología
Facultad de Filosofía y Letras
Instituto de Investigaciones Antropológicas

SISTEMAS DE INTERCAMBIO ECONÓMICO, REDES SOCIALES
E INTEGRACIÓN URBANA DE LA POBLACIÓN
MIXTECA Y CHOCHOLTECA
EN LA COLONIA SAN MIGUEL TEOTONGO,
CIUDAD DE MÉXICO

T E S I S
Que para optar al grado de
DOCTOR EN ANTROPOLOGÍA

PRESENTA:

NICOLÁS GISSI BARBIERI

Comité Tutoral:
Dr. Hernán Salas Quintanal
Dra. Larissa Adler-Lomnitz
Dra. Cristina Oehmichen Bazán

Ciudad de México, 2009

ÍNDICE

"Si lo humano no posee una forma estable, sin embargo no es informe. Si, en vez de relacionarlo con uno u otro de los dos polos [sujeto y objeto], lo acercamos al medio, se convierte en el mediador y en el mismo intercambiador [...] Son sus alianzas y sus intercambios los que definen en su conjunto el *antropos* [...] ¿Cómo sería amenazado por los objetos? Ellos fueron todos cuasi-sujetos circulando en el colectivo que trazaban. Él está hecho de ellos, tanto como ellos están hechos de él. Él mismo se definió multiplicando las cosas [...] ¿Cómo sería manipulado por la economía? Su forma provisional es inasignable sin la circulación de los bienes y las deudas, sin la distribución continua de los lazos sociales que tejemos por la gracia de las cosas. Ahí está, delegado, mediado, repartido, enviado, enunciado, irreductible".

B. Latour, *Nunca fuimos modernos* (2007 [1991]).

"Cuando fui a Kafanchan pensaba hacer un estudio local, un experimento en antropología urbana, un estudio de una ciudad que en conjunto era heterogénea e internamente compleja [...] La gente de la ciudad, emigrantes de todos los rincones de Nigeria, pertenecían a grupos étnicos [...] Y la etnicidad, el "tribalismo", era, no hay duda, uno de los principios cotidianos de la organización social en la vida de la ciudad. Con todo, no puede decirse que no fuera una cuestión polémica. En el libro de registro [del hotel] Rosy Guest Inn -donde los huéspedes debían anotar su nombre, ocupación, dirección y también su tribu-, un huésped indignado escribió una protesta encendida contra el apartado de la tribu. Esto, decía, no cabía en una Nigeria unificada; era una costumbre retrógrada y debía abolirse inmediatamente [...] ¿Cómo se puede entender, y describir, una cultura modelada por la interacción intensa, contínua y a gran escala entre lo indígena y lo que viene de fuera? [...] La pregunta será poco más o menos la misma tanto si estamos en Broadway, como en el pueblecito de Suecia, como en cualquier otro lugar [...] Hemos de examinar detenidamente la interacción entre el Estado, el mercado y las formas de vida para comprender cómo llega a cobrar vida un *continuum* cultural internamente variado".

U. Hannerz, *Conexiones transnacionales* (1998 [1996]).

"Dando y dando, pajarito volando".
Gregoria, mixteca.

AGRADECIMIENTOS

Quiero agradecer a la Unión de Colonos San Miguel Teotongo su recepción y apoyo en la colonia durante estos años de investigación y mutuo conocimiento. Mi presencia en las asambleas los días lunes fueron momentos en los cuales pude acercarme a la sociedad mexicana, a su memoria colectiva y sus sueños, más allá de los objetivos que me propuse en esta tesis. En forma especial vayan desde aquí mis agradecimientos a Claudia Bautista, quien junto a brindarme su amistad y discutir algunas de las ideas que poco a poco surgían, me presentó a varios de los compañeros mixtecos y chocholtecos, como también zapotecos, mixes y mestizos, quienes dedicaron parte de su tiempo para compartir conmigo un poco de sus vidas. A ellos, a quienes migraron desde Oaxaca y a quienes nacieron en Ciudad de México, dedico este manuscrito.

A mis maestros de la Universidad Nacional Autónoma de México (UNAM), quienes transmiten sus conocimientos y experiencias con singular vitalidad y expertía. Especialmente al Dr. Hernán Salas, director de esta tesis, quien con sencillez y claridad supo orientar la presente investigación desde los cotidianos "detalles" siempre presentes hasta aquellos aspectos que requerían un especial bagaje académico. Al Dr. Ramón Arzápalo, en cuyo seminario tuve la oportunidad de cuestionarme premisas epistemológicas y procedimientos metodológicos. A la Dra. Larissa Adler-Lomnitz, creadora de una producción antropológica que constituye un modelo desde el cual pensar los nuevos hechos urbanos de este principio de siglo. A la Dra. Cristina Oehmichen y al Dr. Carlos Ordóñez, cuyos cursos y reflexiones en torno a las diversas temáticas étnico/nacionales me significaron un permanente replanteamiento de aquello que pensaba sobre uno u otro ámbito. A la Dra. Natividad Gutiérrez y al Dr. Horacio Cerutti, con quienes pude compartir múltiples análisis sobre América Latina, Nuestra América. Agradezco asimismo a las doctoras Virginia Molina (QEPD) y Regina Martínez, su invitación a participar en el seminario que dictaron en el CIESAS sobre Pueblos Indígenas en las Ciudades. Devino ésta en una inapreciable instancia para reflexionar junto a otros investigadores sobre algunos intereses y desafíos en común. Gracias a cada uno de ellos por su dedicada lectura de este (u otros) texto/s, por sus críticas y sugerencias.

A mi familia, padres, hermanos, tíos y abuelos, quienes siempre estuvieron presentes desde la distancia. Ellos me han enseñado, desde pequeño, que el conocimiento se logra tanto a través de los libros como del compartir con otras personas, parecidas y distintas, próximas y lejanas.

Al Ministerio de Planificación y a la Universidad de Concepción -y particularmente al Departamento de Sociología y Antropología-, en Chile, por los apoyos económicos (becas) que hicieron posible durante estos años (2006-2009) dedicarme al estudio de la Antropología, disciplina que le da sentido a mi trabajo profesional.

INTRODUCCIÓN

EL PROBLEMA DE INVESTIGACIÓN

La presente investigación busca contribuir al conocimiento existente hasta la fecha sobre los grupos étnicos residentes en las ciudades latinoamericanas, y particularmente en la Ciudad de México. Se propone dar un giro cualitativo respecto de anteriores problemas de investigación característicos hasta la década de los noventa, acerca de los denominados "indígenas urbanos". Me refiero a que preguntas como ¿son los conceptos indígena y urbano compatibles? o ¿es posible auto-identificarse como de una determinada etnia, habiendo nacido fuera de las comunidades campesinas o poblados del país?, ya han sido positivamente respondidas.

En México, las investigaciones de Butterworth (1962, 1971), Arizpe (1975), Kemper (1976), Hirabayashi (1984), Oehmichen (2005), Molina & Hernández (2006), Martínez (2007), entre otros, desde principios de los años sesenta -e incluso antes, con la pionera obra de Pozas (1959 [1948])-, hasta nuestros días han respondido a estas y otras interrogantes, demostrando que se puede pertenecer a un grupo étnico residiendo en las ciudades -de manera temporal o definitiva-, inclusive en una metrópoli o megalópolis, como en el caso de este estudio. Pensar de otro modo sería por lo demás reducir/esencializar a los indígenas como campesinos o habitantes rurales, no observándose/reconociéndose la dinámica empírica que nos revela una permanente interacción e intercambio entre la población residente en las urbes y los familiares que permanecen en el campo, así como con quienes habitan en las distintas ciudades de Estados Unidos. Sin embargo, aún quedan muchas interrogantes sobre la población indígena residente en las urbes mexicanas y en particular de Ciudad de México[1], muchas de las cuales se refieren a las relaciones

---

[1] La Ciudad de México se inserta en la Zona Metropolitana de Ciudad de México (ZMCM), la que está conformada por 16 delegaciones políticas que constituyen el Distrito Federal (D.F.), además de 37 municipios conurbados del Estado de México y uno del estado de Hidalgo, contando con una población total de 17.884.829 habitantes (Censo, 2000).

de la población indígena con el Estado y el mercado, así como a las dinámicas sociales en el espacio urbano.

Más que en el estudio de campesinos en las ciudades (en los poblados rurales oaxaqueños hay una diversidad de oficios, no solamente ocupaciones ligadas al trabajo agrícola) en esta investigación el foco de atención está en la población indígena (inmigrantes y nacidos en la ciudad) en tanto que habitantes urbanos, *urbanitas* de la Ciudad de México, una megalópolis multi-étnica.

En el marco de mi interés personal y profesional por conocer mejor nuestras sociedades latinoamericanas contemporáneas, en esta investigación he indagado los procesos de exclusión/inclusión, especialmente respecto a los pueblos indígenas[2], planteado desde un enfoque de reconocimiento de las minorías étnicas por parte del Estado-nación. Hoy la discusión entre la ilustración y el romanticismo está nuevamente "sobre la mesa"; sin embargo, no se trata de elegir entre posiciones extremas como un liberalismo individualista (moderno) o un multiculturalismo comunitarista (posmoderno). Precisamente sostengo que uno de los grandes desafíos que tenemos como sociedades nacionales es lograr un multiculturalismo que respete los derechos humanos, tanto individuales como colectivos. Ahora bien, distante me encuentro de una posición posmoderna[3], pero reconociendo sus

---

[2] La población indígena en México, de acuerdo a la Comisión Nacional para el Desarrollo de los Pueblos Indígenas (CDI) está conformada actualmente por 12.7 millones de personas, representando el 13% de la población nacional, de las cuales el 67.4% es hablante de alguna de las 62 lenguas indígenas del país, constituyendo el 10% nacional. Estas cifras consideran las estimaciones elaboradas por el Consejo Nacional de Población (CONAPO), a partir de los datos censales recabados por el Instituto Nacional de Estadística, Geografía e Informática (INEGI). Por su parte, de acuerdo al INEGI y considerando sólo el criterio lingüístico, en el D.F. habitan 141.710 hablantes de lenguas indígenas (HLI) mayores de cinco años (2000), representando el 1.8% de la población total del D.F. Sin embargo, los cálculos del Instituto Nacional Indigenista y del Consejo Nacional de Población (INI-CONAPO), que agregan los criterios de adscripción y hogares, estiman una población indígena de 339.931 personas, representando el 4% de la población total del D.F. La población indígena del D.F. es hablante de 57 lenguas indígenas y actualmente hay una tendencia al crecimiento respecto a su tasa de incidencia en la población total del D.F. (INI-CONAPO & PNUD, 2003).

[3] Este enfoque fue iniciado en la antropología por C. Geertz (1992 y 1994) a partir de la década de 1960 en Estados Unidos, y ha sido representado por J. Clifford (1999 [1997]) y G. Marcus (2000 [1986]; 2001, 2005), principalmente. Para una crítica de la antropología posmoderna -y de "la recurrente letanía 'pos'" (Sahlins, 2001: 302)-, ver Sahlins, *ibid*; García Canclini, 2008 [2004] y Alonso,

aportes: valoro el pluralismo, pero no el aislamiento; el nomadismo (la movilidad) mas también la estabilidad y seguridad; la diferencia, pero también la interculturalidad. Considero igualmente relevante dar cuenta de la heterogeneidad intracultural, pero sin temer usar el concepto de cultura o de grupo étnico. Me parecen también apreciables los acontecimientos y las micronarraciones, sin que esto signifique olvidar las estructuras (meso y macro) que los condicionan (Wolf, 1994 [1982]). El punto es que las interacciones e intercambios entre grupos e individuos diferentes sean cada vez más amplios, no para aumentar la desigualdad sino para acrecentar las oportunidades de los relegados e incluir la diversidad cultural enriqueciendo las identidades nacionales. Se trata, en fin, de que el reconocimiento de las diferencias étnicas al interior de los Estados nacionales se encamine hacia una integración real: política, económica y cultural[4].

Sabemos que usualmente en América Latina los miembros de grupos étnicos no sólo quedan privados de los mercados básicos (exclusión económica/individual), sino que también de los bienes políticos y culturales (exclusión social). Esta última privación implica aun más restricciones para la acumulación de recursos, en particular para la acumulación de capital humano[5]. Son estos "tejidos estructurales" -así como las prácticas cotidianas para destejerlos- los que se pueden conocer de abajo-arriba, a partir de la perspectiva y los procedimientos característicos de la antropología social: método fenomenológico/etnográfico, enfocándonos cualitativamente en las interacciones sociales. Estos desafíos se deben abordar desde un enfoque micro (local, "microscópico", considerando los contextos nacional y global), de unidades residenciales dentro del espacio urbano, dando cuenta -entre otras temáticas, y a partir de un análisis hermenéutico- de la dimensión económica de la vida social

2007, entre otros.

[4] Es de destacar que en 1992 (y 2001) se reconoció constitucionalmente el carácter multiétnico de México y ya en 1990 se ratificó el Convenio sobre Pueblos Indígenas y Tribales N°169 (1989) de la Organización Internacional del Trabajo (OIT), el instrumento internacional más avanzado en protección de derechos indígenas (sobre derechos económicos, sociales y culturales).

[5] Por "capital humano" se entienden los conocimientos y habilidades acumulados por un individuo como resultado de diversos factores, entre los que la salud y el grado de educación formal son prioritarios. Resulta un aspecto fundamental en la producción de bienes y servicios en la actual "sociedad del conocimiento" (Boisier, 1999).

inserta en relaciones/redes que a la vez son de parentesco o extrañeza, políticas y religiosas.

Preguntas y objetivos

La pregunta general planteada en mi investigación entonces es: ¿cómo los mixtecos y chocholtecos de la colonia San Miguel Teotongo se insertan/integran socio-económicamente hoy en día a la Ciudad de México y a la sociedad nacional en el contexto económico global de la "reforma estructural" neoliberal?, problema que se articula por medio de las siguientes preguntas iniciales: ¿qué tipos de intercambios socio-económicos predominan actualmente en las interacciones intra e inter-étnicas? ¿De qué manera los mixtecos y chocholtecos se vinculan (como individuos y como grupos etnolingüísticos) con los organismos estatales mexicanos? ¿Cómo participan en el sistema de mercado? Las respuestas a tales inquietudes se abordaron a partir de modelos teóricos propios de la antropología económica y urbana[6], y metodológicamente a través del trabajo de campo etnográfico, buscando una comprensión tanto transversal como longitudinal de la integración a la gran ciudad de los grupos étnicos estudiados en la colonia.

La presente investigación doctoral tiene como objetivo conocer las formas de inserción e integración socio-económica de la población indígena en la multi-étnica colonia San Miguel Teotongo, ubicada en la Delegación Iztapalapa. La investigación busca específicamente indagar en las modalidades actuales de intercambio material y simbólico de la población originaria de la región mixteca oaxaqueña: inmigrantes de los grupos etnolingüísticos *ñuu savi* o mixteco y *rru ngigua* o chocholteco, así como nacida en la Ciudad de México (la denominada "segunda generación"), en el contexto económico-político mundial de declive de la industrialización y de la

---

[6] L. Adler-Lomnitz, una de las pioneras de la antropología urbana en México y América Latina (junto a Marroquín, 1978 [1957]; Lewis, 1961 [1959] y 1973 [1961]; y Valencia, 1963, entre otros) señala al respecto que: "A medida que lo urbano cobra una mayor importancia en la sociedad, nos encontramos con el hecho de que al hablar de algún fenómeno urbano, cada vez más estamos refiriéndonos a estructuras culturales nacionales [...] Podría decirse así que los estudios urbanos nos llevan, cada vez más, a una antropología de la nación" (2001: 190).

"sociedad salarial", como también del Estado de bienestar[7], asumiendo como referencia histórica el origen de la colonia, en los inicios de la década de 1970.

Los objetivos específicos que buscan dar cuenta de dichas formas de integración son -después de describir la colonia y su población, en el contexto de la Ciudad de México-: analizar la organización socio-política que se ha producido en la colonia desde sus inicios, y cómo a través de este movimiento social los vecinos se han vinculado con las instituciones estatales; analizar las formas de inserción/integración a la ciudad y sociedad nacional de los colonos chocholtecos, quienes fueron los primeros residentes en la colonia, constituyendo un "enclave étnico"; analizar cómo los mixtecos se insertan/integran al mercado laboral, sea de forma familiar o individual, informal o formal, especialmente a partir de diversas modalidades de comercio; y analizar las estrategias colectivas, familiares e individuales respecto a cómo los mixtecos y chocholtecos enfrentan las microfinanzas cotidianas (créditos, ahorros e inversión) proyectándose a corto y mediano alcance.

De este modo, entiendo que, si bien la población mixteca y chocholteca[8] está inserta/integrada (en mayor o menor grado, sea de manera formal o informal) a los mercados de trabajo, insumos y crédito, al mismo tiempo mantiene un componente no capitalista y no monetario indispensable para su reproducción social, inmersa en una racionalidad que combina criterios de mercado con estrategias de sobrevivencia, que por lo general se sostienen en relaciones de confianza entre "paisanos". Como se verá en los capítulos analíticos, entre las estrategias (comunitarias y familiares) de sobrevivencia y los mecanismos de mercado se vive cotidianamente un *continuum* de diversas prácticas socio-económicas.

---

[7] La reestructuración económica pos 1970 generó en las megalópolis lo que los sociólogos han denominado como "la ciudad dual", que se caracteriza por el aumento de las desigualdades sociales, el debilitamiento de la estabilidad en el empleo, el "adelgazamiento" de la clase media y el "ensanchamiento de la 'nueva pobreza urbana'". Al respecto, ver Castells (1995 [1991]), Sassen (2004) y García (2006 [2004]), entre otros.

[8] De acuerdo a la Comisión Nacional para el Desarrollo de los Pueblos Indígenas (CDI, 2000) la población total mixteca (*Ñuu Savi*) en México (distribuida entre diversos estados) es de 726.601 personas, representando la cuarta mayor población indígena a nivel nacional, después de la náhuatl, maya y zapoteca. La población total chocholteca (*runixa ngigua*), de acuerdo a la misma fuente, es de 2.592 personas, una de las menores poblaciones indígenas de México.

La hipótesis de trabajo que ha guiado la investigación afirma que los inmigrantes mixtecos y chocholtecos suelen desarrollar, en la Ciudad de México, estrategias/tácticas colectivas y familiares en búsqueda de una mayor inserción en la sociedad mexicana, participando en asociaciones y redes sociales horizontales y verticales basadas en la confianza y reciprocidad, tendiendo a la concentración residencial y ocupacional en determinados barrios y calles de la colonia en estudio. A partir de estos apoyos mutuos consiguen integrarse en empleos, tanto en el sector informal como formal, principalmente a través del comercio, participando en los intercambios de mercado monetarizado urbano así como vinculándose, por medio de las organizaciones, con las instituciones estatales. Estos recursos/activos se transmiten a los nacidos en la ciudad, quienes tenderían a lograr mayores grados de educación y de trabajos formales como también a reubicarse residencialmente, viviendo en barrios no segregados y tendiendo a la fragmentación social.

El proceso de construcción de la colonia

El uso del espacio de la actual colonia San Miguel Teotongo adquirió a principios de los años setenta una especial importancia en la vida de los colonos, pues el carácter del vecindario pasó a depender de lo que hacían o dejaban de hacer los habitantes a través de sus diversas alianzas. Estas acciones devinieron en una historia local que hoy se narra con orgullo. Al ser una zona al margen de los proyectos de planificación urbana, en este territorio natural (un cerro/volcán) y periférico se encontraban terrenos relativamente baratos, lo que atrajo a moradores jóvenes, en su mayoría inmigrantes provenientes del sur del país. Año a año se empezó a equipar con viviendas autoconstruidas, pavimentación de caminos, pequeñas tiendas y cocinas económicas de tipo familiar.

Esta dinámica de los colonos significó una vida cotidiana vital y tensa. Los habitantes provenían de diversos estados y orígenes étnicos, muchos de los cuales ya contaban con algunos años de experiencia megapolitana al haber vivido en el vecino municipio de Nezahualcóyotl (Estado de México), uno de los más populosos de la ZMCM (1.5 millones de habitantes) y de México. Había campesinos, obreros y comerciantes.

La política mexicana también estuvo presente, de modo que los vecinos tuvieron que posicionarse ante el partido-Estado, el Partido Revolucionario Institucional (PRI) y sus líderes/caciques locales. Sin embargo, la Delegación Iztapalapa (y por ende las autoridades gubernamentales) permaneció por muchos años ausente, de modo que los vecinos sólo contaban con ellos mismos. El desafío era grande: había que crear un asentamiento humano compartido a la vez que trabajar para satisfacer las necesidades de las familias que recién se empezaban a formar. Enfrentados con la urgencia de actuar, se formó desde los inicios la Unión de Colonos San Miguel Teotongo -que formó parte del movimiento urbano popular (MUP), distante del PRI y de toda instancia partidista-, la que aglutinó a la mayoría de los vecinos. Llegaron también estudiantes de la Universidad Nacional Autónoma de México (UNAM) a trabajar junto a los colonos. Años después surge y se instala el Partido de la Revolución Democrática (PRD) en la colonia. En la medida que se lograban acuerdos con la delegación y otros organismos públicos, se empieza a conseguir los bienes urbanos (vivienda, electricidad, agua, etc.).

Los inmigrantes cada vez más habilitan desde las nuevas viviendas sus particulares oficios y la colonia se construye como un territorio de variados servicios mercantiles. Se crean los primeros "tianguis" y mercados, también la capilla, las escuelas y los centros de salud. La sobrevivencia se logra con el esfuerzo conjunto de las parejas y sus parientes. En la medida que se van "tejiendo" confianzas entre los vecinos se instauran prácticas tradicionales de intercambio en la ciudad como el *tequio* y la "tanda" que destacan por su pragmatismo, a la vez que por la ayuda que brindan en generar cohesión entre las distintas familias y grupos. Algunos hijos se incorporan a las actividades de los padres, otros optan por continuar su educación escolarizada con estudios técnicos o universitarios.

Con el paso del tiempo la colonia se estratifica, y ya a principios de los años noventa se distinguen propietarios, empleados y trabajadores por cuenta propia. Su territorio se hace cada vez más denso y heterogéneo (características típicamente urbanas). Se consolidan algunos "enclaves étnicos" al mismo tiempo que los vínculos entre éstos. Aumenta la movilidad intracolonia y los contactos fuera de sus confines, integrándose a la dinámica red urbana de la cada vez más extensa Ciudad de

México. También se observan emergentes procesos de individualización entre sus habitantes. Llegan las crisis y ajustes económicos (globales) al país con sus impactos entre los trabajadores de San Miguel Teotongo. Ésta es la población (y la colonia) de la que busca dar cuenta la investigación, particularmente a partir de las vivencias y estrategias socioeconómicas de los vecinos mixtecos y chocholtecos.

METODOLOGÍA DE LA INVESTIGACIÓN

La metodología desarrollada a lo largo de la presente investigación tuvo tres periodos/momentos, guiados éstos por tres propósitos cognitivos: (1) exploración, (2) descripción, y (3) significación y explicación (Galindo, 1997)[9]. En el primer momento de *exploración*, me puse en contacto con la colonia San Miguel Teotongo y su población, interiorizando la vida cotidiana de esta localidad. Fui conociendo los diversos actores, sus rutinas y hábitos, familiarizándome poco a poco y haciéndome parte de la territorialidad explorada. En un segundo momento, de *descripción*, la clasificación estuvo en el centro de la acción. Intenté aprehender las distintas dimensiones posibles de la vida social, precisando los variados componentes de la organización social de la colonia, generando -con la ayuda del marco teórico referencial- las primeras configuraciones. Registré las prácticas, discursos y categorías de los distintos sujetos, al mismo tiempo que las circunstancias en que ocurrían. De este modo empecé -a través de la etnografía- a comprender lo propio de mixtecos y chocholtecos, así como lo ajeno a sus cotidianeidades. En el tercer momento, de *interpretación y explicación*, realicé la síntesis de los elementos recopilados y analizados, efectuando las asociaciones pertinentes que me permitieron conformar los significados sociales de acuerdo a los objetivos planteados en la tesis.

En este apartado metodológico puedo distinguir cuatro procesos: en el primero describo las técnicas a través de las cuales fui transformando lo externo en interno (o lo extraño en familiar); en el segundo señalo el concepto de cultura utilizado,

---

[9] A estas tres etapas, Jacorzynski (2004) las denomina, respectivamente, como (1) el nivel beta: la obtención de datos, (2) el nivel gamma: el análisis de datos, y (3) el nivel delta: la presentación de datos.

vinculándolo con el tema de esta tesis; en el tercero caracterizo el marco fenomenológico, base epistemológica del presente estudio; y en el cuarto indico el territorio y los sujetos de la indagación. A continuación señalo estos cuatro puntos.

Transformando lo extraño en familiar

Después de un primer periodo de exploración y mutuo (re)conocimiento con los vecinos de la colonia, entre noviembre del año 2006 y enero de 2007, empecé a aplicar algunos de los principales instrumentos antropológicos para realizar la recopilación de información. Las tres técnicas de recolección primaria que utilicé en esta investigación son la observación fenomenológica[10], la entrevista semi-estructurada[11] y la entrevista grupal. De este modo, aplico la denominada "triangulación intra-metodológica", complementando diversas técnicas para el estudio del mismo fenómeno (Vasilachis, 1992: 67). Asumo así la complejidad multifactorial de la "realidad social objetiva", evaluando y enriqueciendo la información obtenida por cada una de éstas. De modo que a través de la observación fenomenológica realizada desde fines del año 2006 hasta mediados del año 2008, durante un periodo total de cinco meses, he contado con la posibilidad de interpretar/comprender los fenómenos del/desde el medio ambiente local, desde las calles, mercados y tianguis, organizaciones sociales, espacios domésticos y conmemoraciones/eventos desarrollados en la colonia, registrando los apuntes en el diario de campo.

He realizado también entrevistas semi-estructuradas grabadas, las que me han permitido focalizar la atención en temas específicos pertinentes a los objetivos planteados (el segundo momento). Ambas técnicas se diferencian y complementan al ser la entrevista una re/construcción (discursos) de interpretaciones de hechos/prácticas; en cambio, la observación convive simultáneamente con el

---

[10] Al respecto, destaca Wartofsky que: "observar no es pasar la vista por encima, sino buscar unos elementos de juicio siguiendo un orden conceptual, ya que el que unos 'datos' desnudos constituyan elementos de juicio o pruebas presupone ya que habrán de funcionar dentro de cierto marco inferencial [...] algún marco racional selectivo" (1986: 163).

[11] Acerca de la antropología dialógica, en el contexto de la revisión del método etnográfico hecho por la antropología posmoderna, ver Tedlock, 1991.

fenómeno estudiado, con las prácticas sociales (Wartofsky, 1986; Ruiz, 2003; Reguillo, 2005 [1996]). Esto es, las entrevistas aportan una mirada sistémica (diacrónica, longitudinal) al trabajo de campo, el que tiende a ser más bien estructural (sincrónico, horizontal). Realicé también entrevistas grupales, pues éstas permiten acceder a las reflexiones generadas entre los mismos sujetos, aprehendiendo de este modo en un mismo momento las distintas visiones sobre los fenómenos en estudio, así como sus contradicciones y acuerdos (Hammersley & Atkinson, 1994). Asimismo, recolecté información a través de fuentes secundarias (documentos, proyectos vecinales, planes de desarrollo) facilitadas por la Unión de Colonos, así como datos censales.

Realizada la recopilación de los datos, he desarrollado el análisis e interpretación de tales hechos (tercer momento), esto es, la organización de la información en crecientes niveles de sistematización, discriminando lo relevante de lo irrelevante, de modo de intentar re/presentar el fenómeno en estudio (Chao, *op. cit.*: 18; Galindo, *op. cit.*: 79), con objeto de explicar las relaciones entre los distintos datos recolectados (Joos, en Chao, *ibid*: 22; Agar, 1991; González, 2003). En este proceso de abstracción he requerido también del marco teórico referencial, de manera de ir formulando las conclusiones tanto a través de análisis como de síntesis, expresando la/s tesis[12] correspondiente/s, confrontándola/s permanentemente con las antítesis respectivas (Wartofsky, *op. cit.*: 163), en lo que implica un proceso de análisis cíclico (Edmundson, en Chao, *op. cit.*: 24) o bien helicoidal (González de la Rocha & Villagómez, 2008). Al respecto, comparto lo escrito por Galindo:

> "Cada situación, cada comunidad, cada fragmento de vida convivida es un mundo complejo y único del cual hay que extraer los rasgos de configuraciones más generales. El orden en movimiento es el objeto a hacer explícito; detrás de lo vivido está un cierto *logos* con el cual se puede hacer contacto en el ejercicio de formación de figuras de sentido. Toda la experiencia del conocimiento del mundo humano es un ejercicio de sentido. El camino de esa experiencia es el método; la reflexión sobre el camino, la metodología" (*op. cit*: 26).

---

[12] Más allá de las hipótesis, que son enunciados tentativos con una base teórica sólo inicial, provisional (la primera etapa); las tesis, en cambio, se formulan con la teoría ya explícita, *a posteriori* (segunda etapa o segundo nivel de la teoría) (Verhaar, *op. cit.*: 44).

La cultura como texto

En esta investigación la "cultura" es entendida desde el enfoque semiótico/hermenéutico, esto es, como un texto comunicativo (Marcus & Fisher, 2000 [1986]; Uexküll, 1989; Geertz, 2005 [1973]; Sahlins, 1997 [1976 y 1985]; Giménez, 2007), que para su análisis implica sintaxis (relación existente entre los signos o elementos mínimos), semántica (relación entre los signos y sus significados) y pragmática (relación entre los signos y los contextos o circunstancias en que las personas usan tales signos, esto es, en un espacio y tiempo específico). Dados los objetivos planteados, me focalizo en los intercambios sociales, por lo cual defino a los elementos mínimos como los bienes y servicios intercambiados, los que son significados de diversas maneras, tanto entre la población originaria de la región mixteca oaxaqueña, como entre éstos y los mestizos; entre ellos y el Estado (por medio de sus distintas instituciones), y entre ellos y el mercado (esto es, transacciones de compra-venta en la ciudad)[13]. A través de los intercambios, sean observados por el investigador o informados por los actores, encontramos referentes tanto materiales (productos, bienes) como simbólicos (significados, valores).

Los primeros bienes (en el ámbito de la sintaxis) abarcan desde tortillas elaboradas en el espacio doméstico hasta títulos de propiedad de tierras, servicios como cuidar niños o hacer un trámite en las oficinas del centro histórico, etc. Por su parte, entre los referentes simbólicos me refiero a la familia, la amistad, el vecindario, el reconocimiento, el estatus, la movilidad social, la nacionalidad mexicana, etc., todos los cuales están sumergidos en un *continuum* semiótico, ocupado por formaciones de diversos tipos y en diversos niveles de organización (en el sentido que plantea Lotman, 1996: 21-22). Ahora bien, la interpretación del significado por parte del/los sujeto/s (ya en el ámbito de la semántica) de una u otra modalidad de intercambio dependerá de las circunstancias en que éste se produzca (pragmática), esto es, entre qué sujetos (familiares, desconocidos, con determinadas relaciones de poder

---

[13] Es de destacar que, incluso un autor como Lévi-Strauss, distante del enfoque hermenéutico, señala, refiriéndose a Sao Paulo (Brasil), que: "recorrer la ciudad a pie en largos paseos [me enseñó a] considerar el plano de la ciudad y todos sus aspectos concretos como un texto que, para comprenderlo, es preciso saber leer y analizar" (1994: 16, en Seligmann, 2008: 183).

entre ellos, etc.), a la vista de quiénes, en un espacio público o privado, en un recinto propio o ajeno, etc.

Caracterizando a la cultura a través de una concepción semiótica que enfatiza tanto el carácter simbólico de los fenómenos culturales (acciones, objetos y expresiones significativas de diverso tipo) como el hecho de que tales fenómenos se insertan siempre en procesos históricos específicos como en contextos sociales estructurados en los cuales, y por medio de los cuales, se producen, transmiten y reciben tales formas simbólicas (Thompson, 1993: 203), sintetizo los aportes de la antropología económica, afirmando que toda sociedad requiere la producción, la distribución, los intercambios (circulación) y el consumo de bienes (y servicios) como de signos y valores para satisfacer necesidades tanto biológicas como simbólicas. Privilegio el ámbito del intercambio o circulación, esto es, los momentos intermediarios a los actos de producción/creación y de consumo/uso de un bien o servicio.

Asumo el enfoque de la economía cultural[14] -basado en la propuesta substantiva, complementando la clásica concepción formalista referida al puro interés individual- refiriéndose al proceso instituido de interacción entre el ser humano y su entorno, que tiene como consecuencia un continuo abastecimiento de los recursos requeridos. Esta propuesta considera al sujeto en su integridad, esto es, tanto en su ser biológico como cultural. La relevancia de este enfoque integral es destacada por Uexküll (*op. cit.*: 132) quien afirma que el futuro (abierto) conduce a todas las criaturas vivas a orientarse a través de cálculos de probabilidad efectuadas a partir del presente; presente que se interpreta como una referencia o signo de las posibilidades de satisfacer las necesidades en el futuro. Entonces, a través del concepto de *umwelt* (=entorno) señala este autor que los seres humanos logran satisfacer sus necesidades materiales y simbólicas por medio de los distintos significados funcionales que su ambiente les ofrece. Es de considerar que, en este caso, se trata de un entorno actualmente urbano (la colonia) al que se han adaptado tanto como lo han construido[15] los habitantes de ésta, con la colaboración de

---

[14] Que caracterizo en el marco teórico referencial, particularmente en las páginas 64-67.

[15] Entiendo, como sostiene Ingold (1996: 117) al discutir la oposición entre la idea de un mundo dado

18

diversos organismos estatales y federales, a partir de la década de 1970, cuando todavía era un espacio rural.

Marco fenomenológico

El método que utilizo, esto es, la manera real de llevar a cabo la investigación, y que incluye, en palabras de Chao (en Garvin 1970: 17): "varias actividades, comenzando con 'operaciones' en general y continuando con 'observación', 'descripción', 'grabación', 'estudio' (en general), 'análisis', 'síntesis', 'organización', 'transformación' [...] 'procedimientos' y 'técnicas'"[16] se basa en el marco de referencia fenomenológico, cuyos principios, de acuerdo a Verhaar (1970: 46-54), son:

1. La fenomenología se caracteriza por su interés en el todo, es decir, por intentar cubrir la totalidad relevante a un campo de investigación, por lo que su método es fundamentalmente analítico (versus cualquier reduccionismo).

2. Asume que esta totalidad está, es anterior a, e independiente de, la investigación, esto es, es pre-reflexiva. Las descripciones son "isomórficas". El "isomorfismo" es la aproximación metodológica mediante la que se busca, a través de sucesivas comparaciones, analizar los rasgos comunes de "las cosas" relevantes a la investigación, identificando las similitudes estructurales, con el propósito de ir organizando jerárquicamente los datos obtenidos. La totalidad mencionada no es sólo ese todo objetivo, sino al mismo tiempo la unidad de sujeto y objeto (lo que también destaca Uexküll, *op. cit.*: 129-131).

3. La inclusión de lo que es denominado (más bien dualísticamente) el lado subjetivo. Es necesario integrar elementos subjetivos para un análisis

---

versus la construcción social de la realidad, que las personas y los ambientes están mutuamente constituidos, que lo natural y lo social son simultáneos, y por tanto que la percepción es más bien un modo de compromiso con el mundo, un morar, y no el medio de construcción de éste. De modo que la vida social está siempre en proceso, adaptándose los agentes sociales a su ambiente y creándolo a la vez.

[16] Las traducciones son propias.

adecuado del objeto. Por consiguiente, decir una palabra es ya incluir su significado, y referirse a un significado es no sólo considerarlo como integrado a una palabra, sino también como un cierto modo de pensamiento[17]. Ahora bien, tal emisión es decodificada por el receptor, quien puede transformar el significado.

4. La fenomenología, por lo tanto, no procede ni inductivamente ni deductivamente (las diferencias entre éstos son un asunto de grado). Actúa analíticamente, es decir, a través de la unidad de todos los objetos como previos a la descripción y análisis que realiza el investigador.

5. La fenomenología exige distanciarse de los prejuicios, pues son marcos arbitrarios con respecto a los datos a ser analizados.

6. El conocimiento es intencionado a un objeto. En un acercamiento holístico a un discurso debemos considerar los referentes, las entidades sobre las que se habla. La palabra tiene esencialmente una función de nombramiento, siendo relevante la correcta interpretación del significado, para lo cual se debe comprender la dimensión de referencia del discurso, esto es, la "situación" -que caracterizo más abajo, en el punto 8- (Reichling, en Verhaar 1970: 52-53).

7. La fenomenología busca estructuras. Ahora bien, en consonancia con la caracterización del concepto de cultura aquí señalado, a través de esta investigación no busco estructuras en el sentido estático de la palabra, sino que también considero las tendencias cinéticas (dinámicas) y generativas (creativas) de éstas y cómo tales estructuras son significadas por los sujetos.

8. De importancia fundamental en la fenomenología es la noción de "situación". La "situación" es la circunstancia del discurso y de la práctica, tanto verbal como no verbal, cuyos elementos básicos son el orador, el receptor, las cosas dichas (las expresiones) o silenciadas, las cosas de las que se habló (los referentes) y "el campo de uso" (Reichling, en Verhaar, *op. cit.*: 55).

---

[17] En la transcripción de las entrevistas he optado por mantener las palabras tal cual las enuncian los sujetos, pues me interesa su propia forma (colectiva e individual) de expresarse. Así, por ejemplo, la voz coloquial "pos" en vez del término "pues", es transcrito literalmente.

Unidad de análisis y sujeto/s de la investigación

La unidad de análisis/localidad es la colonia San Miguel Teotongo, ubicada en la Delegación Iztapalapa, Ciudad de México. Los criterios de selección de esta localidad fueron los siguientes: a) Ser una colonia popular del Distrito Federal que tuviera una importante presencia de población indígena; b) Tener flujos de inmigración durante las últimas tres décadas, de manera que permitiera analizar la situación y estrategias socio-económicas de los inmigrantes y sus hijos nacidos en la ciudad en el contexto económico-político mundial de los procesos de "reforma estructural" que dieron origen a políticas neoliberales; c) Ser un asentamiento en que la investigación sobre temáticas de población indígena urbana no hubiera acumulado ya un significativo número de estudios.

El universo principal de indagación está conformado por inmigrantes mixtecos y chocholtecos de la región mixteca oaxaqueña[18] y sus hijos nacidos en la urbe, hombres y mujeres, jóvenes, adultos y adultos mayores, que participan o no en asociaciones indígenas formales y/o en organizaciones no indígenas, como la Unión de Colonos local[19].

Con respecto a la etnografía urbana contemporánea, coincido con Sierra:

> "La etnografía urbana nos posibilita narrar el mosaico de alternativas y estrategias de subsistencia que las personas recrean en un medio social que las acoge y socializa, al considerar que la reconstrucción o reelaboración cotidiana de sus vidas en un ámbito contemporáneo es posible [...] En las últimas décadas tanto el papel del antropólogo como el de los objetos de estudios se han modificado, y aun hoy día se van transformando hacia una mirada que tiende a lo propio y lo heterogéneo, hacia un reconocimiento de espacios conocidos y cercanos que pueden ser interpretados por el antropólogo en el mismo contexto en que vive [...] lo importante es dar cuenta de los procesos que le dieron su cualidad o su sentido, a partir [...] de las condiciones en las que se generaron y reelaboraron y el estado en que cotidianamente se viven, así como

---

[18] La Mixteca es una de las siete regiones del estado de Oaxaca (además de constituir parte de los estados de Puebla y Guerrero), se ubica en la parte oeste de este estado y se subdivide en Mixteca Baja, Mixteca de la Costa y Mixteca Alta. Nuestros entrevistados provienen fundamentalmente desde la mixteca alta (en primer lugar) y baja.

[19] Los sujetos que *conforman* el universo de estudio suelen tener familiares en Estados Unidos. Estas referencias generan que muchos "tienen un sentido de lo local/global" (Clifford, 1999 [1997]: 42). Los investigadores de la migración mixteca transnacional destacan una característica "ruta mixteca" desde mediados del siglo XX, que tendría una primera etapa en el noroeste de México (Sinaloa, Baja California) y una segunda en California, Estados Unidos (Stephen, 2004; López & Runsten, 2004, entre otros). Para un análisis del trabajo de campo en sociedades contemporáneas, caracterizadas por "conexiones transnacionales" y/o por "itinerarios transculturales", ver Hannerz (1998 [1996]) y Clifford (*op. cit.*) -respectivamente-, entre otros.

las conexiones que mantienen con otros espacios, entornos e instituciones sociales" (2006: 157-159).

Los sujetos entrevistados han sido conocidos en el transcurso del trabajo de observación y descripción etnográfica. De este modo se ha elegido cuidadosamente a quienes reúnen un buen conocimiento/experiencia sobre el tema investigado, iniciando las entrevistas con personas vinculadas a la Unión de Colonos San Miguel Teotongo. El número de los entrevistados fue determinado al concluir el trabajo etnográfico, una vez que se logró el punto de saturación, en el cual los nuevos casos ya no aportaron significados novedosos y relevantes para la interpretación y explicación de los fenómenos en estudio, realizando (en sus espacios domésticos) finalmente 40 entrevistas semi-estructuradas y dos entrevistas grupales. Los criterios para seleccionar a los entrevistados fueron: a) ser una persona que se auto-identifica como originaria de la región mixteca, sea de origen etnolingüístico mixteco o chocholteco; b) que resida en la colonia seleccionada hace al menos diez años, con objeto de que su memoria e identidad personal se encuentre vinculada también a la Ciudad de México y a la colonia San Miguel Teotongo, y c) el número de inmigrantes y de nacidos en la Ciudad de México así como el número de mujeres y de hombres son equivalentes. Finalmente, con el propósito de dar cuenta de manera pertinente del entorno socio-cultural de la colonia, incluí en la investigación personas de otros orígenes etnolingüísticos, como otomíes y zapotecos, además de sujetos que no se reconocen como pertenecientes a ningún grupo étnico en particular, esto es, mestizos.

ESTRUCTURA DEL TEXTO

La estructura de la tesis inicia con la presente introducción, incluyendo los fundamentos del problema, objetivos e hipótesis y metodología. El marco teórico referencial se presenta en el primer capítulo dividido en tres partes: primero se caracterizan brevemente algunos de los principales modelos respecto a qué se entiende por lo étnico y la etnicidad, intentando una síntesis integrativa; en segundo lugar, se indican los aportes de la antropología económica en relación a los intercambios sociales; y se exponen, como tercer punto, los distintos enfoques existentes sobre la exclusión social.

El segundo capítulo, descriptivo, análitico e interpretativo de la información y los datos recolectados en campo, lo divido en dos partes. Primero se caracteriza el área de estudio, la colonia y sus habitantes, en el contexto territorial de Ciudad de México; luego se describe la organización socio-política que se ha producido en la colonia desde la década de 1970 hasta mediados de los años noventa, y cómo a través de este movimiento social los colonos -y particularmente quienes pertenecen al grupo etnolingüístico mixteco, desde aquí "los mixtecos" o "población mixteca"- se han apropiado del espacio, reivindicando su derecho a la ciudad.

El tercer capítulo lo divido en tres sub-capítulos. En el primero analizo el hábitat residencial/ocupacional (sección/barrio) de los vecinos del grupo etnolingüístico chocholteco (desde aquí "los chocholtecos"), quienes fueron los primeros habitantes en la colonia. En la segunda parte se revela cómo los mixtecos se insertan/integran a la ciudad y a la sociedad nacional, a través de desempeñarse laboralmente en un determinado oficio, especialmente vinculados al comercio. En la tercera parte y final de este capítulo, analizo las estrategias colectivas, familiares e individuales relativas a las microfinanzas cotidianas.

CAPÍTULO I

MARCO TEÓRICO REFERENCIAL

1. ENFOQUES TEÓRICOS SOBRE LA ETNICIDAD

Existen varios modelos teóricos en las ciencias sociales que intentan explicar la emergencia de las identidades étnicas durante las últimas décadas, perspectivas todas que han contribuido a la comprensión de estos complejos fenómenos, cada una desde su punto de vista y énfasis específico. Señalo aquí brevemente sus principales ideas así como las críticas más relevantes que se les han formulado, y en una segunda parte ensayo una propuesta integrativa de los distintos modelos, incluyendo en el análisis a los denominados "indígenas[20] urbanos".

Primordialismo

Este enfoque subraya los elementos subjetivos, psicológicos, de la identificación y la confrontación étnicas. El énfasis se encuentra en las llamadas afiliaciones o apegos *primordiales:* parentesco, contigüidad territorial, religión, lengua (Geertz, *op. cit.*), de modo que se destaca la sensación afectiva de pertenencia al propio grupo, así como la distinción respecto a los "otros", los prejuicios mutuos, etc. Se considera que la identidad étnica está muy arraigada y se mantiene de forma considerablemente constante. La etnicidad es un atributo básico, *dado*, de los seres humanos producto de la historia y experiencia compartida que generarían estados

---

[20] Respecto al concepto de indígena, G. De la Peña ha afirmado recientemente: "Desde el punto de vista del análisis social, lo indio debe entenderse como una dimensión identitaria -más que nunca, hoy en día-, y como tal debe tratar de registrarse. Por supuesto, es importante seguir capturando información sobre las lenguas vernáculas -cuyos hablantes no han dejado de aumentar en números absolutos-, la indumentaria y otros rasgos culturales, entre los que habría que destacar la participación en instituciones comunitarias. Pero la atención debe fijarse principalmente en la identidad asumida: si una persona se considera o no indio, indígena o miembro de una etnia" (2000: 25). De hecho, en el estudio desarrollado por el INI-CONAPO-PNUD (2003:22), se considera como indígenas a las personas y los hogares donde el jefe y/o el cónyuge y/o padre o madre del jefe y/o suegro o suegra del jefe hablan alguna lengua indígena, como también a aquellos que declararon pertenecer a un grupo indígena. Para un análisis reciente del concepto de indígena como una categoría estructural y política de origen colonial, ver Warman (2003).

de intensa y obligatoria solidaridad entre los miembros de un grupo, quienes atribuyen a esos marcadores culturales un carácter inviolable (Shils, 1957; citado en Río, 2002). Shils (*op. cit.*) y Geertz (*op. cit.*) distinguen los lazos civiles (propios de los Estados modernos) de los lazos primordiales plasmados en la identidad étnica.

Se ha criticado a esta corriente por establecer una naturalización de la etnicidad, de acuerdo a la cual el "ser" cultural de un colectivo sería inmanente a la "naturaleza humana" (esencialismo). Por tanto, cuando por alguna razón se quebrantan las normas sociales que contienen la hostilidad entre grupos, suelen presentarse conflictos, muchas veces violentos. Sólo las instituciones político-jurídicas del Estado pueden reglamentar el comportamiento de grupos opuestos, y cuando estas instituciones fracasan, se activa el conflicto étnico. Muy cercano a este enfoque, se encuentra la socio-biología, representada por Van den Berghe (2002 [1978]), según la cual la etnicidad sería una manifestación en determinados grupos de su "ser" biológico.

Enfoque organizacional/relacional/interaccional

Una segunda perspectiva destaca los planteamientos que consideran la etnicidad como un diacrítico social, esto es, como una taxonomía social específica (tal como el totemismo) de identidad y diferencia, implicando una definición relacional (Barth, 1976; Epstein, 2006). Se concibe la etnicidad tanto como un hecho objetivo, esto es, que existe independientemente de las categorías de análisis del investigador, como un fenómeno intersubjetivo, con efectos en las relaciones y prácticas sociales. Este enfoque -desde una posición constructivista- subraya los aspectos de organización social e interacciones del grupo étnico, así como la conservación de sus límites. La identidad étnica de un grupo no es, entonces, tanto el resultado de sentimientos primordiales profundamente arraigados como la expresión de un tipo de organización social en cuyo seno los individuos se sitúan y se relacionan entre sí. De modo que un conflicto étnico es un modo específico de enfrentamiento entre dos tipos distintos de organización social (Stavenhagen, 2001).

Entender los fenómenos étnicos desde la interacción de los grupos matiza el énfasis en el elemento cultural objetivo como el configurador de las diferencias. Barth[21] (1976) fue uno de los pioneros en relativizar la fuerza de los contenidos culturales y señalar la importancia de las fronteras de los grupos étnicos y su manipulación de la cultura para conformarse y mantenerse como autocontenidos. En este caso los grupos se construyen simbólicamente como diferentes, "haciendo" su cultura para interactuar con otros. La etnicidad tiene aquí un carácter de elemento premoderno que pervive y que puede aparecer o no en el contexto de los encuentros sociales. La cultura étnica tendría una dimensión reguladora (no estructural) y normativa.

Este enfoque ha sido muy útil en los estudios respecto al comportamiento de los inmigrantes internos y externos, así como de los hijos nacidos en las ciudades, pues señala que la cultura permite ordenar, en un primer momento, la heterogeneidad social de la ciudad sin llegar a moldear de forma determinante la vida o la formación de los grupos (Mitchell, 1969). En general, los planteamientos interaccionistas han sido cuestionados por su falta de atención respecto a las bases históricas acumuladas de los distintos grupos y del contexto estructural donde se desarrolla la relación. El énfasis de la interacción pierde sentido si se aplica sobre el vacío, ya que el encuentro en sí mismo es insignificante. En cualquier relación los sujetos cargamos representaciones, pertenencias e identidades que nos ofrecen capacidad de respuesta a las situaciones al ligar pasado y futuro. El desconocimiento de la historia y de la estructura económico-política en el análisis de un encuentro social conlleva el peligro de acabar en un funcionalismo aséptico, inmóvil y descontextualizado.

La etnicidad como estrategia

Una tercera tendencia comprende la etnicidad como estrategia y de ésta surgen dos grandes líneas: el instrumentalismo y la teoría de la acción racional. Esta perspectiva se focaliza en el poder político y en su distribución al interior de una

---

[21] Bartolomé (2006 [1997]) distingue tres niveles étnicos en México: comunidades, grupos étnicos -en el sentido de Barth (*op. cit.*), esto es, como una forma de organización social, como una unidad articulada- y grupos etnolingüísticos. Estos últimos estarían constituidos por el conjunto de hablantes de dialectos de una lengua o de diferentes lenguas de una misma familia lingüística. La pertinencia de estos niveles en el mundo urbano los discuto en las conclusiones de la tesis.

sociedad más amplia. Las etnias se relacionan entre sí de manera desigual y luchan por el poder político. La política étnica, o etno-política, constituye una instancia de ejercicio de la política dentro de un sistema de gobierno. Se concibe que un grupo étnico puede poner en acción su etnicidad cuando considera que es útil desde el punto de vista político, y la minimizará o ignorará cuando no lo considere útil. Por el contrario, los distintos actores podrían atribuir o imputar etnicidad a sus adversarios políticos con fines meramente instrumentales (Gros, 2000). El conflicto étnico se resolverá sólo con medios políticos. Uno de sus representantes, Abner Cohen, define grupo étnico como: "un *grupo de interés* informal cuyos miembros son distintos de los miembros de otros grupos dentro de la misma sociedad" (1969: 4, cit. en Horowitz, 1985: 52; el destacado es mío).

Esta corriente ha sido criticada por equiparar un grupo étnico con un grupo de interés que compite por recursos limitados, sin considerar que la filiación identitaria proviene desde antes de constituir un movimiento etno-político y se mantiene aun después de conseguido el objetivo de la reivindicación. De modo que la reacción al esencialismo, tanto a través del énfasis en las "estrategias instrumentales" como en la "elección racional", ha desembocado en considerar a la etnicidad como el producto de una elección consciente de muchos individuos para alcanzar ciertos objetivos, perspectiva sesgada en la que se deja ver la influencia de la teoría micro-económica, "cayendo" una vez más en enfoques etnocéntricos (Bartolomé, 2006).

Relacionada con esta forma de análisis situacional, se encuentran los estudios que relevan la etnicidad como paisanazgo y regionalismo (Camus, 2002). La relación entre la etnicidad y la espacialidad-territorialidad es consustancial a su configuración, pero cuando se comprende y asimila la etnicidad a un regionalismo, ésta se convierte en un subproducto de la idea matriz que señala que la diferencia cultural puede ser instrumental y funcional. Estos análisis reducen la etnicidad a una identidad social de tipo local-espacial, en que lo étnico se referiría -o estaría incorporado- a la diferencia cultural regional, rehuyendo de las relaciones asimétricas y de conflicto, así como de la movilidad espacial de los sujetos.

La etnicidad como superestructura

Una cuarta perspectiva son las corrientes que entienden la etnicidad como superestructura, de acuerdo a la tradición marxista, y que tiene como representantes más recientes a John Comaroff y Jean Comaroff (2006 [1992]). Este enfoque sitúa las relaciones étnicas en el marco de las sociedades plurales segmentadas que resultan de la imposición de la explotación colonial. En estas sociedades plurales, los grupos étnicos llevan existencias paralelas independientes. Lo único que los une es un sistema político integrador (colonial o neocolonial) que los enmarca, pero por lo general sólo interactúan en el sistema de mercado. El análisis marxista relaciona la problemática étnica con la dinámica de la lucha de clases, por una parte, y con la "cuestión nacional", por la otra. El conflicto étnico en la sociedad plural sería, entonces, resultado de las desigualdades instituidas por el neo/colonialismo.

Algunos marxistas contemporáneos negarían la realidad de la etnicidad, tildándola de mera táctica ideológica para distraer la atención de la lucha de clases (Stavenhagen, 2001). Sin embargo, los nuevos análisis marxistas reconocen que los grupos étnicos están en constante movimiento: pueden surgir, cristalizar, deteriorarse e incluso desaparecer como unidades identificables bajo ciertas condiciones históricas. No hay nada final ni fatal en la etnicidad. Sin duda, las causas del conflicto étnico no están en los grupos étnicos mismos, sino más bien deben buscarse en las contradicciones de la sociedad toda. Este enfoque ha sido criticado por E. Gellner:

"Al marxismo [...] le complace pensar que el confliucto étnico tan sólo enmascara el conflicto de clases, y cree que en cierto modo sería mejor para la humanidad que esa máscara cayera, que por lo menos la gente se arrancara la venda que les cubre los ojos y se liberara del prejuicio y las anteojeras nacionalistas. Pero esto parece una interpretación errónea tanto de la máscara como de la realidad que se oculta tras ella [...] Los trabajadores, dicen, no tienen patria; tampoco, probablemente, una cultura nativa que los separe de los otros trabajadores, especialmente los inmigrantes [...] Desgraciadamente, parece que los trabajadores suelen ignorar -y no porque no se les haya insistido en ellas- estas interesantes y liberadoras faltas de sensibilidad. De hecho, la etnicidad entra en la esfera política como 'nacionalismo' justo cuando lo que requiere la base económica de la vida social es la homogeneidad o continuidad (no el desplazamiento), y cuando, consecuentemente, las diferencias de clase ligadas a la cultura se hacen nocivas mientras que las graduales y no marcadas étnicamente siguen resultando tolerables" (2008 [1983]: 182).

La etnicidad como comunidad imaginada

Un quinto (y último) modelo concibe a la etnicidad como una comunidad imaginada, representada fundamentalmente por B. Anderson (2007 [1983]), y que tendría sus primeros antecedentes en M. Weber (1964 [1922]). Se imaginan como comunidades porque se conciben siempre con un compañerismo profundo, horizontal, más allá de las desigualdades que puedan existir en cada caso; y son imaginadas porque sus miembros no conocen ni conocerán a la mayoría de sus *paisanos*, "pero en la mente de cada uno vive la imagen de su comunión [...] Todas las comunidades mayores que las aldeas primordiales de contacto directo (y quizá incluso éstas) son imaginadas" (Anderson, *op. cit.*: 24). Al interior de esta tendencia, se pueden distinguir las corrientes "invencionistas" (Hobsbawm & Ranger, 2002 [1983]) y de la "comunidad moral" (Anthony Cohen, 1989, cit. por Martínez & De la Peña, 2004). Los primeros señalan que la etnicidad es una "ficción colectiva", enfatizando la historicidad del sentimiento de comunalidad y de las identidades étnicas resultantes en una determinada contingencia histórica. La segunda corriente, en cambio, concibe la etnicidad como comunidad moral, esto es, como una heterogénea diversidad de actores que trascienden la comunidad territorial al compartir ciertos valores y prácticas que -pese a la distancia física que los separa, como en el caso de los migrantes- los mantienen cohesionados[22], aunque muchas veces se encuentren en conflicto a propósito del dominio de derechos, obligaciones y privilegios. Ahora bien, Anderson (en una observación a Gellner)[23] advierte sobre no equiparar "invención" a la "fabricación" y la "falsedad", antes que a la "imaginación"

---

[22] A esta comunicación pese a la distancia física ya se refirió Evans Pritchard en su clásico *Los nuer* (1977 [1940]:127): "La naturaleza de la región determina la distribución de las aldeas y, por tanto, la distancia entre ellas, pero los valores limitan y definen la distribución en términos estructurales y proporcionan un conjunto diferente de distancias. Una aldea nuer puede ser equidistante de otras dos aldeas, pero si una de éstas pertenece a una tribu diferente y la otra a la misma tribu podemos decir que estructuralmente está más alejada de la primera que de la segunda. Una tribu nuer que esté separada por cuarenta millas de otra tribu nuer está estructuralmente más cercana de ella que de una tribu dinka de la que sólo la separen veinte millas [...] el espacio estructural [versus el espacio ecológico] está menos determinado por las condiciones ambientales".

[23] Gellner (2008 [1983]) es el principal representante de la escuela modernista respecto del nacionalismo. Se le suele contraponer al enfoque etnosimbolista de A. Smith (1997 [1991]). Sin embargo, ambas escuelas "no son perspectivas exclusivas ni antagónicas, sino explicaciones complementarias" (Gutiérrez, 2001: 50).

y la "creación". Las comunidades no deben distinguirse por su falsedad o legitimidad, sino por la modalidad con que son imaginadas. Este enfoque fue criticado por Rosaldo de tener dos deficiencias:

> "En primer lugar, Anderson describe la comunidad imaginaria como si fuera un ente estético purificado del poder. Y en segundo lugar, concibe a la comunidad nacional como si hubiera un consenso universal de todos los ciudadanos. No reconoce la contestación y los conflictos que animan un proceso hegemónico. Anderson estudia las comunidades nacionales desde el punto de vista de las élites estatales y no de los grupos subordinados" (1994: 83).

Hacia un enfoque integrado en los estudios sobre etnicidad

Podemos hoy en día reconocer dos pares de polos entre los modelos que en las ciencias sociales han intentado explicar las identidades étnicas y las relaciones interétnicas: por una parte, constatamos en un extremo la existencia de posturas esencialistas, esto es, primordialismos reduccionistas que basan sus explicaciones solamente en aspectos simbólico-emocionales, y en el otro extremo observamos enfoques "instrumentalistas radicales" de la etnicidad, esto es, la teoría de la elección racional, la cual basa sus explicaciones solamente en aspectos estratégico-materiales (Smith, 2000; citado en Río, 2002).

Pienso que abogar sobre la etnicidad bajo el enfoque primordialista (Geertz, *op. cit.*) implica asociarlo con las comunidades territoriales/tradicionales, y, por tanto, en México y América Latina, con comunidades que reproducirían -al tener identidades culturales fijas- el mundo precolombino (o al menos pre-moderno), desvinculadas de la realidad social contemporánea -basada económicamente en el dominio del mercado y políticamente en la preeminencia de los Estados- de modo que tales comunidades permanecerían excluidas de las sociedades nacionales y del mundo global. Desde el otro polo, pensar la etnicidad bajo el enfoque estratégico (Abner Cohen, 1974) implica "caer" tanto en el individualismo metodológico como en un reduccionismo utilitarista.

Paralelamente, encontramos un bloque de enfoques estructurales (de línea marxista o no) y otro bloque de enfoques culturalistas. Los enfoques estructurales explican las relaciones entre minorías étnicas y mayorías nacionales desde el análisis de la lógica capitalista, esto es, como un conjunto de situaciones de explotación económica (efectos de la mercantilización) y opresión política (del sistema de Estados) basadas en la división del trabajo (Rex, 1996; Wallerstein y Balibar, 1991; citados en Garreta, 2003). Los enfoques culturales, por su parte, sostienen que las estructuras étnicas -de base simbólica- no reflejarían ni mantendrían relación con las estructuras de clase -basadas en el sistema de relaciones de producción-, de modo que se generarían prácticas diferentes entre ambos sistemas (Abad, 1993; citado en Garreta, *ibid*). Ahora bien, pese a estas lecturas y énfasis diferentes, me parece posible conciliar ambos pares de polos (Martínez Veiga, 1981; Douglass, 1994; citados en Garreta, *ibid*), desarrollando una perspectiva integrada de la etnicidad.

De este modo, entiendo que la etnicidad constituye una forma de adscripción social que promueve pautas (flexibles) de identificación e interacción social (Horowitz, 1985) en base al hecho (objetivado por la creencia) de que un grupo de individuos forma parte de un colectivo que reúne ciertos orígenes, una experiencia histórica distintiva y rasgos culturales concretos y dinámicos, esto es, un repertorio/depósito intergeneracionalmente configurado de recursos identitarios (Smith, 1997 [1991]; Adams, 1994; Warman, 2003). Los individuos tenderían a orientar sus relaciones (intra-grupales e inter-grupales) dentro de márgenes de semejanza y diferencia cultural que, si bien estarían expuestos a continuas reinterpretaciones y recomposiciones estratégicas (Epstein, 2006), perdurarían durante generaciones. Estos vínculos experimentarían un elevado grado de estabilidad a lo largo del proceso histórico e impondrían compromisos y restricciones a los individuos para con el orden simbólico colectivo del grupo al que pertenecen y con el que se identifican en mayor o menor grado (Horowitz, *op. cit.*; Eriksen, 1993, en Río, *op. cit.*). Tales vínculos intra-étnicos se desarrollan en el contexto socio-político y económico de un Estado-nación -o en una zona limítrofe entre dos o más Estados- y de la globalización neoliberal.

Se requiere distinguir entonces el estudio de grupos étnicos tradicionales con núcleos culturales estabilizados (característicos de la época culturalista/funcionalista de la primera mitad del siglo XX) de los actuales grupos étnicos con núcleos culturales difusos y emergentes (Eriksen, *ibid*, en Río, *ibid*). En las actuales condiciones de globalización, las fronteras entre grupos étnicos se crean bajo dinámicas intergrupales en el seno de espacios sociales y políticos tanto urbanos como rurales (Barth, *op. cit.*). Ante tales circunstancias, los grupos requieren imponer una visión de la frontera cultural como algo bien delimitado y que suele derivar en la exigencia de un reconocimiento distintivo. Para esto, deben seleccionar -al interior de su herencia cultural- determinados rasgos que funcionan como marcadores de la pertenencia étnica (Máiz, 2003). Las manifestaciones étnicas requieren, por tanto, estudiarse como (revitalizaciones de) identidades históricas, que llevan a cabo usos estratégicos puntuales para utilizar en la lucha por recursos en nuevos espacios político-económicos (Abner Cohen, *op. cit.*).

Ahora bien, estas reinterpretaciones estratégicas de identidades colectivas no suponen tampoco que las entidades étnicas sean creaciones libres de los sujetos o de élites especializadas en la construcción y movilización de patrimonios culturales. Las tácticas simbólicas de cada grupo encuentran su límite tanto en los propios recursos culturales acumulados como en los de aquellos otros grupos con lo que comparten ciertas luchas sociales (al interior de una -o varias- estructura/s de clases nacional/es): los actores nunca parten de cero, inventando y manipulando artefactos culturales, siempre han de moverse a partir de una configuración pre-existente de recursos simbólicos, en el marco de una (o varias) particulares historia/s Estado-nacional/es.

Esta concepción de la etnicidad me parece necesaria para poder dar cuenta de los fenómenos étnicos en el mundo contemporáneo, que implican también contextos urbano-metropolitanos y muchas veces trans-estatales. Al respecto, ya a mediados de la década de los sesenta Mitchell (1980 [1966]: 61) distinguió entre el modelo "histórico" y el "situacional". El primer modelo, que denominara como de cambios "históricos" o "procesuales", se refiere a los cambios globales del sistema social, y tiende a usar conceptos explicativos como "des-tribalización" (des-etnización diríamos hoy), "occidentalización" o "aculturación". El segundo modelo, de "cambios situacionales", en cambio, propone que las transformaciones de comportamiento en los inmigrantes son consecuencia de la participación en sistemas sociales diferentes. Mitchell, uno de los miembros de la Escuela de Manchester, propuso este segundo enfoque para el estudio de los grupos étnicos en las ciudades. Se trata de que los inmigrantes aprenden y asumen las normas de la cotidianidad urbana mientras residen en la ciudad (se "urbanizan"), pero al regresar a los pueblos y comunidades se olvidan momentáneamente de las urbes, re-actualizando las normas de su grupo y más aun de su particular localidad. Creo sin embargo que, para el caso de los nacidos en la ciudad (las típicamente llamadas "segunda" o "tercera" generación) debe ampliarse el enfoque, integrando ambos modelos analíticos, el procesual y el situacional.

En el próximo punto de este marco teórico sintetizo los aportes de la antropología respecto a los intercambios sociales, de manera de poder ir entrelazando el conocimiento existente respecto a los grupos étnicos con las distintas formas de integración social a las sociedades nacionales y sistema de mercado urbano, analizadas por los antropólogos económicos.

2. ANTROPOLOGÍA ECONÓMICA E INTERCAMBIO SOCIAL

La economía puede ser definida como el conjunto de actividades de producción, distribución, intercambio (circulación) y consumo (o utilización) de bienes y servicios materiales (Marx, 1971 [1858]; Godelier, 1967; Palerm, 2008 [1980]). Estas cuatro operaciones llamadas "económicas" son hechos sociales, esto es, están socialmente organizadas, de modo que la antropología económica estudia la "vida material" de las sociedades o, de acuerdo a los planteamientos de Appadurai (1991), los "hechos económicos" constituyen el campo de estudio de las relaciones de los hombres entre sí a propósito de las relaciones con las cosas. La antropología ha mostrado, desde la obra de Malinowski (1922) -y como ya antes había señalado Marx, *op. cit.*- en adelante, lo inadecuado (o al menos teóricamente sesgado) de considerar la economía como un ámbito independiente del contexto social, como si fuera un hecho natural.

Ahora bien, los distintos autores y enfoques teóricos difieren en mayor o menor grado respecto al principio organizador de la economía (si es la producción, la distribución, el intercambio o el consumo)[24]. Privilegio aquí el ámbito del intercambio o circulación, esto es, los momentos intermediarios al acto de creación y uso/consumo/destrucción de un bien o servicio, pues, como afirma Derrida en *Dar (el) tiempo*:

"la economía comporta los valores de ley (*nomos*) y de casa (*oikos* es la casa, la propiedad, la familia, el hogar, el fuego de dentro). *Nomos* no significa sólo la ley en general sino también la ley de distribución (*nemein*) [...] la parte dada, o asignada, la participación [...] Además de los valores de ley y de casa, de distribución y de partición, la economía implica la idea de intercambio, de circulación, de retorno. La figura del círculo está evidentemente *en el centro* [...] de toda la problemática de la *oiko-nomia*, así como en el de todo campo económico: intercambio circular, circulación de los bienes, de los productos, de los signos monetarios o de las mercancías, amortización de los gastos, ganancias, sustitución de los valores de uso y de los valores de cambio" (1995: 16).

Sobre esta relación entre distribución e intercambio, Narotzky señala que ambos describen el proceso mediante el cual los objetos producidos llegan a manos de los consumidores finales. No obstante:

"La distribución constituye una función de la adjudicación; el intercambio (o circulación), es una función del movimiento y la sustitución [...] muchos objetos no se consumen en el sentido de que sean destruidos durante el uso final; muchos objetos se ven envueltos en 'procesos de consumo', con el objetivo de crear y recrear vínculos sociales a través de transacciones continuas [...] y, en el proceso [...] surge algún tipo de transformación de su significado. Los objetos adquieren significado en la medida en que incorporan relaciones sociales de producción y que producen y reproducen las relaciones sociales durante la distribución" (2004: 69-70).

Ahora bien, como afirma Plattner (1991), todo intercambio económico está compuesto de tres elementos: bienes (y servicios), transacciones y actores. Los *bienes*[25] son los objetos intercambiados; las *transacciones* son el movimiento de productos entre personas y se refieren a las reglas, acuerdos y procedimientos pertinentes para que llegue exitosamente a su fin; y los *actores* son las personas comprometidas en el intercambio.

Al revisar la historia de la antropología económica, nos encontramos con cinco grandes etapas, que constituyen la estructura de este sub/capítulo, a las cuales

---

[24] Sobre esta discusión, por ejemplo, dentro del ámbito intelectual francés Baudrillard (1991 [1972] y 2000 [1973]) privilegia la dimensión del intercambio/circulación, en cambio Godelier (1989 [1984]) prioriza la producción.

[25] Plattner (citando a Nelson, 1970) distingue dos aspectos de los bienes: la "calidad de búsqueda" y la "calidad de experiencia". El primero alude a atributos visibles: estilo, tamaño, color, etc. El problema del consumidor consiste en localizar (cuando no recibe el bien como regalo) el conjunto de atributos preferidos. La "calidad de experiencia" se refiere a aquellos atributos que salen a la luz sólo a través del uso, como la durabilidad, por ejemplo (1991: 292).

hemos denominado como: 1) antropología económica temprana; 2) la polémica formalistas/substantivistas; 3) la escuela de la ecología cultural y el campesinado; 4) la escuela neo-marxista; y 5) la escuela de la economía cultural (neo-culturalista), respondiendo los períodos más tardíos a los anteriores intereses y muchas veces ampliando, discutiendo y rechazando antiguos planteamientos. Anterior a estas etapas y escuelas teóricas encontramos la visión de la antropología evolucionista (la que aquí no incluyo), a partir de cuya crítica se empieza a desarrollar, desde los estudios etnográficos de Malinowski (1922) y etnológicos de Mauss (1925), la antropología económica temprana. Del mismo modo, los distintos antropólogos económicos contemporáneos tienen en común el iniciar sus argumentos y análisis a partir del cuestionamiento (en mayor o menor grado) de los principios formalistas, discusión que inició Polanyi a través del enfoque substantivo a mediados del siglo XX. Entonces, el propósito de las siguientes páginas es dar cuenta de las discusiones teóricas y autores representativos desde principios del siglo XX en adelante, identificando las principales ideas de cada una de estas corrientes, así como las relaciones existentes entre ellas.

LO ECONÓMICO Y EL INTERCAMBIO SOCIAL EN LOS ESTUDIOS ANTROPOLÓGICOS TEMPRANOS

Uno de los primeros científicos sociales que se refirió a la importancia sociológica del intercambio fue E. Durkheim. Este autor, en su clásica obra *La división del trabajo social* (1893), distinguió entre sociedades integradas a través de la "solidaridad mecánica" y aquellas integradas por medio de la "solidaridad orgánica". En las primeras, los miembros del grupo cooperativo llevan a cabo los mismos tipos de tareas. En éstas, el principal valor es el acatamiento de un conjunto común de reglas. En las sociedades cohesionadas por la "solidaridad orgánica", en cambio, los vínculos residen en la especialización individual o de grupo en la producción de ciertos bienes y servicios, de modo que a través del intercambio permiten el buen funcionamiento social. En estas sociedades es el cumplimiento de las obligaciones contractuales lo que las mantiene unidas.

Ya a partir de la segunda década del S. XX, autores de las más diversas tradiciones teóricas habían realizado un análisis sistemático, llevando a cabo una primera comparación entre los fenómenos que la ciencia económica suele explicar (propios de las sociedades pos/industrializadas) y los hechos del ámbito económico que ocurrían en las sociedades no occidentales. Con estas investigaciones empíricas se criticó tanto al enfoque evolucionista de la antropología como a la corriente formalista de la antropología económica, generándose los acuerdos sustanciales para iniciar investigaciones económicas al interior de la antropología.

Desde la tradición antropológica francesa, M. Mauss, con su aun hoy admirado/discutido *Ensayo sobre el don*; desde la tradición británica B. Malinowski, con *Los Argonautas del Pacífico occidental*, R. Firth, con *The Tikopia*, y E. Evans-Pritchard, con *Los Nuer*; y desde la tradición estadounidense, M. Herkovits con su pionero título *Antropología económica* (antecedido por F. Boas) y P. Bohannan con *Los tiv de Nigeria Central*, reconocieron el ámbito económico entremezclado con lo socio-ideacional. Este hecho dio lugar a los conceptos de "hecho social total" (Mauss), "multifuncionalidad" (Herkovits), "incrustación" -*embeddedness*- (Polanyi) e "indiferenciación" (Godelier).

En 1922, se publica *Los Argonautas del Pacífico Occidental*, texto de Malinowski que suele considerarse como el primer estudio etnográfico de antropología económica moderna. En esta obra coloca la ceremonia isleña del *kula* en el contexto de una totalidad cultural, relacionándolo con las creencias trobriandesas, su sistema de parentesco, su estructura política y su sistema económico. El *kula* es un sistema de intercambio económico melanesio, de forma circular, en el que existen dos esferas de interacción paralelas: una en la que se intercambian alimentos y objetos comunes, y otra en la que se intercambian joyas (collares y brazaletes), objetos valiosos, reforzándose a través de éstos las relaciones sociales y de poder. En el intercambio de objetos de valor práctico o comercial se observa un intenso regateo, comportamiento que no ocurre en la ceremonia formal del intercambio *kula*.

De este modo, Malinowski identificó siete tipos distintos de intercambios extendidos sobre una dimensión continua de interés. En un polo estaría el "don puro", en el que el interés es nulo, y en el polo opuesto se encontraría el "simple comercio o trueque", en que el interés es total. Entre ambos polos estarían los cinco tipos de intercambios restantes. A cada tipo corresponde una relación distinta entre las personas que intercambian. Así, el primero supone una relación íntima (polo social) y el último una relación de desconocimiento (polo económico). En sus palabras:

> "En un extremo de este esquema estaría el caso límite del puro regalo, es decir, la ofrenda por la que no hay que dar nada a cambio. Luego, pasando por las muchas formas habituales de regalos y pagos parcial o condicionalmente correspondidos, que se confunden entre sí, vienen las formas de intercambio, donde más o menos se guarda la equivalencia, llegándose por último al auténtico trueque" (1973: 182).

Ya antes, en 1920, Malinowski había criticado a Bücher (principal representante del evolucionismo alemán) debido a su conclusión de que "los salvajes" no tienen organización económica, esto es, no habría intercambio, relegándolos a una fase pre-económica. En este escrito señala que:

> "El análisis de las concepciones propias de los indígenas sobre valor, propiedad, equivalencia, honor y moralidad comercial, abre un nuevo horizonte a la investigación económica, indispensable para una comprensión más profunda de las comunidades indígenas. Los elementos económicos entran en la vida tribal en todos sus aspectos -social, de costumbres, legal y mágico-religioso-, y a su vez están controlados por éstos [Es deber del etnógrafo] estudiar su articulación y correlación [entre los distintos aspectos sociales]. Ya que pasar por alto la relación entre dos o varios aspectos de la vida indígena es tan erróneo como pasar por alto cualquiera de sus aspectos" (1976: 100).

Unos años después, en el *Ensayo sobre el don* (1925), Mauss explicó a partir de los relatos de Malinowski (1922; como de Boas, 1899) y específicamente a través del *kula* -y del don en el *kula*-, el papel del intercambio en la emergencia de las sociedades. Mauss señala que el hecho del don es compartir voluntariamente lo que se tiene o lo que se es. Es a la vez un acto en que se instaura una relación doble entre el donador y el receptor. Este regalo crea una deuda en quien lo recibe, esto es, genera la obligación de recibir y de devolver. Sobre esta circularidad del intercambio se refirió Simmel en su *Filosofía del dinero* (1977 [1907]):

> "Debemos tener presente que la mayoría de las relaciones humanas se pueden considerar como un intercambio; el intercambio es la acción recíproca más pura y más elevada de las que componen la vida humana, en la medida en que ésta ha de ganar sustancia y contenido. Con harta frecuencia, pasa inadvertido el hecho de que *muchas cosas que, a primera vista, sólo suponen una influencia unilateral, en realidad encierran una acción recíproca* [...] Este mismo proceso [...] transforma la proximidad de las cosas en una relación de dependencia mutua [...] Cuando damos amor [...] en el intercambio verbal [...] el aumento de valor no se produce como la diferencia entre el beneficio y la pérdida, sino que *la aportación de cada parte supera ya completamente esta oposición o el mero hecho de poder aportarla supone en sí un beneficio*, de modo tal, que, a pesar de nuestra propia aportación, experimentamos la respuesta como un regalo inmerecido"

(113-115) (el destacado es mío).

De este modo, tanto Mauss como Simmel destacan el carácter paradójico del don: es por definición voluntario, y por ello gratuito; sin embargo, todas las sociedades obligan (implícitamente) a los individuos a practicar el intercambio[26]. Como afirman Labourthe-Tolra y Warnier:

> "El don es a la vez voluntario y obligatorio [...] Es posible, por supuesto, que los individuos o grupos falten a estas obligaciones, *pero a riesgo de excluirse[27] del intercambio social* y colocarse temporal o definitivamente en una situación de hostilidad declarada" (1998: 212, el destacado es mío).

Inclusive, el no hacer el contra-don suele generar la cara del don en negativo, la de la brujería, en la medida que se cristaliza el odio resultante de una interrupción de los flujos de generosidad. La brujería es una forma de guerra a distancia, invisible, como una forma de venganza, situándose en el extremo opuesto de la magia positiva, la que genera una lógica de juego cooperativo. Como señala Godbout, "instaura, en efecto [la brujería] un juego de suma nula, que desintegra y hace morir" (1997: 171). Analizando la obra de Mauss, y el hecho de la hostilidad o violencia inherente a los intercambios, Lévi-Strauss afirma en *Las estructuras elementales del parentesco*:

> "el juego sabio de los intercambios [...] consiste en un conjunto complejo de maniobras, conscientes o inconscientes, para ganar seguridades y precaverse contra riesgos, en el doble terreno de las alianzas y de las rivalidades [...] los intercambios son guerras resueltas en forma pacífica; las guerras son el resultado de transacciones desafortunadas" (1988 [1969]: 93 y 107).

Entonces, el alimento, las propiedades, los rangos, la magia, los favores, todo sería materia de don y contra-don. Estos fenómenos son ejemplos de una forma "arcaica"[28] de cambio en la que se da una circulación de los objetos junto a una circulación de las personas. El otro ejemplo etnográfico fundamental es el brindado

---

[26] Retomando el concepto de don, en Mauss, así como el concepto de ritual, en Durkheim, E. Goffman (1979 [1971]), desde la microsociología, analiza los intercambios de apoyo y los intercambios correctores característicos de las relaciones en público.

[27] Volveremos sobre este punto, la dialéctica integración/exclusión, en la tercera parte de este marco teórico referencial, especialmente en las páginas 81-89.

[28] Lévi-Strauss destaca la existencia de dos interpretaciones del término "arcaico". O bien la supervivencia de una costumbre o creencia arcaica constituye un residuo histórico que perdió su razón de ser o bien "continúa desempeñando un papel [...] fundamental [por lo] que la transformación de sus medios de acción no fue posible ni necesaria. Tal es el caso del intercambio" (*ibid*: 102).

por Boas (1899) respecto al *potlatch* de los *kwakiutl*[29] de la costa noroeste de Estados Unidos. Éste es conocido como la distribución formal de dones por parte del jefe de los anfitriones a sus huéspedes, precedido por una fiesta, con objeto de anunciar un cambio individual de estatus. Cuando dos individuos tenían iguales derechos para heredar el mismo título, entraban en competencia. La estrategia consistía en dar más que el rival o más de lo que el rival pudiera devolver. Se buscaba la ayuda de los parientes y aliados para acumular la riqueza (Godelier, 1981: 95-96). Estas competencias que Mauss denomina como "prestaciones totales de tipo agonístico" reordenaban la jerarquía social en beneficio de los más generosos. Son "hechos totales" pues se refieren a bienes y servicios materiales (dimensión económica), reorganizan las autoridades (dimensión política), y refuerzan los valores de reciprocidad, de honor y generosidad (dimensión moral); y son hechos agonísticos (del griego *agon*: luchar, combatir) pues los jefes-socios están implicados en una rivalidad[30].

A partir de estos ejemplos, Mauss destaca especialmente tres puntos respecto a la importancia del intercambio social: 1) Pueden cambiarse bienes económicos pero también objetos de muy diversa índole; 2) Los cambios son (implícitamente) obligatorios, pues siempre existe el deber social de devolver un regalo, aunque se niegue convencionalmente la existencia de tal obligación; y 3) Los intercambios de regalos son medios para establecer y mantener relaciones sociales, reforzando la cohesión y solidaridad social. Esto es, tanto en el *kula* como en el *potlatch* existe una triple obligación: la de dar, recibir y devolver.

Ahora bien, Godelier (1998) destacó que usualmente se olvida una cuarta obligación que también señalara Mauss. Se trata del deber de hacer dones a los dioses, a los espíritus de la naturaleza y a los espíritus de los muertos. Estos dones son ofrendas

---

[29] Sobre los *kwakiutl* y el *potlatch* hoy en día, ver Wolf, 2001 [1998]. De acuerdo a este autor, "en la actualidad estas personas desean que se les llame *kwakwaka'wakw*, hablantes de la lengua *kwakwala*" (*op.cit.*: 97).

[30] Respecto al *potlatch*, y siguiendo las investigaciones de Mauss, Lévi-Strauss afirmó que se trata de una institución universal: "Sin duda, hay variaciones locales; pero los diversos aspectos de la institución forman un todo que se reencuentra, en forma más o menos sistematizada, en América del Norte y del Sur, en Asia y en África. Se trata aquí de un modelo cultural universal o por lo menos desarrollado igualmente en todas partes" (*op. cit.*: 92).

y sacrificios y (especialmente) estos últimos tienen la capacidad de ejercer cierta influencia sobre los dioses, de obligarles a devolver, como en el *potlatch*, más de lo que se les ha donado. Sacrificar supone ofrecer destruyendo y por lo tanto no solamente pertenecen al "mismo complejo" sino que "llevan hasta el extremo" la economía y el espíritu del don, pues "esos dioses que donan y devuelven están ahí para donar grandes cosas a cambio de otras pequeñas" (Godelier, *ibid*: 50-51).

Un segundo punto que sostiene Godelier en su *El enigma del don* (*ibid*), y que resulta relevante para nuestros propósitos, se trata de que Mauss había percibido la existencia de dos esferas de riquezas, la de los bienes alienables o las cosas que se pueden donar, y la de los bienes inalienables, o que deben guardarse. Estos bienes protegidos (objetos preciosos, talismanes, saberes, ritos, etc.) al transmitirse generacionalmente afirman una serie de identidades y su continuidad en el tiempo. A esta separación de algunas cosas ya se había referido M. Weber, en *Economía y sociedad*, categorizándola como una de las cinco "regulaciones del mercado primitivas". Señala Weber:

"1) excluían determinados objetos en forma duradera de la mercabilidad como en las restricciones mágicas, de clan o estamentales (por ejemplo: por motivos mágicos: tabú; por motivos de clan: bienes hereditarios; por motivos estamentales: el feudo) o temporalmente, como en las regulaciones políticas tributarias (por ejemplo: para los cereales). O ligaban su venta a determinadas opciones o derechos de precedencia (de parientes, miembros del estamento, de la guilda o gremio, conciudadanos) con precios máximos (por ejemplo: regulaciones de precios en tiempo de guerra) o con precios mínimos (por ejemplo: honorarios estamentales de magos, abogados, médicos)" (1964 [1922]: 81-82)[31].

Godelier afirma que estos bienes singularizados sostienen diferencias de identidad no sólo entre sociedades, sino que también entre sus grupos e individuos. De este modo, concluye este autor:

"Lo que está claro es que lo social no se reduce a la suma de las formas de intercambio posibles entre los seres humanos [...] existen otros dominios [...] de todo aquello que creen que deben conservar, preservar, incluso enriquecer [...] la sociedad sólo nace y se mantiene por la unión, por la interdependencia de esas dos esferas así como por su diferenciación, por su autonomía relativa. Así pues, la fórmula de lo social no es

---

[31] Las otras regulaciones que señala Weber son: la exclusión del mercado de determinadas categorías de personas; limitaban la libertad de mercado de los consumidores por regulaciones de consumo; limitaban la libertad de mercado por motivos estamentales o de política de consumo o de política lucrativa o de política social; o reservaban para el poder político o para sus concesionarios el aprovechamiento de determinadas probabilidades económicas (*ibid*: 82). Antes también lo había advertido Durkheim en *Las formas elementales de la vida religiosa* (1912).

Keeping-while-Giving[32], sino *Keeping-for-Giving-and-Giving-for-Keeping.* Guardar para (poder) donar, donar para (poder) guardar" (1998: 58).

Por su parte, R. Firth publica en 1936 *We, the Tikopia*, monografía sobre una sociedad polinesia, inserta en una cultura melanesia. En esta etnografía tienen la misma consideración la cooperación laboral y los principios de tenencia de la tierra que los sistemas de parentesco y el lenguaje, mostrándose integrados los diferentes tipos de actividad social. Finalmente, E. Evans-Pritchard, en *Los nuer* (1977 [1940]), logra articular la organización socio-económica, la política y la ideología, a través de comprender las relaciones de parentesco, dando cuenta de la sociedad y cultura de este grupo étnico.

El texto de P. Bohannan sobre los *tiv* de Nigeria Central (1962) destaca distintas esferas de intercambio en lo que constituye un análisis clásico de una "economía multicéntrica". En este grupo étnico se reconocía la existencia de dos esferas principales: la del don y contra-don, en la que es incorrecto llevar a cabo cálculos de valor, y la del mercado, donde se truecan valores de intercambio. Esta última esfera se subdivide a su vez en tres campos: el de los bienes de subsistencia (productos agrícolas, herramientas pequeñas, etc.); la de los bienes de prestigio y de gran valor (bastones de metal, tejidos, medicinas, etc.); y la de los derechos sobre las personas (especialmente niños y mujeres), vinculado a las relaciones de parentesco, que ocupa el rango más alto. Estos campos están separados entre sí por compartimentos relativamente estancos. Los intercambios al interior de un campo dado, que Bohannan denomina como "transferencias", son fáciles y considerados normales. Al contrario, los intercambios entre campos, calificados por el autor como "conversión", son mucho más difíciles de realizar. Los bastones de metal permitían el vínculo. Los *tiv* consideran recomendable intercambiar bienes de un campo inferior por los de un campo superior, convirtiéndose en "individuos en ascenso", y no en sentido inverso más que bajo una necesidad extrema. Tales esferas y campos de intercambio existirían en todas las sociedades, incluidas las sociedades (pos) industriales modernas.

Esta teoría del intercambio social (a partir también de las contribuciones de Polanyi,

---

[32] Godelier hace aquí referencia al texto *Inalienable possessions: The Paradox of Keeping-while-Giving*, de A. Weiner (1992).

Sahlins y Godelier, como veremos) de acuerdo a C. Lomnitz:

> "es quizás la principal contribución de la antropología al pensamiento social, [suscitó] un prolongado examen de los significados y las formas del intercambio, así como de sus implicaciones para el orden social, la producción de cultura y de valor, la política, e incluso para la comprensión de las condiciones del conocimiento propio de las ciencias sociales" (2005: 312-313).

LA POLÉMICA ENTRE EL ENFOQUE FORMAL Y EL ENFOQUE SUBSTANTIVO

Existen dos sentidos diferentes de "lo económico". Este término sería un compuesto de dos significados que tienen raíces independientes: el significado formal y el substantivo (Polanyi, 1976). La distinción la habría planteado originalmente M. Weber. Como escribe Ingold:

> "Los términos del debate tienen su origen en la distinción de M. Weber (1947: 184-185) entre los aspectos formal y sustantivo de la racionalidad humana, siendo el primero el elemento de cálculo cuantitativo, o contabilidad, implicado en la toma de decisiones económicas, y, el segundo, la subordinación de la actividad económica a fines últimos o normas de valor de naturaleza cualitativa" (2001 [1973]: 44).

Los *formalistas* -el discurso económico neoclásico[33], liberal, defendido por Herkovits (1954), Cook (1962), Firth (1971), Leclair (1976) y Burling (1976), entre otros- afirman que en todas las culturas los seres humanos toman decisiones racionalmente, en un marco de medios y fines, obligaciones y oportunidades. Independientemente de las motivaciones y contextos culturales de cada uno, la constante interacción con medios escasos lo obligan a tomar decisiones racionales. Este es el campo de la economía y sus principios fundamentales serían aplicables a cualquier sociedad, pues todo ser humano trataría de maximizar la utilidad de sus acciones productivas. Firth resume este enfoque:

> "El concepto básico de la economía es la distribución de recursos disponibles escasos entre necesidades humanas cuyo cumplimiento sea factible, admitiendo la existencia de alternativas dentro de cada esfera [...] la economía versa sobre las consecuencias de las elecciones hechas por el hombre, con los resultados de sus decisiones; a su vez, las relaciones personales y sociales se ven involucradas tanto en las opciones y necesidades como en los efectos que éstas ejerzan sobre la acción" (*op. cit.*: 144).

---

[33] Al respecto, Godbout, refiriéndose a lo indicado por Gregory (1982), señala que "en economía existen [...] dos tipos de enfoques: por una parte el que encarna la economía clásica inglesa, completada por K. Marx [...] por otra parte el proyecto de la economía neoclásica. Los verdaderos continuadores de la economía clásica, estima C. Gregory, no son los economistas neoclásicos sino L. H. Morgan, M. Mauss y C. Lévi-Strauss [...] tienen en común [...] el interrogarse sobre las leyes de funcionamiento de un sistema social global, en tanto que los economistas neoclásicos no se interesan más que en las relaciones subjetivas que los individuos mantienen con las cosas" (1997: 177).

El significado formal ("formal", esto es, un concepto genérico y abstracto) de economía se refiere entonces a la situación de elegir entre los usos alternativos de medios insuficientes. Esta elección estaría determinada por las reglas de la lógica de la acción racional. La acción racional se define aquí como la elección de los medios en relación con los fines. Dicho en palabras de Herkovits:

> "La escasez de bienes a la vista de las necesidades de un determinado pueblo y un momento dado constituye un hecho universal de la experiencia humana; no se ha descubierto aún ninguna economía en la que se produzcan bienes bastantes [...] para satisfacer todas las necesidades de todos los miembros de la sociedad [...] La semejanza entre una sociedad y otra es, en este respecto, *más de grado que de género* [o que de clase o tipo]. El principio general, por tanto, queda en pié, pese a los diversos cambios que pueden presentarse [...] en las diferentes economías" (*op. cit.*: 25, el destacado es mío).

Polanyi critica este enfoque. Señala que el análisis económico formal es la generalización del sistema de producción de precios del mercado: todos los bienes y servicios están a la venta, y, por lo tanto, tienen un precio. La introducción general del poder de compra (dinero) como el medio de adquisición convierte al proceso de cumplir las exigencias en un reparto de los medios insuficientes con usos alternativos. Esta utilización del término, denota que el sistema económico es una secuencia de actos para ahorrar, es decir, de elecciones inducidas por situaciones de escasez. Tal situación sólo ocurriría, señala, en un sistema/sociedad capitalista de mercado (1976: 155-159)[34].

La corriente *substantiva*, representada sobre todo por Polanyi (2006 [1944]), Dalton (1976) y Bohannan (1962), responde a un impulso anti-generalizador y sostiene que los principios de la economía neoclásica o marginalista sólo son aplicables a la sociedad capitalista. Las diferencias entre culturas son tan grandes que el esfuerzo de elaborar una teoría común a todas sólo puede generar resultados simplistas. El significado substantivo -equivalente a los institucionalistas en la ciencia económica, donde destaca Veblen (1963 [1899])- se refiere al intercambio con el medio ambiente natural y social, en la medida que este intercambio tiene como resultado proporcionarle a los hombres medios para su necesaria satisfacción material. Señala Polanyi (1976) que la satisfacción de las necesidades no implica elección ni

---

[34] En su libro *La Economía de la Edad de Piedra* (1977), en el capítulo "La sociedad opulenta primitiva", M. Sahlins realiza una brillante crítica a los principios formalistas. Por su parte, P. Clastres analizó estos argumentos de Sahlins en *Investigaciones en Antropología Política* (1996).

insuficiencia de medios, pues la subsistencia humana puede implicar o no la necesidad de elección, y si hay elección no necesariamente se debe al efecto limitador de la escasez. De hecho, habría elección de medios sin insuficiencia, ya que la elección puede estar influida por una preferencia de lo cierto frente a lo equivocado (elección moral, tabúes, etc.). O bien cuando se presentan dos o más caminos (medios), que nos conducen a destino y que poseen idénticas ventajas y desventajas. En cualquier caso, la abundancia de medios más bien aumentaría las dificultades de la elección.

El concepto *substantivo* de economía se refiere así al "proceso institucionalizado" de interacción entre el hombre y su entorno, que tiene como consecuencia un continuo abastecimiento de los medios materiales que se necesitan para satisfacer las necesidades humanas. Es un "proceso" pues hay movimiento/s, esto es, cambios de localización y/o cambios de apropiación: los elementos materiales pueden alterar su posición cambiando de lugar o bien de manos. Es "institucionalizado" porque habría fundamentalmente tres instituciones (formas sociales concretas y específicas) en la evolución económica de la humanidad, y que sólo en el mundo contemporáneo existirían juntas: *comercio, dinero y mercado.*

Ahora bien, la economía humana está incrustada ("empotrada", "encadenada") en instituciones económicas y no económicas. Como afirma Polanyi en su clásica obra *La gran transformación*:

> "La economía humana está sumergida por regla general en las relaciones sociales de los hombres. El hombre no actúa para salvaguardar sus intereses individuales en la posesión de bienes materiales, sino para salvaguardar su posición social, sus derechos sociales, sus activos sociales. El hombre valúa los bienes materiales sólo en la medida en que sirvan a este fin. Ni el proceso de producción ni el de distribución se conectan a los intereses económicos específicos ligados a la posesión de bienes; pero cada paso de ese proceso se conecta con varios intereses sociales que eventualmente aseguran que se dé el paso apropiado" (2006 [1944]: 94).

Esta discusión sobre el significado de la economía fue analizada por P. Bourdieu en su reciente texto *Las estructuras sociales de la economía* (2003). En éste señala que en la definición formal de la economía, hay una inversión en la tabla de valores. Se pasa desde el comportamiento regido por el beneficio colectivo (que implica represión o negación del beneficio individual) en pro de de las obligaciones familiares y/o sociales, al comportamiento regido por el cálculo del beneficio individual, lo que se refleja en los populares dichos de la población estadounidense contemporánea: "los negocios son los negocios" o "en los negocios no hay cabida para los sentimientos". El enfoque formal es la universalización del caso singular de los Estados Unidos, donde el comportamiento se rige por el principio liberal del *self help*, herencia de la creencia calvinista en que Dios ayuda a los que se ayudan a sí mismos, y de la exaltación conservadora de la responsabilidad individual, que adjudica la crisis económica a los propios individuos, en primer lugar, y no al orden social y al Estado como institución colectiva encargada de actuar en nombre del interés general y a propiciar la solidaridad (*ibid*: 24-26). De acuerdo a este autor, el formalismo se caracteriza por el individualismo metodológico, las disposiciones exógenas (universales) y el método deductivo; por su parte, el substantivismo se caracteriza por el universalismo metodológico, las disposiciones endógenas (histórico-culturales) y por el método inductivo. Apoyándose en la famosa frase de Marx: "Entre las cosas de la lógica y la lógica de las cosas", Bourdieu concuerda con Polanyi al argumentar que el formalismo descansa en principios que parecen incuestionables, pero al estudiar de cerca una transacción se advierte que esos principios abstractos no dan cuenta de la realidad. La oferta, la demanda, etc., son el producto de una construcción social, por lo que no se pueden describir acertadamente los procesos llamados "económicos" sin apelar a la sociología[35].

Las formas de integración social: reciprocidad, redistribución y mercado

En una reconocida clasificación, Polanyi señala que han existido (y continúan existiendo) tres modelos o formas de integración social: *reciprocidad, redistribución e intercambio de mercado*. Estas formas suelen presentarse unas junto a otras en distintos niveles y sectores de la economía, siendo una dominante y las otras subordinadas. La *reciprocidad* denota movimientos entre agrupamientos simétricos. Es la base de la organización de grupos más permanentes como la familia, la vecindad[36] o las tribus. También de las asociaciones voluntarias o semi-voluntarias

---

[35] En lugar de oponer ambas ciencias, debiéramos comprender -señala Bourdieu (*ibid*)- que la antropología social, la sociología y la economía constituyen una sola disciplina cuyo objeto es el análisis de los hechos sociales, de los cuales las transacciones económicas son sólo un aspecto.

[36] Sobre investigaciones en contextos urbanos de América Latina, y la importancia de la reciprocidad

de carácter militar, vocacional o religioso. La *redistribución* designa los movimientos de apropiación hacia un centro social (cima, élite) y luego hacia el exterior o periferia (base social). A veces esto significa una reunión física y otras veces la "reunión" es simplemente apropiativa: el derecho a disponer de los bienes. Los productos se suelen mover a través de una jerarquía de funcionarios o líderes para ser almacenados, acumulados, en el centro. El flujo de bienes y/o servicios invierten su sentido con el tiempo, surgen desde la cima y regresan a las bases sociales. El *intercambio de mercado*, por su parte, hace referencia a movimientos que tienen lugar entre manos en el sistema capitalista de mercado, y para servir de forma de integración requiere un sistema de formación de precios por el mercado. Destaca Polanyi que estas formas de integración no representan etapas de desarrollo (1976: 162). Al respecto, afirma Salas:

> "Es esencial entender el intercambio mercantil sólo como un tipo, que suele contraponerse a otros como el trueque o intercambio directo que no tiene referencia al dinero y en el que el valor está definido por el uso, y el intercambio de objetos motivado por cuestiones sociales y/o ceremoniales, donde predomina el espíritu de reciprocidad, sociabilidad y espontaneidad [...] Los tres tipos de intercambio coexisten porque las sociedades capitalistas también funcionan con propósitos culturales y las sociedades precapitalistas con criterios de cálculo e interés, cualquiera que éstos fueran" (2005: 104).

En este sentido, M. Granovetter (1985, en Pozas, 2006: 91) señala que el intercambio en el mercado se sustenta en relaciones que rebasan la transacción meramente mercantil, destacando que incluso en el capitalismo la mayor parte de las transacciones económicas se desarrollan en el contexto de redes que involucran relaciones personales basadas en la confianza. Con el concepto de *embeddedness* o imbricación social (del cual reconoce su deuda con Polanyi) considera este autor que la principal debilidad del análisis de la ciencia económica es omitir la noción de estructura social -concebida ésta como el conjunto de las redes interpersonales en que el individuo se encuentra inmerso- reduciendo la sociedad a una mera suma de individuos.

Por su parte, F. Block (2000, en Pozas, *ibid*, 91-92), siguiendo a Polanyi, señala que el mercado no logra exitosamente subordinar a la sociedad a su lógica y dinámica, y

---

en la vida cotidiana, ver L. Adler-Lomnitz, 2006 [1975] y 2001 [1994]. Acerca de las instituciones de reciprocidad entre los pueblos indígenas de México, ver Warman (2003).

que este intento produce una inevitable respuesta: esfuerzos concertados desde distintos ámbitos de la sociedad para protegerla del libre mercado. Del mismo modo, mientras mayores son los esfuerzos por lograr la autonomía total del mercado, mayores son los índices de tensión dentro y entre las naciones. Esto es, en el capitalismo la reciprocidad se mantiene en las relaciones interpersonales, en tanto que la redistribución corresponde a los recursos que distribuye el Estado.

Ahora bien, de acuerdo a Polanyi, una de las principales contradicciones del capitalismo es que incluye al dinero, la tierra y el trabajo como factores de la función de producción atribuyéndoles las mismas cualidades que a los insumos materiales que la componen, sin embargo, ni la tierra, ni el dinero ni el trabajo son mercancías[37] producidas para ser vendidas en un mercado, son por consiguiente cuasi-mercancías o *mercancías ficticias,* por lo que no responden a las leyes de oferta y demanda y deben ser reguladas por el Estado. De este modo, Polanyi descarta la posibilidad real de la autonomía total del mercado frente a las instituciones de la sociedad, subrayando que lo que ocurre es que los Estados capitalistas se adaptan a las necesidades del mercado. De todos modos, al explicar cómo la economía moderna se ha ido poco a poco "desempotrando" del resto de la sociedad, Polanyi sigue a Marx, quien afirmara que:

> "Lo característico no es que se venda la mercancía fuerza de trabajo, sino el hecho de que la fuerza de trabajo aparezca como una mercancía" (*El Capital,* II, I: 32, cit. por Godelier, 1989 [1984]: 220).

De hecho, al respecto, señala Baudrillard:

> "No olvidemos que, según el propio Marx, la originalidad revolucionaria de su teoría estriba en el descubrimiento del concepto de fuerza de trabajo, de su status de mercancía excepcional, cuya inserción en el ciclo de producción *en calidad de valor de uso* aporta el elemento X, el sobrevalor diferencial generador de la plusvalía y de todo el proceso del capital" (1973: 19).

Ahora bien, así como hay diferencias entre las sociedades organizadas sobre la base de agrupaciones económicas estratificadas y las sociedades basadas en estructuras de parentesco (de acuerdo a sus distintos sistemas de integración), también hay, como señala G. Dalton, similitudes. Este autor, quien aplica la obra de Polanyi,

---

[37] Adopto aquí la definición de mercancía aportada por Appadurai: "Cosas que, en cierta *fase* de su trayectoria y en un *contexto* particular, cubren los requisitos de la candidatura mercantil [...] la mercancía no es un tipo de cosa en vez de otro, sino una fase en la vida de algunas cosas" (1991: 32-33).

afirma:

"Que todas las sociedades deben tener una organización económica substantiva significa que habrán similitudes (y en consecuencias bases para la comparación) incluso entre economías muy distintas (pongamos las islas Trobriand y los Estados Unidos actuales). De este modo, se puede hablar con sentido de la creación, distribución y utilización de los bienes materiales en cada uno de ellos, así como de los roles del dinero y el comercio exterior, y de la organización de la tenencia de la tierra [como también la división del trabajo y los lugares de mercado]" (*op. cit.*: 191).

Sin embargo, tales semejanzas no constituyen equivalentes funcionales, sino que prácticas organizadas de forma distinta y frecuentemente con diferentes propósitos sociológicos y económicos. Su presencia no es una prueba de similitud organizativa, operativa o funcional, hay que considerarlos más bien -señala Dalton- como instrumentos adaptables, capaces de distintos usos para disímiles propósitos en una diversidad de contextos organizativos (*ibid*: 205-206).

Por su parte, C. A. Gregory (1982) ha mostrado que es posible comparar la reproducción social y el intercambio. Destaca las diferencias que existen entre el intercambio de dones y el de mercancías, entre el rango (antigüedad, tamaño, decoraciones) o el valor (y precio) de los productos, entre el crédito basado en la maximización del número de deudores (quienes en muchos sistemas de intercambios ceremoniales se supone que devuelvan el don con excedente) y el basado en la maximización del beneficio monetario (interés). Estas diferentes formas de "pensamiento, economías, sociedades" (como señala el subtítulo de uno de los libros de Godelier: *Lo ideal y lo material*), deben seguir siendo investigados en los sistemas sociales contemporáneos, especialmente en épocas de crisis económicas globales:

"se plantea legítimamente la cuestión de saber si la jerarquía visible de las instituciones y la desigual importancia que éstas revisten a ojos de los individuos se confunden con su peso invisible sobre la evolución histórica [...] En los períodos de crisis profundas, de mutaciones, de transición de un sistema socioeconómico a otro, la cuestión del peso, de la importancia de las instituciones en la reproducción de la sociedad, aparece explícitamente en la conciencia y en la práctica social. Esta misma pregunta es la que debe constituir un tema privilegiado de las ciencias humanas" (1989 [1984]: 222).

ANTROPOLOGÍA ECONÓMICA POS-DEBATE: ECOLOGÍA CULTURAL, CAMPESINADO Y SOCIEDADES COMPLEJAS

A partir de la década de 1950, la escuela de la "ecología cultural" (siguiendo a J. Steward y a L. White), integró la economía en la problemática más general de las relaciones de las sociedades con su entorno biológico y material. De ello resultó un mejor conocimiento sobre las economías preindustriales (caza y recolección, pastoriles, agricultura extensiva, etc.) hasta entonces descritas como de una organización y técnicas simples, y un estado de penuria crónica. Paralelamente se desarrollan los estudios sobre sociedades campesinas caracterizadas por su relación orgánica, económica pero también política y cultural, con una sociedad englobante y/o dominante (ciudades, Estados). Al respecto, Godelier señaló (1976) que el campo de la antropología estaría constituido por dos fragmentos de la historia humana: las sociedades no occidentales sin escritura, colonizadas por Europa (sociedades "primitivas", sin clases), y el de las poblaciones rurales occidentales atrasadas en el modo de producción y con una organización social pre-capitalista y pre-industrial (sociedades campesinas), así como el paso de las sociedades sin clases a las sociedades de clases y las distintas variedades del Estado. Tales distinciones entre pueblos "primitivos" y campesinos se advirtieron con claridad sólo después de la Segunda Guerra Mundial. R. Redfield (1941), por ejemplo, en su estudio sobre Tepoztlán (México) sólo se refería a "sociedades populares tradicionales" (*folk* o rural *versus* urbanas), indistintamente (Roseberry, 1991: 155).

La escuela de la ecología cultural: dos ejemplos de investigaciones

A través las investigaciones efectuadas por esta escuela teórica se descubrió (Sahlins, 1972), por ejemplo, que en los cazadores-recolectores del desierto de Kalahari o de la selva del Congo, cuatro horas, más o menos, de trabajo al día eran suficientes para que los productores de estas sociedades pudieran satisfacer todas las necesidades socialmente reconocidas en su grupo. Otro estudio, esta vez de Suttles, criticó la visión tradicional de los investigadores sobre el *potlatch*. Este autor demostró que este evento para los indígenas de la costa noroeste es más que una forma "excesiva" de competencia nacida de la presión cultural hacia la obtención y conservación de prestigio social entre los jefes locales. Argumentó que el medio ambiente costero era muy diversificado, y, en consecuencia, que los recursos estaban desigualmente repartidos entre los grupos. Por lo tanto, la función de los *potlatch* consistía en redistribuir los medios de subsistencia que sobraban en un grupo entre las agrupaciones que les faltaba de forma crítica. Los hechos del *potlatch* son, pues, hechos multi-funcionales, es decir hechos que para recibir una explicación científica requieren que se reconozcan las funciones económicas de las relaciones de parentesco y de las relaciones político-ideológicas. Tal reconstrucción criticó la interpretación "culturalista", optando por un enfoque materialista que refuerza la hipótesis de la significación latente, de la racionalidad escondida del *potlatch:* la de asegurar ventajas selectivas a los grupos que lo practican (Godelier, 1976: 306-307).

Los campesinos y las sociedades complejas

Los primeros textos sobre los campesinos[38] los encontramos en la década de 1940. En *Anthropology*, A. Kroeber (1948) señala que "los campesinos son culturas parciales que viven en sociedades parciales", esto es, que viven al interior de sociedades estatales que las engloban.

La corriente cultural

Entre 1930 y 1960 se desarrolló en los estudios antropológicos una línea de investigación de estudio cultural, cuyos principales representantes serían R. Redfield (*op. cit.*) y G. Foster (1965). Redfield formuló el modelo teórico denominado *continuum folk-urbano*, como respuesta parcial a la problemática de las sociedades complejas. Por medio de este modelo intentó explicar las diferencias entre los

---

[38] Se trata de una categoría heterogénea, "los campesinos", que incluye situaciones tan disímiles como los habitantes sometidos a un sistema de encomienda en el México colonial, los rusos que estaban bajo el régimen zarista a fines del S. XIX, o muchos de los habitantes de las zonas rurales del México contemporáneo, inmersos en una economía de mercado (Aguilar, 1996).

distintos asentamientos humanos existentes, al menos en América Latina: ciudades, pueblos y localidades tradicionales (rurales). La idea de esta continuidad llevaba implícita la noción de que ninguna localidad conocida correspondía a la descripción de los puntos extremos, sino que todas se situaban en un punto intermedio o más cercano a uno u otro polo.

Por su parte, Foster (*op. cit.*) desarrolló (a partir de su estudio en Tzintzantzun, Michoacán, México) la "teoría del bien limitado", según la cual los campesinos creen que la vida es una lucha monótona y que todo lo valioso, tanto material como inmaterial (salud, riqueza, amistad, poder, etc.), existe en cantidades finitas, por lo cual el mejoramiento personal respecto de cualquiera de esas formas sólo puede lograrse a expensas de otros.

La corriente de la economía política

En la década de 1970 surge la corriente de la economía política, iniciada por J. Steward, que caracteriza a los campesinos no por su cultura sino por el lugar que ocupan (de dominación) en las relaciones estructurales al interior de las sociedades nacionales. E. Wolf, en su libro *Los Campesinos* (1971) intenta llevar a cabo la primera síntesis analítica de este sector social como conjunto. Señala que éstos nos son ni primitivos ni modernos, sino que se trata de las poblaciones que se encuentran entre estos dos polos temporales y que, en el momento en que él escribía, conformaban la mayor parte de la humanidad. Afirma Wolf que la distinción entre cultivadores primitivos y campesinos no reside en el mayor o menor grado de implicación con el mundo exterior a ellos, sino en el carácter de esa relación. Los excedentes de los campesinos son transferidos a un grupo dominante de gobernantes que los emplea para sí y que distribuye el remanente a los grupos sociales que producen otro tipo de artículos (redistribución, en términos de Polanyi). Al mismo tiempo, la capacidad para crear una división funcional del trabajo entre cultivadores y dirigentes, es una consecuencia de la capacidad de la sociedad de producir excedentes sobre el mínimo calórico requerido (Wolf, 1971: 9-12). El excedente y la división social del trabajo, entonces, más allá de las divisiones por la edad y el sexo (características también de las sociedades "primitivas") son dos de los atributos distintivos de los campesinos. Analizaremos esta síntesis de Wolf en cuatro puntos: los excedentes sociales, los papeles de la ciudad y el Estado, el "dilema del campesino" y las comunidades cerradas y abiertas.

a) Los excedentes sociales

De acuerdo a Wolf, han existido y se deben distinguir tres tipos de excedentes o fondos sociales: *el fondo de reemplazo, el fondo ceremonial y el fondo de renta*. El fondo de reemplazo es una cantidad necesaria para mantener los elementos básicos o equipo mínimo de producción, como la semilla para la siembra del año próximo o los granos para la alimentación de su ganado. El fondo ceremonial y el fondo de renta son dos clases de imperativos sociales, pero es el fondo de renta el que diferencia a los campesinos. Toda sociedad establece relaciones sociales con sus prójimos, ya sea por la defensa, la obtención de alimentos, el matrimonio, etc., y las relaciones sociales siempre aparecen rodeadas de elementos simbólicos, de un ritual. Para mantener estas relaciones sociales, los hombres deben trabajar también con objeto de constituir un fondo destinado a los gastos que esas relaciones originen: es el fondo ceremonial, por encima del fondo de reemplazo. Ahora bien, estas relaciones muchas veces son estructuralmente asimétricas, para ello son los fondos de renta: el producto del pago de los campesinos a quienes tienen poder jurisdiccional o dominio sobre un lugar, se puede pagar en trabajo, en productos o en dinero (*ibid*: 13-19). La necesidad de estos fondos como imperativos en las sociedades campesinas y por tanto de la existencia de incentivos y estímulos a la producción, los sintetiza Firth (1971):

> "El antropólogo [...] ha demostrado cómo [...] el individuo es impulsado a trabajar por sus ideas sobre las necesidades de su familia, las obligaciones que tiene para con sus parientes y la comunidad en que vive, las oportunidades de adquirir prestigio por medios socialmente prescritos y valorados, los mandamientos de un sistema religioso y mágico [...] el principio actuante no es precisamente el viejo lema: 'De cada uno según su capacidad, a cada uno según sus necesidades', sino otro que se entrecruza con él y que reza: 'De cada uno según las obligaciones que le impone su status en el sistema social, a cada uno según los derechos que le otorga dicho sistema'" (1971: 160).

b) Los papeles de la ciudad y del Estado

El campesino ha sido definido como un agricultor que ha de mantener relación con la ciudad, ya que es frecuente que los gobernantes se establecieran en centros espaciales que se convertían en ciudades. La ciudad es un establecimiento en el cual se ejerce una combinación de funciones diversas, y que llega a ser conveniente porque a través de la concentración de tales funciones en un solo lugar se logra mayor eficacia. Sin embargo -señala Wolf- la ciudad sólo es una forma de ejercicio del poder. Más que la ciudad, el Estado constituye el criterio decisivo de civilización y señala el umbral de la transición entre productores primitivos de alimentos y campesinos. Así, sólo cuando el productor es integrado en una sociedad con Estado -convirtiéndose en sujeto de demandas y sanciones- puede hablarse propiamente de campesinado.

c) El dilema del campesino

El campesino no es sólo un productor para otros, también forma una unidad de consumo, un hogar al que debe alimentar y atender. La economía campesina consiste en una *economía familiar*. El trabajo dedicado por la familia en la producción de los bienes no puede ser medido en salarios. Al no satisfacer sus necesidades, suelen trabajar por una pequeña remuneración. El perenne problema del campesino consiste, dice este autor, en equilibrar las demandas del mundo exterior con la necesidad de aprovisionamiento para su casa. Para ello optan entre dos estrategias: aumentar la producción o reducir el consumo (*ibid*: 23-26).

d) Las comunidades: cerradas y abiertas

En una tipología sobre los campesinos latinoamericanos, Wolf (1955) distinguió entre comunidades campesinas cerradas y abiertas. Este autor se refirió en primer lugar a la concepción grupal del espacio vital del campesinado a través del concepto de "comunidad corporativa cerrada". Ésta es un sistema social cerrado con límites bien definidos tanto dentro como fuera del sistema. Vista desde dentro, define los derechos y obligaciones de sus miembros y prescribe grandes segmentos de su conducta. Vista desde fuera, la comunidad realiza una serie de actividades típicas y sostiene ciertas representaciones colectivas. Como señala Roseberry:

> "El tipo cerrado correspondía a las antiguas áreas nucleares de Mesoamérica y Perú, que contaron con sistemas estatales precoloniales y con agricultura campesina. La comunidad campesina fue vista como un producto colonial, que ató a la población indígena como fuente de mano de obra y de ingresos por tributación fiscal" (1991: 166).

A este tipo Wolf opuso la existencia de comunidades abiertas, las que surgieron en zonas fronterizas durante la expansión productiva de exportación del siglo XIX y en las cuales se encuentra una cultura menos compacta/compartida; esto es, tanto las fronteras físicas como culturales son más difusas.

El debate campesinistas/descampesinistas

A partir de la década de 1970 las aproximaciones de los diversos autores se dividirán en torno a dos posiciones: 1) las tesis articulacionistas entre los modos de producción doméstico y capitalista; y 2) las tesis campesinistas-descampesinistas que argumentarán en torno a la desaparición o permanencia de los campesinos dentro del proceso de capitalización del mundo rural. En México, autores como Palerm[39], Stavenhagen y Díaz-Polanco defendían la funcionalidad de la economía doméstica para la acumulación capitalista, y otros como R. Bartra - descampesinistas- sostenían su paulatina proletarización (Aguilar, 1996: 123).

Estas tesis tenían como fundamento el debate de principios del siglo XX entre los marxistas ortodoxos y los denominados "populistas". Para los primeros el capitalismo era sinónimo de descampesinización (el reemplazo de la agricultura tradicional por la industria) y, en cambio, los populistas (representados por Chayanov y su teoría sobre la doble naturaleza de la explotación campesina como unidad económica y como unidad familiar) defendían la tradición de la pequeña propiedad como vía alternativa al capitalismo (Aguilar, *ibid*: 120).

Los estudios contemporáneos sobre los campesinos y su heterogeneidad

Los antropólogos "económicos" contemporáneos debemos, en palabras de Wolf:

---

[39] Al respecto, se puede consultar su obra *Antropología y marxismo*, recientemente reeditada en México (2008).

"delinear el proceso general que opera en el desarrollo mercantil y capitalista, y al mismo tiempo seguir sus efectos en las micro-poblaciones [...] un relato analítico del desarrollo de las relaciones materiales, que transita simultáneamente el nivel del sistema global y del micro-nivel" (1982: 23, citado por Narotzky, 2004: 21).

En la misma línea, advierte Roseberry -en una observación teórico-metodológica, semejante al planteamiento de Leeds (1975)-, que al llevar a cabo estudios locales, de comunidades o regiones campesinas actuales, debemos tener presente que:

"muchas de las fuerzas y relaciones que afectan a una región se localizan en otra parte [por lo que] tenemos que ser creativos en nuestra conceptualización y estudio de relaciones, instituciones y redes que se encuentran aparentemente fuera de la comunidad" (op. cit.: 168-169).

Esta complejidad ha generado un debate durante las últimas tres décadas acerca del concepto de campesino. Roseberry destaca aquí dos puntos: en primer lugar, los campesinos se caracterizan por una marcada diferenciación social, dado que algunos de los miembros de las familias residen temporalmente fuera de sus comunidades, sea dentro o fuera de la región o incluso del país, en búsqueda de un trabajo asalariado. En segundo lugar, al realizar estudios en espacios rurales, nos encontramos tanto con campesinos como con proletarios rurales, quienes trabajan en zonas de plantaciones. Los hogares rurales, entonces, no sólo cultivan pedazos de tierra (la imagen que proviene del "prejuicio agrícola"), sino que, señala este autor:

"participa[n] ahora en una amplia variedad de estrategias de reproducción y acumulación entre las que pueden citarse el tejido, la costura, la elaboración de ladrillos, preparación de alimentos, comercio subalterno [...] una enorme población de productores de mercancías simples con muy limitado acceso a la tierra [...] pueden incluir migración estacional o permanente [...] de esta manera, el comercio subalterno puede involucrar sistemas de comercialización regional y extra-regional" (ibid: 173).

ANTROPOLOGÍA ECONÓMICA NEO-MARXISTA

En este período, característico de las décadas de 1960 y 1970, destacan especialmente las obras de los antropólogos M. Sahlins (en su primer período) y M. Godelier (además de Meillassoux y Terray). Identificamos aquí brevemente las principales ideas de la que constituye la tercera corriente de la antropología económica -junto a los enfoques formalista y substantivista (Godelier, 1980 [1974])-

con respecto a nuestros propósitos, a través de la obra de estos autores.

M. Sahlins: el modo de producción tribal y la economía política

Sahlins señala que la economía está organizada por instituciones generalizadas como las familias y los linajes, incrustada en ellas. Lo que en la ciencia económica convencional son factores "exógenos", tales como el parentesco y la política, en la realidad tribal son la organización misma del proceso económico. En estas sociedades el "modo de producción" es doméstico o familiar, esto es:

> "La familia es en relación con la economía tribal lo que la casa solariega fue con respecto a la economía europea del Medioevo, o la corporación industrial en relación con el capitalismo moderno: cada una de ellas es la institución central de producción de su época" (1976: 234).

La producción doméstica no se define sólo como "producción para el uso", como se suele pensar. Las familias pueden producir también para el trueque. Del mismo modo, es erróneo suponer que la familia es un grupo aislado de trabajo: a menudo sus miembros cooperan con individuos de otras casas, y ciertas tareas pueden ser emprendidas por grupos de linajes. La única especialización del empleo es *la división sexual del trabajo*. Entre ambos, mujeres y hombres, tienen el conocimiento de las herramientas y técnicas necesarias para realizar el trabajo, desde la extracción de la primera materia, hasta tener el producto terminado.

La familia no es propietaria particular de tierras de labor pero goza de privilegio usufructuario. Ningún hogar está excluido del acceso directo a los medios de su propia subsistencia, como tampoco de la participación en la estructura social. Algunas sociedades están jerarquizadas, pero ninguna es una sociedad de clases. El modo de producción doméstico tiene límites fijos de rendimiento, sin propensión a generar un trabajo continuado o una riqueza suplementaria. Al contrario, se inhibe el exceso de producción. Se trata de la clásica distinción entre "producción para el consumo" (aprovisionamiento) y "producción para el intercambio" (lucro) (*ibid*: 236-237). Se considera que las necesidades son limitadas. Cuando una familia vive una crisis de infra-producción, las otras familias emparentadas tienen la obligación de mantenerlos. Los jefes tribales las presionan a intensificar su producción para cooperar con las necesitadas. También organizan grandes acontecimientos comunitarios de intercambio con otros grupos. El trabajo es el ejercicio de las relaciones de parentesco y comunidad. El suelo es una fuente benéfica y el hogar de los antepasados. Y las cosas que cada uno hace y usa son expresiones de sí mismo. Como dice este autor: "Un hombre es lo que hace, y lo que hace es lo que es" (*ibid:* 240).

Sahlins y los tipos de reciprocidad

El esquema tribal de intercambio está dominado por la reciprocidad. La reciprocidad no es siempre un intercambio uno por uno. Sahlins (1976) definió los puntos extremos del *continuum* de reciprocidad -reciprocidad generalizada y negativa- y su punto medio -la equilibrada-.

La *reciprocidad generalizada* es la asistencia prestada gratuitamente, característica del parentesco y de la amistad. La norma de la relación es el altruismo. Es la "pura dádiva", como la llamó Malinowski. En palabras de Sahlins:

> "El lado social de la relación supera al material y, en cierto modo, lo encubre, como si no contara [...] La esperanza de reciprocidad queda indefinida, no se especifica en lo relativo a tiempo, cantidad ni calidad [...] La obligación de reciprocidad es difusa" (*op. cit.:* 243).

Aparte de estos intercambios entre personas muy próximas, los estudios etnológicos muestran otras formas, como dones obligatorios a parientes y jefes, así como de "nobleza obliga" (de la élite a las "bases"). La *reciprocidad equilibrada* es el intercambio directo: la retribución es inmediata y equivale en valor a los bienes recibidos. También se aplica cuando los artículos deben entregarse dentro de un plazo breve. La equidad aquí es objeto de cálculo, aunque poco explícito. Está documentado en transacciones matrimoniales entre los parientes de la novia y los del novio, pactos de fraternidad de sangre y convenios de paz, y en gran parte de los trueques y "compras" con moneda "primitiva". También corresponde a la relación entre socios comerciales. El aspecto material de la transacción es tan importante como el social. Las relaciones entre personas se rompen cuando una deja de dar su parte dentro de un tiempo limitado (*ibid:* 244).

La *reciprocidad negativa*, por su parte, se refiere a las transacciones enfocadas hacia una ganancia, tratando el individuo de maximizar su posición a expensas de otro: regateo, fraude y robo en su caso extremo. Aquí la norma es el egoísmo. Es característico de las relaciones con "otra gente", con los no parientes, con los extranjeros. Sin embargo -observa Sahlins-, también puede haber una simbiosis intertribal, extendiéndose la reciprocidad equilibrada a zonas periféricas, relevándose la interdependencia económica por sobre la divergencia social: las buenas relaciones se mantienen aquí impidiendo los tratos directos (*ibid*: 244-245). Éste es el caso del denominado "comercio silencioso", en el cual los actores intercambian bienes sin interactuar, dejándolos en un lugar definido para ello, requiriéndose sólo un acuerdo socio-cultural mínimo entre ambas partes.

Sahlins y la economía política

Respecto a la economía política (esto es, el análisis de las condiciones de formación de la riqueza de las sociedades), este autor señala que en las tribus el orden político está garantizado por una circulación centralizada de bienes, dirigidas hacia la cúspide social y luego en sentido de descenso. La relación económica entre el poderoso y el humilde es recíproca, interdependiente. Los jefes mantienen su posición y aumentan su prestigio demostrando generosidad. Un jefe local incrementa también su reputación dando a los otros jefes competidores más bienes de lo que éstos pueden devolver, sin embargo, este abuso puede socavar las reciprocidades internas provocando la rebelión.

Las *bandas* se caracterizan porque su cultura releva la cooperación, siendo así la reciprocidad generalizada la forma dominante de intercambio. En las *tribus*, al ser mayor el área de sus transacciones, se añade a la generosidad doméstica la reciprocidad equilibrada en los sectores intercomunal e intertribal. Su expresión más completa es la aparición de la "moneda primitiva", como las conchas-moneda de Melanesia y la California aborigen. El paso desde una tribu a la *jefatura o cacicato*, implica una transformación de las relaciones externas en internas, a medida que grupos adyacentes se van integrando bajo jefes poderosos. La incidencia de la reciprocidad equilibrada queda restringida por la centralización del intercambio en una economía pública. Todos deben tributo a los jefes reinantes, de quienes provienen las ayudas a los necesitados. La redistribución es la jefatura dicha en términos de economía (1976: 249-259).

M. Godelier: sobre el ámbito de la antropología económica

M. Godelier señala que el interés de la antropología económica consiste en la importancia relativa de las relaciones económicas en la lógica del funcionamiento y evolución de las sociedades humanas. Esta discusión teórica implica otra de carácter epistemológico: las condiciones y modalidades de la práctica teórica que permite el conocimiento científico de las estructuras económicas de las sociedades estudiadas por los antropólogos (1976: 280). Afirma este autor que formalistas como Firth (1974 [1967]), han resuelto el tema de la relación entre la economía y la historia de una manera muy parecida a las célebres tesis de Marx:

> "El modo de producción de la vida material condiciona el proceso de la vida social, política e intelectual en general. No es la conciencia de los hombres lo que determina su existencia; por el contrario, su existencia social determina su conciencia" (*Contribución a la crítica de la economía política*, 1859, en Godelier, 1976: 281).

Sin embargo, señala Godelier que esta discusión sobre las relaciones entre economía, sociedad e historia no está resuelta y propone tres peguntas que constituirían el centro de los debates entre funcionalistas, estructuralistas y marxistas:

1) ¿Qué se entiende por realidad económica y a qué nos referimos cuando queremos analizar la economía de una sociedad?; 2) ¿Cuáles son los límites de la Antropología? ¿Qué sociedades estudia la Antropología y existen razones teóricas que justifiquen tal contenido y tales límites?; 3) ¿Cuál es la causalidad de las estructuras económicas, cuál su efecto sobre la organización y evolución de las sociedades estudiadas por los antropólogos? (1976: 282; 1981: 11).

Godelier y la definición de lo económico

De acuerdo a este autor se han enfrentado tres tesis entre los antropólogos, lo que no se diferencia de lo que ocurre entre los economistas desde mediados del S. XIX: la formalista, la substantivista y quienes, como los substantivistas, rechazan la definición formal de economía, pero estiman que la definición substantivista no es falsa pero sí insuficiente. Estos últimos (Friedman, Meillassoux, Terray y el mismo Godelier)[40] proponen analizar las formas de los procesos de la vida material de las sociedades a través de los conceptos marxianos de "modo de producción" y de "formación económica y social". Por el primero entienden la combinación de fuerzas productivas y de las relaciones sociales de producción específicas que determinan la estructura del proceso de producción y de la circulación de los bienes materiales en una sociedad. El segundo concepto lo conciben como la articulación de varios modelos de producción con la dominación de uno de ellos en una sociedad específica. Sin embargo, en la práctica muchos autores formalistas realizan lo que defienden los substantivistas. Esta convergencia de hecho se debería a que las dos corrientes son variedades del empirismo funcionalista anglosajón. La diferencia, no obstante, es que los substantivistas se niegan a aplicar al análisis de todos los sistemas económicos las categorías formalistas (valor, precio, salario, etc.) restringiéndolas a la explicación de las economías de mercado (Godelier, 1976: 282-4).

Godelier (1967) señala que para los partidarios de la definición formal de la economía toda actividad orientada a un fin por su propia *forma* es económica o tiene un aspecto económico, ya que el individuo busca "economizar" sus medios. En cambio, para el neo-marxismo toda actividad orientada a un fin *puede tener* un aspecto económico por su propio *contenido*, es decir si su realización implica directa o indirectamente el uso de medios materiales. Como afirma este autor:

> "Lo económico se presenta como una realidad social compleja porque es un *campo particular* de la actividad orientada hacia la producción, la distribución y el consumo de objetos materiales, y además, por los mismos mecanismos de esta producción, de esta distribución y de este consumo, un *aspecto particular* de todas las actividades no económicas [...] Como la actividad económica es a la vez una actividad específica que designa un campo particular de relaciones sociales y una actividad vinculada al funcionamiento de las demás estructuras sociales, lo económico no posee a su *propio*

---

[40] Este pensamiento influido por el marxismo es característico de la antropología económica francesa. También se suele incluir como neo-marxista a M. Sahlins, quien, sin embargo -como veremos más adelante-, en sus últimas obras se encuentra más cercano al enfoque contrario: el neo-culturalismo estadounidense, criticando tanto el "utilitarismo subjetivo" (formalismo) como el "utilitarismo ecológico" (materialismo). Ver al respecto los análisis de J. Contreras (1981) y de C. Reinoso (2008).

nivel la *totalidad* de su sentido y de su finalidad, sino sólo una parte de ellos" (1967: 23).

Entonces, para Godelier el análisis de un sistema económico no debe confundirse con la observación de sus aspectos visibles ni con la interpretación de las representaciones espontáneas que hacen los agentes económicos de cada sistema. De acuerdo al planteamiento neo-marxista se debe: 1) Investigar y descubrir, más allá de su lógica aparente y visible, una lógica subyacente, invisible; 2) Investigar y descubrir las condiciones estructurales e históricas de su aparición, de su reproducción y de su desaparición en la historia (1976: 287-289).

Godelier y la/s racionalidad/es económica/s

En *Racionalidad e irracionalidad en economía* (1967), Godelier señala que el principio de racionalidad es el axioma universal y omni-temporal de toda acción orientada a un fin. Este principio no es, entonces, como suele creerse, el producto histórico de la práctica económica capitalista. Como concluye Godelier en esta obra:

> "Por medio de todos estos análisis y distinciones se pueden recoger algunos resultados teóricos. *No existe racionalidad en sí ni racionalidad absoluta. Lo racional de hoy puede ser lo irracional de mañana, lo racional de una sociedad puede ser lo irracional de otra. Finalmente, no existe racionalidad exclusivamente económica.* Estas conclusiones negativas ponen en entredicho los prejuicios de la conciencia 'ordinaria' y son remedios contra sus tentaciones. En definitiva, la noción de racionalidad remite al análisis del fundamento de las estructuras de la vida social, de su razón de ser y de su evolución. Estas razones de ser y esta evolución no son únicamente producto del hecho de la actividad consciente de los hombres sino de los resultados no intencionales de su actividad social [en nota a pié: lo no intencional es el aspecto oculto de nuestras relaciones sociales, donde se organiza activamente una parte del 'sentido' de nuestros comportamientos]" (*ibid*: 312, el destacado es mío).

REPENSANDO LOS INTERCAMBIOS RECÍPROCOS: S. PLATTNER, P. BOURDIEU Y C. LOMNITZ

Autores como Plattner (1991), Bourdieu (2007 [1994]) y Lomnitz (2005) han mostrado la complejidad del principio de reciprocidad. Plattner ilustra a través de un ejemplo/historia referida a las sociedades comerciales de largo plazo, comunes en centros mercantiles rurales, la reciprocidad equilibrada, en la que se mezclan elementos de la reciprocidad generalizada y negativa del intercambio recíproco:

> "la famosa historia (probablemente apócrifa) de la comerciante que se dirigía penosamente al mercado recorriendo un camino de tierra y con un pesado costal sobre la cabeza. Un extranjero la abordó y le ofreció una cantidad de dinero relativamente considerable por el costal entero. La mujer se negó y siguió su camino. Frustrado, el extranjero se quejó de la falta de sentido económico del comportamiento de la mujer (y por extensión de todos los comerciantes subalternos): 'Les interesa más encontrarse con sus amigos en el mercado que obtener un beneficio'. Lo cierto es que un comerciante cometería una tontería si sacrificara una relación comercial de largo plazo (contrariando a un cliente regular) por un éxito conseguido en una sola ocasión, ya que se puede dar por supuesto que su socio lo espera en el mercado" (*op. cit.*: 291).

En estas sociedades comerciales de largo plazo la meta de cada uno de los actores es su propio interés económico, sin embargo paralelamente a estas transacciones instrumentales existe una relación de reciprocidad generalizada. De este modo, los intercambios no requieren ser equilibrados en el corto plazo, ya que los déficit pasados o futuros se irán ajustando en el proceso, permanente y flexible, de intercambios.

Por su parte, Bourdieu se cuestiona la reciprocidad generalizada, relacionándola con el tema de la desigualdad[41] y el poder. Señala que el intercambio de obsequios puede establecerse entre iguales, y contribuir a fortalecer la "comunión", la solidaridad, el vínculo social, pero asimismo puede establecerse entre agentes actual o potencialmente desiguales, instituyéndose relaciones de dominación simbólica (amo/criado, padre/hijo-a, hombre/mujer, primogénito/benjamín, etc.) basadas en la comunicación, el conocimiento y el reconocimiento. La dominación simbólica se fundamenta en el reconocimiento de los principios en nombre de los cuales se ejerce. Por ejemplo, algunas relaciones de trabajo sólo pueden funcionar si están "domesticadas", es decir "atadas" por unos vínculos que no son los del derecho. Para "atarlas" hay que transformar la relación de dominación y de explotación en una relación doméstica de familiaridad; esto se lograría mediante una serie continua de actos adecuados para transfigurarla simbólicamente, eufemizándola (*op. cit.*: 168-172).

Esta transfiguración de las relaciones de dominación en relaciones afectivas requiere la transformación del poder en el encanto/carisma adecuado para suscitar una

---

[41] Para una análisis reciente de la "desigualdad persistente en América Latina", desde un enfoque procesual, ver Reygadas, 2008.

fascinación afectiva: el reconocimiento de deuda se convierte en agradecimiento, *sentimiento* duradero respecto al donador. A este reconocimiento Bourdieu lo denomina como capital simbólico (al que Weber denominaba "carisma" y la escuela durkheimiana *mana*), esto es:

"una propiedad cualquiera, fuerza física, riqueza, valor guerrero, que, percibida por unos agentes sociales dotados de las categorías de percepción y de valoración que permiten percibirla, conocerla y reconocerla, se vuelve simbólicamente eficiente [...] una propiedad que [...] ejerce una especie de acción a distancia, sin contacto físico" (*ibid*: 172-173).

Tal complejidad de los intercambios recíprocos lo destaca C. Lomnitz (retomando a Bourdieu) a partir de la reciprocidad negativa, realizando una interesante distinción entre reciprocidad negativa simétrica y asimétrica. Escribe:

"La forma simétrica [...] incluye prácticas que van desde el trueque hasta la guerra [...] es la forma más impersonal de intercambio. En contraste, la forma asimétrica de reciprocidad negativa [...] se lleva a cabo a partir de un acto de coerción o explotación. Este acto inicial tiene la intención de forzar a su víctima a involucrarse en un ciclo positivo de intercambios con su perpetrador [...] comienza con un robo, una violación, una intimidación o un homicidio. Puesto que el propósito de estos actos coercitivos es la dominación -es decir, la rutinización de una relación de sujeción-, y la dominación consiste en una forma específica de reciprocidad generalizada, la intimidación es seguida por un don simbólico que representa la deuda de la parte subordinada. [Es un] tipo de falso don [...] que crea una deuda ficticia" (*op. cit.*: 322).

De este modo, Lomnitz da luces a: 1) la posible relación entre don y coerción, o entre reciprocidad y desigualdad, a la cual la teoría del intercambio no había prestado suficiente atención; 2) muestra que "la parentela no necesariamente va de la mano con la gentileza", tanto en sociedades tribales como complejas, por lo cual sugiere "eludir la tendencia a exotizar y romantizar a 'los primitivos', cuyos intercambios comprenden reciprocidades positivas y negativas hasta en los círculos íntimos"; 3) releva que podemos comprender "la importancia que tienen la reciprocidad y la redistribución en las sociedades modernas"; 4) observa que "en las porciones menos capitalizadas del planeta, un gran número de personas sobreviven gracias a la llamada 'economía informal', que por lo general no supone contratos laborales entre individuos libres sino, más bien, lealtad y subordinación entre familiares"; y 5) de este modo, afirma que la teoría del intercambio lograría trascender los rasgos evolucionistas que se podrían encontrar (dada la oposición entre don y mercancía) en sus orígenes (*ibid*: 316-326).

ENFOQUE DE LA ECONOMÍA CULTURAL

El enfoque económico cultural surge en la década de los ochenta continuando la labor de los substantivistas (así como de los neo-marxistas) que criticaron la concepción neoclásica de la economía, aunque su mayor anhelo reside en superar el debate entre formalistas y substantivistas, la controversia entre razón práctica y razón cultural, revelando que siempre ha existido, y las sociedades capitalistas no constituyen la excepción, una doble racionalidad combinada en los sujetos: la social (propósitos grupales a partir de preceptos morales) y la individual (maximización de la ganancia). Se trata, de acuerdo a Bird-David, de una "escuela emergente" (2000: 2), cuya base son las recientes obras de Sahlins, y en especial *Cultura y razón práctica* (1997 [1976]), Gudeman (1986), Appadurai (1991 [1986]) y Douglas[42] e Isherwood (1990 [1979]).

En este enfoque la economía es entendida como el conjunto de actividades mediante las que se satisfacen las necesidades humanas, incluyéndose en ellas la producción, distribución, intercambio y el consumo-uso de bienes y servicios. Lo económico aparece ligado a la idea de sustento, a la de medios de "ganarse la vida". De este modo, economía y cultura no forman dos mundos separados, más bien la economía se entiende como una construcción cultural: es una forma de ordenar, clasificar, valorar y comunicar lo que nos rodea, "las culturas son órdenes significativos de personas y cosas", afirma Sahlins (*op. cit.*: 11), la cultura es la condición social que posibilita tanto la experiencia "real" del sujeto como sus concepciones ideales. La economía no es preexistente a sus agentes, sino que es generada por éstos.

La cultura, entonces, no es considerada un simple "efecto" de determinados sistemas productivos en entornos específicos, como tampoco un mero conjunto de dispositivos mediante los cuales los humanos se adaptan a un medio. Se concibe que la cultura

---

[42] Para un ejemplo ya clásico de análisis económico-cultural (y de la influencia del enfoque substantivo) de una tribu, véase M. Douglas: "Los lele: resistencia al cambio", el cual finaliza con el siguiente párrafo: "La preferencia por sus propias técnicas inferiores, a pesar de la conciencia de los mejores métodos que se utilizaban al otro lado del río, depende de determinadas instituciones y éstas, a su vez, de su historia y de su medio ambiente. Mediante el análisis económico podemos romper el efecto de las elecciones, cada una de ellas adoptadas con bastante razón en su propio contacto restringido" (1981: 186-187).

ordena y crea sentido. La cultura es anterior a uno u otro sistema productivo, es una fuerza configuradora. De este modo, se critica tanto a la determinación económica de lo cultural, propia de los planteamientos marxistas, como también a la visión atomista de la sociedad y a las explicaciones que basan el origen de los acuerdos y organizaciones sólo en la búsqueda de utilidad individual (teoría de la acción racional, individualismo metodológico).

La economía es a la vez un producto cultural y un *productor* cultural. Tiene una dimensión simbólica que ha sido usualmente ignorada por los economistas así como por el enfoque formalista de la antropología económica. Se destaca que muchas de las acciones y decisiones de los humanos se relacionan con lo que significan, por la valoración de una acción o cosa en un determinado medio social. Esto es, los objetos, los bienes, son deseables tanto por sus propiedades físicas y por su utilidad como por su significado, pues todo objeto representa un cierto estilo de vida. De aquí la importancia que tiene en esta perspectiva la interpretación, propia del paradigma hermenéutico.

Uno de los objetos de análisis de la economía cultural es "la vida social de las cosas" (Appadurai, 1991), vida que no se desarrolla sólo en un "sistema económico" pues éstas suelen atravesar los varios sistemas económicos de que se compone una sociedad (Polanyi, 1944; Bohannan, 1962) y también rebasan los límites de una sociedad concreta (Sahlins, 1976). De los componentes de la economía (producción, distribución, intercambio y consumo) este enfoque se focaliza en el tratamiento del intercambio y del consumo, otorgándole especial atención a las cosas así como a las ideas en torno a éstas. De este modo, se destaca el proceso de mercantilización (Wallerstein, 1988 [1983]; Kopytoff, 1991; Appadurai, 1991) es decir, el análisis de cómo los bienes, los servicios y las ideas se convierten en mercancías, cambiando su significado y su valor[43]. Las cosas no son tratadas como meros objetos a los que recurrimos para satisfacer una necesidad, sino como cosas que tienen significados

---

[43] Al respecto, Godbout afirma que "el objetivo de la economía de mercado es producir cosas por medio de cosas. En el límite, produce a las propias personas como si fueran cosas" (1997: 177). Y, en el mismo sentido, señala Bauman: "el propósito decisivo del consumo en una sociedad de consumidores [...] es convertir y reconvertir al consumidor en producto, *elevar el status de los consumidores al de bienes de cambio vendibles* [...] *Los miembros de una sociedad de consumidores son ellos mismos bienes de consumo*" (2007: 83).

cambiantes y que sirven para expresarnos y comunicarnos con los demás en un contexto social. Se estudia "el concomitante material de la vida social y el concomitante social de las cosas en la vida humana" (Bird-David, 2000: 1).

Las cosas, como los seres vivos, pasan por diferentes etapas, cambiando de valor y de utilidad. La "vida social de las cosas" implica movimiento: los objetos se producen en un lugar, se llevan a otro para cambiarlos, regalarlos o venderlos y, finalmente, pueden ser consumidos en otro sitio diferente. De este modo, esta perspectiva va más allá de los espacios localizados en comunidades aisladas o analizados como sistemas independientes, reconociendo la relevancia de los contextos nacionales y globales. A esta movilidad se refieren Clifford (1999 [1997]) y Marcus (2005) cuando señalan que el *objeto* de estudio se "deslocaliza" y/o se multilocaliza.

Ahora bien, pese a su interés en las cosas, la economía cultural se centra en los sujetos y sus actividades, pues son éstos quienes, mediante sus prácticas sociales dan vida a las cosas y construyen y reconstruyen a las economías en que éstas se desenvuelven. Las cosas existen y tienen movimiento sólo por el significado que los hombres les van asignando (Sahlins, 1997). Como señalan Douglas e Isherwood en *El mundo de los bienes*:

> "Nosotros podemos [...] hacer a un lado nuestras propias certezas en el sentido de que los bienes sirven para satisfacer las necesidades corporales y concentrarnos en cambio en el proyecto de clasificación donde deberían ser incluidos. Se trata, pues, de hacer el esfuerzo de *considerar los bienes como marcas o señales, la punta visible de un iceberg que representa el proceso social en su conjunto*" (1990 [1979]: 90, el destacado es mío).

Se reconoce la complejidad y multi-dimensionalidad de los seres humanos y sus acciones así como el rol particularmente relevante de las distintas concepciones grupales en las sociedades modernas. Como escribe Kopytoff:

> "La peculiaridad de las sociedades complejas reside en que su mercantilización reconocida públicamente funciona codo a codo con los innumerables esquemas de valoración y singularización trazados por los individuos, las clases y los grupos de la sociedad, y que tales esquemas experimentan un conflicto irresoluble entre sí y con respecto a la mercantilización pública" (*op. cit.*: 107).

Se enfatiza, así, la interacción y combinación de motivaciones de la conducta: cálculo individual, papeles asignados, emociones personales, intereses grupales y preceptos morales, como también la posible manipulación de las reglas sociales/grupales en un determinado contexto de interacción.

Entonces, en el próximo punto reviso los distintos modelos respecto a la pobreza y la exclusión social elaborados durante las últimas décadas en las ciencias sociales, analizando tanto la incidencia de los comportamientos individuales como colectivos (así como el condicionamiento de las estructuras nacionales y globales) en la generación de situaciones de pobreza, como también en la superación de tales circunstancias, logrando integrarse socialmente.

3. POBREZA, EXCLUSIÓN SOCIAL E INSERCIÓN/INTEGRACIÓN URBANA

LOS ENFOQUES SOBRE POBREZA

Desde el siglo XVIII hasta nuestros días se han desarrollado diversos enfoques para entender la pobreza[44], siendo disímiles entre los denominados primer y tercer mundo como también entre Estados Unidos y Europa. En este sentido, P. Townsend (2003) distingue tres concepciones alternativas de la pobreza, las que se basan respectivamente en las ideas de subsistencia, necesidades básicas y privación relativa.

El enfoque de subsistencia

Durante la década de 1940 se estableció en el Reino Unido que una familia vivía en la pobreza -de acuerdo a investigaciones llevadas a cabo por nutriólogos- cuando su ingreso no era suficiente para cubrir los satisfactores mínimos que permitieran la eficiencia física. Una familia se consideraba pobre si su ingreso, menos la renta, quedaba por debajo de la *línea de pobreza*, la que consideraba comida, ropa, combustible y algunos otros bienes. Actualmente, en los países que fueron colonizados por Gran Bretaña, como India y Malasia, así como también en Estados Unidos, se sigue recurriendo a esta conceptualización. De hecho, en Estados Unidos

---

[44] Existe una extensa bibliografía respecto al concepto de pobreza. Al respecto, dos publicaciones recientes y relevantes son: *Los rostros de la pobreza. El debate* (Gendreau, coord., 2005, del cual aquí se cita -nota a pié N°47- el artículo de De la Peña y Martínez) y el número de la revista *Desacatos* (N°23, 2007) preparado por J. Boltvinik.

representa actualmente el eje que utiliza el gobierno para medir la pobreza. Por su parte, en Canadá el estándar del ingreso bajo tiende hacia una definición absoluta o física de la pobreza en un nivel de ingreso mucho más bajo que -como veremos- el que determina una definición social o relativa.

A este enfoque liberal se le ha criticado que las necesidades humanas se interpretan como si fueran predominantemente físicas -de comida, techo y ropa-, como si las personas fueran tan sólo organismos individuales que requieren la restitución de sus fuentes de energía, y no también seres sociales que deben desempeñar distintos roles al interior de la sociedad como ciudadanos, trabajadores, amigos, etc. En otras palabras -afirma Townsend-, las personas no son sólo consumidores de bienes tangibles, sino los productores de esos bienes y participantes activos en relaciones sociales complejas (2003: 446-447). Como advierte este autor:

> "Uno de los atractivos del concepto de subsistencia para los teóricos liberales ha sido su alcance limitado y, por consiguiente, sus implicaciones limitadas para una reforma socioestructural, lo que ha permitido que la pobreza se reconcilie con más facilidad con el individualismo y los valores fundamentales del libre mercado que subyacen en el pluralismo liberal" (*ibid*: 448).

Enfoque de las necesidades básicas

Durante la década de 1970 prevaleció el enfoque de necesidades básicas, que representa una extensión del anterior concepto de subsistencia. Esta nueva concepción de la pobreza abarca los servicios mínimos que requieren las familias y comunidades y no sólo los individuos para su sobrevivencia y eficiencia física. Existe un reconocimiento de algunas necesidades sociales -como salud, trabajo y participación comunitaria- y de los derechos que tiene toda persona a recibir los beneficios sociales elementales: bienes colectivos y servicios públicos. Según el modelo de A. Maslow (1954), en un primer nivel se requiere la satisfacción de las necesidades fisiológicas, de seguridad, de afecto y pertenencia. Y en un nivel superior: de estima, de autorrealización, cognitivas y estéticas (en Boltvinik, 2005).

A este enfoque se le ha criticado la dificultad intrínseca de establecer criterios aceptables para determinar los elementos que incluye, como también que no da cuenta cabalmente de,

> "lo relativo de la[s] necesidad[es] con respecto a la distribución y estructura de los

recursos en las escalas nacional e internacional. Las obligaciones de la ciudadanía y las oportunidades para participar, en las costumbres por ejemplo, deben relacionarse con las instituciones sociales y económicas" (*ibid*: 448).

Ambas concepciones, de subsistencia y de necesidades básicas, requieren de diferentes políticas públicas. Al limitarse el concepto de pobreza a un ingreso que pueda satisfacer los bienes y servicios más básicos (enfoque de subsistencia) se tiende a argumentar que para superarla se requiere solamente de un crecimiento nacional de la riqueza material. En cambio, al extenderse el concepto de pobreza hacia las necesidades sociales básicas se hace necesario el reconocimiento de la necesidad de desarrollar una combinación integral de crecimiento, redistribución y de otras acciones institucionales.

Enfoque de privación relativa

Esta tercera formulación de la pobreza se refiere a la distinción entre la pobreza absoluta y la pobreza relativa. Este planteamiento encuentra sus orígenes en los siglos XVIII y XIX y tiene como trasfondo la teoría de las necesidades presente en economistas clásicos como A. Smith[45] (1958 [1776]) y K. Marx (1959 [1867]), teoría que ha sido retomada desde la década de 1970 y 1980 (Sen, 2002).

En esta perspectiva se sostiene que la pobreza es tanto relativa como absoluta, siendo ambas dimensiones necesarias para su adecuada comprensión. Se señala que la pobreza es relativa, pues al compararse distintas personas o familias pobres éstas viven privaciones heterogéneas y son pobres en diferentes grados con respecto a la sociedad en la que viven. El concepto de *necesidades* resulta central en este planteamiento: éstas son definidas y estructuradas a partir del elenco de valores propios de una cultura, es decir, la definición de una necesidad está social e históricamente ubicada. De este modo, pobre es aquella persona, familia o grupo, cuyos recursos materiales y socioculturales son tan limitados que les excluyen del mínimo nivel de vida aceptable en los Estados-nación en los que viven (Townsend,

---

[45] Smith advirtió cómo se definían las necesidades a partir de las costumbres planteando el ejemplo de un trabajador que requería usar camisa de lino y zapatos de cuero para presentarse en lugares públicos, señalando cómo en distintos momentos históricos se introducen nuevos artículos en el mercado que se fabrican de forma distinta a los tradicionales.

1979, citado en Entrena, 2001). De este modo, se ha considerado, por ejemplo, el porcentaje de la población con ingresos menores a la mitad del ingreso promedio[46], por debajo de este umbral de ingreso los individuos sufrirían una importante exclusión de la membresía activa de la sociedad.

Este enfoque se complementa con el acercamiento a la pobreza vista en términos absolutos, esto es: la existencia de un núcleo de necesidades que son irreductibles a determinadas comparaciones tanto en términos contextuales como de niveles de bienestar, ya que remiten a la dignidad esencial del individuo como un ser humano. La pobreza absoluta alude, por tanto, a estados de carencia en los que se soslayan necesidades que todos, por compartir la calidad de seres humanos, tienen el derecho a satisfacer, razón por la cual no pueden ser relativizadas (necesidades universales y la universalidad de los derechos que las garantizan). Nussbaum (2003) recalca la necesidad de una postura universalista que matice los efectos del relativismo cultural y que sea útil en la búsqueda de bases para el logro de los derechos fundamentales pertenecientes a todos los ciudadanos, independientemente de su etnia, clase o género. Sobre esta distinción entre necesidades biológicas y socioculturales[47], y en la misma óptica de Nussbaum, escribió Sahlins:

"En un sentido, desde luego, la naturaleza tiene siempre la supremacía [...] Nadie puede abstenerse de proveer a la continuidad biológica de la población por el hecho de determinarla culturalmente: nadie puede dejar de proveerse de refugio mediante la construcción de casas, o de alimento mediante la distinción entre lo comestible y lo incomible. Sin embargo, los hombres no se limitan a 'sobrevivir'. Sobreviven en una forma definida. Se reproducen a sí mismos como determinados tipos de hombres y mujeres, clases y grupos sociales, no como organismos biológicos o acumulaciones de organismos ('poblaciones'). Es cierto que al producir así una existencia cultural la sociedad debe permanecer dentro de los límites de la necesidad físico-natural [...] Dentro de estos límites, todo grupo tiene la posibilidad de una amplia gama de intenciones económicas 'racionales'" (1997 [1976]: 168).

---

[46] Las distintas posibilidades de medir la pobreza son analizadas por J. Boltvinik (1993 & 2003).

[47] Respecto a las relaciones entre cultura y pobreza, ver De la Peña & Martínez (2005). Estos autores distinguen cuatro modelos: 1) evolucionismo racionalista; 2) relativismo radical; 3) la "cultura de la pobreza"; y 4) pluralismo crítico; comulgando con este último enfoque, el que opta por una definición intercultural acerca del bienestar, para lo cual se requiere un replanteamiento de las estructuras económico-políticas nacionales e internacionales.

DE LA POBREZA AL DESARROLLO HUMANO SUSTENTABLE

El enfoque de las capacidades y el florecimiento humano

Es este último enfoque -de la privación relativa- el que ha predominado en el ámbito académico desde la década de 1980. En esta dirección han argumentado los economistas encabezados por el premio Nóbel de economía (1998), A. Sen. Como afirma este autor:

> "Dado que en última instancia nos preocupan las vidas que podemos llevar (y el ingreso es sólo importante como medio para llevar una vida adecuada), es muy fuerte el argumento a favor de adoptar la última concepción de la pobreza [vista como la incapacidad para satisfacer algunas necesidades elementales y esenciales v/s la pobreza vista sólo como escasez de ingreso]" (2002: 239-240).

La propuesta de Sen es especialmente atingente para nuestros objetivos, pues comienza a partir del cuestionamiento del modelo neoclásico imperante en la economía, convergiendo de este modo con la crítica de Polanyi al modelo formalista de la antropología económica. Sen sigue a Polanyi al criticar las características básicas que el modelo económico tradicional asigna al agente económico. Cuestiona que los presupuestos de la racionalidad instrumental y el interés individual del denominado *homo oeconomicus* resultan demasiado restrictivos respecto del alcance que la ciencia económica debiera tener en el estudio de la acción humana. Afirma Sen que la racionalidad económica no se ve reducida a su dimensión instrumental, ya que las personas no sólo atribuyen a sus actos el valor de servir de instrumentos para lograr un fin, sino también un valor intrínseco. Estas acciones individuales caracterizadas por su consistencia interna y egoísmo ignoran el contexto histórico, social y cultural de la acción del sujeto, resultando insuficientes las explicaciones económicas -o de la economía económica, como enfatiza Bourdieu (2007 [1994]), en oposición a la economía simbólica[48]-.

Al afirmarse que la acción individual se reduce a perseguir el propio interés, la ciencia

---

[48] Señala Bourdieu (2007) que la economía simbólica se basa en la represión o la censura del interés económico y que tal labor de represión sólo puede alcanzar el éxito porque es colectiva. De modo que la economía de los intercambios simbólicos no se basa en la lógica de la acción racional ("sé que sabes que sé que me lo devolverás") sino en el *desconocimiento compartido*.

económica no visualiza los diferentes motivos de nuestras acciones, tales como nuestras distintas identidades, lealtades, compromisos, generosidad y espíritu público (Ferullo, 2006). Para Sen (como anteriormente para Smith, quien destacara la relevancia de los "sentimientos morales" en las elecciones racionales) el puro interés individual es sólo una explicación válida para los intercambios mutuamente ventajosos típicos del libre mercado. De este modo, el enfoque de Sen tiene sus fundamentos en la distinción clásica entre acto y potencia, es decir, se basa en la potencia que tiene el ser humano para actuar y para contribuir con sus actos al desarrollo pleno de la sociedad, de acuerdo a determinadas normas propias de un marco tempo-espacial específico.

Como afirma Desai (2003) las tres raíces de la teoría de Sen son los *bienes*, las *realizaciones* (dimensiones del ser y el hacer valoradas y logradas) y las *capacidades* (habilidades para lograr propósitos, que se desarrollan a través de las distintas combinaciones de funcionamientos que una persona puede conseguir), de modo que el nivel de vida no está determinado por los bienes y sus características (no cayendo así en el "fetichismo de la mercancía" que denunciara Marx), sino por la habilidad de mantener o de hacer cambiar las circunstancias vitales usando tales bienes. Para ello, los sujetos cuentan con determinados recursos heredados y otros adquiridos mediante sus relaciones de intercambio. Como resume Boltvinik:

> "El conjunto de titularidades [posesiones] posibles para una persona depende de dos parámetros: su dotación inicial de recursos y el 'mapa de titularidades de intercambio'. Una persona puede encontrarse en condiciones de pobreza debido a una dotación inicial muy baja (digamos un campesino sin tierra, analfabeto) o debido a un desplazamiento desfavorable en su mapa de titularidades de intercambio" (1998: 2).

Ahora bien, cada sociedad define ciertos objetos de valor que las personas buscan tener y éstos constituyen el "espacio evaluativo", sin embargo, como los individuos pueden diferir en la ponderación del valor absoluto y relativo que se asigna a los distintos funcionamientos, la libertad deviene el medio más importante con que cuentan los sujetos para lograr sus propósitos. Por este camino, Sen define a la pobreza como la situación en la que viven aquellos sujetos cuyos recursos no les permiten cumplir con las demandas sociales que han sido asignadas a los ciudadanos: estas personas están material y socialmente carenciadas (Sen, 2002).

Dado que la pobreza debe ser vista como la inadecuación para generar capacidades y no como escasez de ingresos exclusivamente, entonces se vuelve necesario poder medir habilidades sociales elementales como la de tomar parte en la vida de la comunidad/sociedad.

Nussbaum y Sen (1996) desarrollaron esta perspectiva de las capacidades[49] relacionándola con la libertad y la calidad de vida, focalizándose en las trayectorias personales y en las opciones de llevar a cabo actividades tendientes a maximizar la capacidad de sobrevivir (y no sufrir una muerte prematura) y las realizaciones individuales. Las capacidades serían:

1. Mantenerse vivo o gozar de una vida prolongada;
2. Asegurar la reproducción intergeneracional biológica y cultural;
3. Vivir de modo saludable;
4. Interactuar socialmente; y
5. Tener conocimientos y libertad de pensamiento y expresión.

Las tres primeras capacidades se refieren a gozar de una vida saludable y al derecho de reproducirse. Este derecho exige garantizar cierto nivel de nutrición y de servicios de salud, y la libertad y autonomía frente a presiones externas. Las dos últimas capacidades se refieren a la vida social, económica y política, las que son negadas por las prácticas discriminatorias. En una obra reciente, Z. Bauman se ha referido en este mismo sentido al concepto de pobreza, esto es, carencia de bienes materiales que implican estándares mínimos de vida como también condiciones sociales y psicológicas precarias:

> "Aunque la condición de ser pobre se encuentre por encima del umbral de supervivencia, la pobreza implicará siempre mala nutrición, escasa protección contra los rigores del clima y falta de una vivienda adecuada [...] Puesto que el grado de decoro se mide por los estándares establecidos por la sociedad, la imposibilidad de alcanzarlos es en sí misma causa de zozobra, angustia y mortificación. Ser pobre significa *estar excluido de lo que se considera una 'vida normal'; es 'no estar a la altura de los demás'*. Esto genera sentimientos de vergüenza o de culpa, que producen una reducción de la autoestima. La pobreza implica, también, tener cerradas las oportunidades para una 'vida feliz'; no poder aceptar los 'ofrecimientos de la vida'. La consecuencia es resentimiento y malestar, sentimientos que -al desbordarse- se manifiestan en forma de actos agresivos o autodestructivos, o de ambas cosas a la vez" (1999: 64, el destacado es mío).

En este sentido, otros tres conceptos de Sen que, como afirma Calderón (2003), resultan relevantes para analizar las posibilidades de desarrollo de las sociedades

---

[49] C. Moser se refiere a los activos de los individuos y hogares pobres. Estos incluyen activos tangibles como el capital humano, laboral y la vivienda, así como activos intangibles como las relaciones domésticas y el capital social (1998, en Álvarez, 2005: 259).

latinoamericanas, son los de libertad real, opción colectiva racional y agencia. El concepto de *libertad real* se refiere a la creación de opciones para que las personas decidan el tipo de desarrollo que buscan de acuerdo a sus valores y aspiraciones. El concepto de *opción colectiva racional* es una elección que, al adquirir un carácter colectivo, optimiza intereses particulares. Por su parte, el concepto de *agencia* se refiere a la capacidad de las personas para actuar reflexivamente en la sociedad y producir cambios que las beneficien.

A partir de estos planteamientos de Sen, y de "la necesidad de ampliar la mirada", Boltvinik (2005 & 2007 a y b) se ha referido al "florecimiento humano", afirmando que la satisfacción de las necesidades hace posible el desarrollo de las capacidades de las personas, logrando no sólo la supervivencia sino que el florecimiento humano. Este autor define *lo bueno* como florecimiento humano, al que entiende como desarrollo de las fuerzas esenciales humanas, como desarrollo y satisfacción de necesidades, y desarrollo y aplicación de capacidades. Destaca que el ser humano requiere trascender los tres primeros niveles en la jerarquía de Maslow: necesidades fisiológicas, de seguridad y de afecto/pertenencia:

> "Para florecer, el ser humano necesita ir más allá de la satisfacción de sus necesidades deficitarias [...] y, a través del trabajo y/o del amor, realizarse como ser humano que comparte la esencia de la especie: su potencial de universalidad, de libertad, de creatividad, de conciencia, de socialidad (satisfacer sus necesidades de crecimiento)" (2005: 6 y 2007b:57).

Sostiene Boltvinik que la pobreza económica es sólo el primer obstáculo a vencer, el otro obstáculo importante es la alienación. Si la persona no se siente realizada, no siente sus fuerzas esenciales transformando al mundo y transformándose a sí misma, si siente el producto de su trabajo como algo ajeno, está alienado y por tanto no ha logrado el florecimiento humano. Como las capacidades individuales deben venderse en las sociedades capitalistas[50] en el mercado de trabajo para poderse aplicar, si la labor que se realiza no es grata se está ante un trabajo de sobrevivencia. En cambio, si además de aplicar solo sus capacidades menores los individuos usan y desarrollan sus capacidades fundamentales, se trataría de un trabajo de autorrealización, logrando así el florecimiento humano.

---

[50] Damián (2007) discute las posibilidades reales de alcanzar el florecimiento humano en las sociedades capitalistas contemporáneas debido al carácter alienado tanto del trabajo como del tiempo libre.

El enfoque del desarrollo humano

Ya a partir de la década de los noventa, el Programa de las Naciones Unidas para el Desarrollo (PNUD), promueve el paradigma del desarrollo humano, basado en los planteamientos de A. Sen. Consta de cuatro componentes fundamentales. Estos son: 1. productividad: que las personas participen plenamente en la generación de ingresos y en el empleo remunerado; 2. equidad: igualdad de acceso a las oportunidades; 3. sostenibilidad: asegurar el acceso a las oportunidades no sólo a las generaciones actuales, sino también para las futuras. 4. potenciación: el desarrollo humano debe ser efectuado por las personas, no sólo para ellas.

Este nuevo enfoque de desarrollo busca cambiar (o ampliar) los indicadores de la medición del estado de la economía, centrados en el Producto Interno Bruto (PIB) y exige la puesta en práctica de nuevas políticas públicas que conciban al crecimiento económico como un medio y no como un fin. Plantea también que se otorgue una mayor prioridad a la distribución equitativa de las oportunidades. De este modo, se pasa de la pregunta central: ¿cuánto produce una nación?, a la pegunta: ¿cómo está la gente? Esta propuesta se concretiza en el Índice de Desarrollo Humano (IDH), que mide el grado medio de adelanto de un Estado-nación específico respecto a las capacidades humanas básicas, a partir de las dimensiones de ingreso, salud (esperanza de vida) y educación. Es a partir de estas formulaciones que se elaboran los *Informes sobre Desarrollo Humano.*

El enfoque del desarrollo a escala humana

En la década de los noventa se desarrolla también la perspectiva (que resulta complementaria al paradigma de desarrollo humano) del desarrollo a escala humana promovida por Max-Neef, Elizalde y Hopenhayn (1986), que entiende a las necesidades humanas como un sistema interrelacionado e interactivo. El desarrollo a escala humana se vincula con una praxis alternativa de desarrollo basada en tres pilares: la satisfacción de necesidades humanas fundamentales, la mejora en los niveles de auto-confianza y la articulación orgánica de las personas con la sociedad y la tecnología, los procesos locales y globales, así como con el Estado. En la dinámica del sistema de necesidades humanas no existirían jerarquías o prioridades entre las diferentes necesidades, las que son pocas, finitas y clasificables.

Este enfoque combina dos criterios de división: según categorías existenciales y según categorías axiológicas. Esta combinación permite reconocer, por una parte, las necesidades de ser, tener, hacer y estar; y, por otra, las necesidades de subsistencia, protección, afecto, entendimiento, creación, participación, ocio, identidad y libertad. Ahora bien, estos autores destacan que deben diferenciarse las necesidades de los satisfactores de éstas. Por ej., los sistemas curativos son *satisfactores* de la *necesidad* de protección.

EL CONCEPTO DE MARGINALIDAD SOCIAL

El concepto de marginalidad tiene, inicialmente, un origen espacial derivado de "margen", en el sentido de orilla. La aplicación de este sentido espacial a la sociología de la pobreza (el concepto es originalmente de Simmel, 1907) se difunde durante la década de 1970 en América Latina para designar a las poblaciones asentadas en las zonas periféricas de las ciudades, caracterizadas por la falta de servicios públicos y sus acusadas deficiencias de habitabilidad, que viven con frecuencia en asentamientos ilegales y lugares insalubres. En el nivel más genérico, la marginalidad se relaciona con:

a) El estancamiento económico de ciertas zonas, generado por un reordenamiento del sistema productivo;

b) El desarrollo desequilibrado y dependiente de América Latina.

En un segundo nivel, más micro, la marginalidad se caracteriza por:

a) La existencia persistente de situaciones de desempleo, subempleo y subconsumo relacionadas con analfabetismo, baja escolaridad y falta de capacitación. Esto es, la marginalidad como abandono: población no "absorbida" por las relaciones de producción.

b) Pautas de comportamientos caracterizados por la falta de organización, así como por el predominio de acciones de tipo individual. Esto es, la marginalidad como no participación en la sociedad: ni activamente, en cuanto no organizados para intervenir en relaciones comunitarias; ni pasivamente, porque no reciben servicios ni bienes sociales (Supervielle y Quiñones, 2005).

Ahora bien, este concepto desencadenó un debate entre la teoría de la modernización (DESAL, Germani, entre otros) y la teoría de la dependencia (histórico-estructural: Quijano, Cardoso, entre otros). La teoría de la modernización entendía la marginalidad como un problema de falta de integración de ciertos sectores de la población, resultado del tránsito de una sociedad tradicional a una sociedad moderna. Esta época de cambios habrían provocado asincronías y situaciones de anomia al conservar algunos individuos valores, normas y prácticas "del viejo orden". Metodológicamente, en este enfoque se enfatizan las dimensiones cultural y psicológica, pues la unidad de análisis son los individuos. Sin embargo, este desajuste social se considera un problema transitorio en la medida que "avanzara la modernidad" (Romaní, 1996; Cortés, 2000; Saraví, 2007).

Como crítica a esta perspectiva modernizadora, surge el enfoque histórico-estructural de la teoría de la dependencia, la cual transfiere el énfasis desde la dimensión cultural a la económica y tiene como unidad de análisis a las actividades económicas y no ya a los individuos. La tesis central de este enfoque es que la marginalidad es producto del funcionamiento inherente del capitalismo dependiente. De acuerdo a Sunkel y Quijano (en Adler-Lomnitz, 2006: 17) la marginalización se debe a la situación de dependencia de las economías regionales o nacionales generadoras de materias primas (predominantemente agrarias, mineras y/o artesanales) respecto a las metrópolis, economías nacionales más industrializadas que extraen tales materias primas y producen bienes manufacturados. Estos procesos se encontrarían también al interior de cada Estado-nación subdesarrollado entre el campo y las ciudades.

Ahora bien, al interior de este enfoque se dio una discusión en torno al rol de los sectores marginales en el proceso de acumulación capitalista en las sociedades dependientes, y tendió a dominar la idea de que la marginalidad urbana correspondía a un modo específico (y subordinado) de integración a la división social del trabajo prevaleciente, esto es, constituiría un "ejército industrial de reserva" (Cardoso, 1978) que suele (de acuerdo a Stavenhagen, en Adler-Lomnitz, *op. cit.*: 16) insertarse en la economía urbana dominante a través de servicios prestados a la clase media urbana de América Latina. J. Nun (1969), en cambio, la denominó como "masa marginal", basándose en el concepto de "sobrepoblación relativa" de Marx. Este último concepto daba cuenta del exceso de oferta de trabajo en las sociedades capitalistas y "masa marginal" hacía referencia a la parte de la sobrepoblación relativa que nunca entra en contacto con el sector productivo, esto es, que no desempeña ningún empleo regular en la esfera capitalista de la sociedad (Romaní, *op. cit.*; Cortés, *op. cit.*; Saraví, *op. cit.*).

Algunos aportes al concepto de marginalidad fuera de América Latina, como el de la Escuela de Chicago, han extendido este concepto a aquellos ciudadanos que se comportan de una forma "desviada" del normal comportamiento social, si bien suelen ubicarse en un espacio determinado, usualmente urbano, y llevan a cabo costumbres que, dentro de una anomalía generalizada, tienen una lógica y una cierta continuidad. Aquí entra una variada tipología de "extraños" a la sociedad, que pueden ir desde los "sin techo" hasta el "delincuente callejero habitual", pasando por los integrantes de las llamadas "tribus urbanas". Características específicas de esta marginalidad urbana se dan en Estados Unidos con la llamada *underclass*, cuyos componentes tienen un gran índice de criminalidad, de consumo de drogas, de nacimientos fuera de familias formalmente constituidas y de dependencia de la asistencia social del Estado. La *underclass* se focaliza sobre todo en los *guettos* de las grandes ciudades, y se explica en principio por problemas de desempleo prolongado, debido a su deficiente capacitación profesional (Wacquant, 2001).

ENFOQUE DE LA INFORMALIDAD URBANA

Al dividir el sistema urbano en sector formal e informal se postula un modelo teórico para el cual el sector formal, de acuerdo al planteamiento de Adler-Lomnitz, se compone de tres subsectores, poder, capital y trabajo, que tienen en común la seguridad laboral:

"a) El aparato administrativo de funcionarios burocráticos que controlan y dependen de los recursos del Estado;
b) La burguesía dueña de gran parte de los medios de producción;
c) Los trabajadores del sector formal, organizados en sindicatos cuyas relaciones

laborales están protegidas por la legislación del trabajo y avaladas por un poder político organizado" (2001: 100).

Paralelamente existe el "sector informal", el que carece de seguridad laboral debido al exceso de oferta de mano de obra. El concepto de informalidad aparece por primera vez en 1972 en el marco institucional de la Organización Internacional del Trabajo (OIT), haciendo referencia al sector de la población que quedaba fuera de las tradicionales categorías estadísticas (formales) de la época para describir la actividad económica. Portes (1995) distingue tres perspectivas en torno a la informalidad. De acuerdo a la primera, generada en la OIT, el sector informal se caracterizaría por:

a) Tener pocas barreras de ingreso en términos de capacidad, capital y organización;

b) Constituirse mayormente por empresas de propiedad familiar;

c) Operar a pequeña escala;

d) Tener una producción de mano de obra intensiva con tecnología atrasada;

e) Depender de mercados no regulados y competitivos;

f) Bajos niveles de productividad; y

g) Poca capacidad de acumulación (Peattie, 1980; Tockman, 1982, en Portes, 1995: 120).

A finales de los años ochenta, H. de Soto (1986, en Bueno, 1993) popularizó una perspectiva diferente, considerada como neoliberal, afirmando que la economía informal no es un sector definido con precisión, sino que abarca todas las actividades económicas extralegales, incluyendo tanto la producción mercantil y el comercio como la producción de subsistencia directa. Sus orígenes no se deben encontrar en las dinámicas del mercado laboral, sino en la excesiva regulación del Estado mercantilista latinoamericano. La informalidad sería entonces la respuesta popular que logra derribar las barreras legales, conduciendo a la desregulación *de facto* de la economía.

Este enfoque ha sido criticado por algunas investigaciones llevadas a cabo en México[51], que han destacado el carácter político de la informalidad. A. Escobar, por

---

[51] Dos de las actividades más estudiadas en México son la maquila domiciliaria y el comercio ambulante. El trabajo de L. Arizpe (1975) fue pionero en analizar la venta ambulante de mujeres indígenas en la ciudad de México. C. Oehmichen la abordó recientemente (2005), para el caso de los

ejemplo, ha destacado la existencia de mecanismos que norman informalmente la relación de estas empresas o individuos con el aparato de Estado, por la vía de la negociación clientelística, del soborno tolerante y de la conciliación de intereses (1990, en Bueno, *op. cit.*). De este modo, concluye Bueno:

> "Más que darse un control político alternativo y paralelo al que rige formalmente [...] el Estado, al menos en México, ha participado en el desarrollo y persistencia del sector informal, canalizando intereses y en ocasiones reforzando vínculos de dependencia entre algunos sectores del gobierno y los sujetos involucrados en la informalidad" (*ibid*: 130).

Ahora bien, así como la economía informal constituye una forma de auto ayuda y de ayuda mutua entre familiares, amigos y vecinos, también permite la explotación de los trabajadores por parte del patrón[52], alienta la trivialización del trabajo no remunerado y el nepotismo al interior de las redes de apoyo familiares, esto es, como advierte M. Smith: "Contribuye a mantener lo mejor, pero también lo peor, de los diversos sistemas económicos y políticos" (1991: 429).

Una tercera perspectiva, calificada de estructuralista, ha sido desarrollada por autores como Portes, Castells y Roberts. De acuerdo a este enfoque, el sector informal no es sinónimo de pobreza, sino que se define como "todas las actividades generadoras de ingreso que no están reguladas por el Estado en un medio ambiente social donde actividades similares están reguladas" (Castells y Portes, 1989, en Portes, 1995: 123). Este enfoque se concentra en la estructura de las relaciones entre las actividades reguladas por el Estado y las no reguladas, oponiéndose a la posición dualista del primer enfoque (de la OIT) que visualiza al sector informal como un conjunto de actividades excluidas de la economía moderna, y considerándolo en cambio como parte integral de esta última. De hecho, la informalidad no es aquí considerada como un fenómeno limitado a las economías periféricas, sino que también se encontraría en los países desarrollados.

A propósito de estos mecanismos de articulación entre ambos sectores, L. Adler-Lomnitz desarrolló un modelo teórico denominado "redes informales de intercambio en sistemas formales" en el que destaca las distintas formas que adquieren los

---

mazahuas, dando cuenta de sus relaciones con el corporativismo político.

[52] Al respecto, en el capítulo 2 de este marco teórico, destaco el análisis que propone C. Lomnitz (2005) respecto del concepto de reciprocidad (negativa).

intercambios informales, a través tanto de relaciones horizontales como verticales:

> "Los intercambios informales adquieren la forma de reciprocidad, relación patrón-cliente
> o intercambio en el mercado según los motivos, las metas, el grado de represión del
> intercambio o las reglas obligatorias culturalmente definidas entre las partes" (2001:
> 165).

EL CONCEPTO Y ENFOQUE DE EXCLUSIÓN SOCIAL

Dos perspectivas

El concepto y enfoque de exclusión social se ha desarrollado en las últimas tres décadas como un paradigma alternativo de política social, entendiendo a la pobreza como un fenómeno global, centrándose en los procesos, los sujetos y la multi-dimensionalidad de las desventajas. Proporciona un marco para el análisis de las relaciones entre el sustento, el bienestar y los derechos ciudadanos. De acuerdo a Entrena (2001) existen dos grandes perspectivas respecto a la exclusión social:

1)   Es considerada una característica de los individuos. Una persona socialmente excluida se encuentra en una situación de desventaja e incapacidad en comparación con la mayoría los individuos de su sociedad. Se encuentra socialmente aislada, no puede ejercer efectivamente sus derechos legales, y puede estar entrando en una dinámica de causalidad acumulativa, de efectos negativos que refuerzan su desventaja y que pueden hacerla irreversible.

2)   Considera la exclusión social como una característica de las sociedades, esto es, con un enfoque institucional, considerando el marco histórico y cultural en el que los individuos se relacionan. Hay exclusión cuando la sociedad permite diferentes formas de relegación/discriminación, los mercados están fragmentados y los bienes públicos se convierten en "semi-públicos", también cuando los modelos de relaciones sociales niegan a ciertos grupos y sus miembros el acceso a los bienes, servicios y recursos que se asocian a la ciudadanía.

Entonces, la discusión sobre los factores/razones de la exclusión social dependerá de la perspectiva ideológica en la que nos ubiquemos. Los liberales consideran que en las sociedades modernas los individuos no están predestinados a ocupar el trabajo y la posición social de sus padres sino que eso dependerá de sus propios méritos, de su esfuerzo, imaginación, capacidad de innovación y grado de capacitación. Esta perspectiva ha aumentado durante las dos últimas décadas. Como señala Bauman (2008 [1998]), la industria contemporánea considera que el aumento de la mano de obra limita la productividad, por lo que el "crecimiento económico" y el empleo se encuentran enfrentados. La moderna propaganda del discurso político culpa a los pobres de su precariedad, concibiendo a la pobreza como un flagelo inevitable originado en defectos personales (pasividad, criminalidad, etc.), visualizándolos incluso como alteradores del orden y enemigos de la sociedad. Este discurso origina la insensibilidad hacia los excluidos o "subclase", condenándolos moralmente. El cálculo económico de los "integrados" reemplazaría así los preceptos morales de la ética del trabajo del antiguo Estado benefactor.

El enfoque igualitarista o socialdemócrata sobre los factores de la exclusión, en cambio, pone el énfasis en la responsabilidad de la estructura social (y la economía global) sobre la acción individual. Como señalara recientemente Harvey:

"Las crisis regionales y las devaluaciones [...] localizadas aparecen como mecanismos primordiales para la creación por el capitalismo de un 'otro' del que nutrirse [...] activos valiosos son apartados de la circulación y devaluados; permanecen inactivos y aletargados hasta que el capital excedente se apodera de ellos para aportar nueva vida a la acumulación de capital [...] ésa es la finalidad de los programas de ajuste estructural administrados por el FMI [...] México, por ejemplo, abandonó su ya débil protección de las poblaciones campesinas e indígenas en la década de los ochenta, en parte bajo la presión de su vecino del norte para que adoptara prácticas de privatización neoliberales a cambio de la ayuda financiera y la apertura del mercado estadounidense al comercio a través del TLCAN" (2008 [2004]: 31 y 33).

Al respecto, concuerdo con Gil (2002) en que se requiere una postura equilibrada entre ambas perspectivas, dependiendo del caso empírico en estudio (el enfoque micro), pero sin olvidar lo que revela el enfoque macro: nos encontramos hoy ante sociedades (incluyendo la mexicana) que han sido impactadas (dualizadas y fragmentadas) por las políticas económicas neoliberales aplicadas desde la década de los años ochenta. Como concluye Tezanos:

"Los elementos comunes presentes en la mayor parte de las aproximaciones al tema tienden a coincidir en que la exclusión es un fenómeno *estructural* (y no casual o singular), que está *aumentando*, que tiene un cariz *multidimensional* (y, por tanto, puede presentar una acumulación de circunstancias desfavorables), y que se relaciona con *procesos sociales* que conducen a que ciertos *individuos* y *grupos* se encuentren en situaciones que no permiten que sean considerados como miembros de pleno derecho de la sociedad" (1999: 31).

Del enfoque dual al enfoque de tres niveles

Inicialmente el concepto de exclusión social surgió en Europa (en Francia, Italia y los países nórdicos) en la década de los años setenta para hacer referencia tanto a los problemas sociales de los inmigrantes como de los discapacitados, enfermos crónicos, jóvenes desempleados, etc., al interior de su propia sociedad: la gente que se encontraba "fuera" de la sociedad, "extramuros", los no ciudadanos (Tezanos, *ibid*)[53]. Sin embargo, en sus inicios esta interpretación pecó de dualista: los individuos estaban integrados o excluidos (Mongin, 2006 [2005]), simplificando la realidad social. Tezanos y Castel han presentado un esquema más complejo, en el que la sociedad no se encuentra fracturada en dos grandes grupos. Tezanos (*op. cit.*: 49, 2002: 48) ha propuesto un esquema circular de tres áreas denominando al núcleo como integración, a la zona que lo circunda como vulnerabilidad social y a la zona periférica

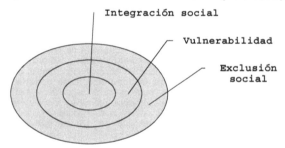

como exclusión.

Castel (1997 y 2004 [2000]) lo concibe de la misma manera, destacando la precariedad creciente de los distintos estratos de la sociedad. En sus palabras:

> "Hay una zona de integración: se trata en general de personas que tienen un trabajo regular y soportes de sociabilidad bastante firmes. Hay una zona de vulnerabilidad: por ejemplo el trabajo precario, situaciones relacionales inestables. Y hay una tercera zona, la zona de exclusión, en la que caen algunos de los vulnerables e incluso de los integrados" (2004 [2000]: 58).

Asimismo, Mongin (*op. cit.*: 250-252) releva el modelo de Donzelot (2004) acerca de

---

[53] El uso original del concepto de exclusión se suele atribuir al francés René Lenoir en su obra *Les exclus: un francaise sur dix*, 1974, París, ed. du Seuil.

las sociedades/ciudades postindustriales: la "ciudad de tres velocidades", una ciudad que se caracteriza por tres distintos sectores y circuitos que se mantienen a distancia: los excluidos o "inmovilizados", los sectores medios o "agotados" (por su gran movilidad espacial) y la élite o los "ubicuos". En sus propios términos:

"Este segundo enfoque presta particular atención a la continuidad social y no ya a la cisura infranqueable [integrados/excluidos], sin dejar de hacer notar al mismo tiempo la creciente fragilización. Jacques Donzelot [2004] ha sugerido la idea de una 'ciudad de tres velocidades', una expresión que designa menos una separación radical que una serie de espacios en vías de desintegración y de diferenciación [...] Un movimiento de periurbanización que afecta las zonas periféricas compuestas de barrios de casas con jardines (que corresponden a la 'rurbanización' de las clases medias), un movimiento de *gentrification*, es decir, de reciclado de edificios antiguos convertidos en residencias de gran *confort* en el centro de las ciudades [...] y un movimiento de relegación en las zonas de viviendas sociales (monoblocks, barrios, ciudades nuevas, grandes complejos urbanísticos). Este enfoque permite comprender tres mutaciones decisivas [...] ante todo, el papel decisivo de la mundialización y de la entrada en una era postindustrial; luego, el vínculo entre el hábitat y las cuestiones de seguridad, de empleo y de escuela que favorece el aumento de la sensación de desigualdad; y finalmente, el cambio experimentado por la función mediadora entre los extremos que alguna vez cumplió la clase media [...] La desintegración ya no tiene una forma dual, se conjuga en tres términos y cada una de las tres tendencias registradas remite a una manera de estar 'entre nosotros' [...] En los grandes complejos que constituyen lo esencial de las zonas de relegación en las ciudades nuevas, el vivir 'entre nosotros' adquiere una forma forzosa [...] sobre esas poblaciones relegadas [...] pesa una doble conminación: permanecer 'entre ellos' pero sin la posibilidad de reivindicarse como 'nosotros', un término inmediatamente calificado como comunitario, sin poder referirse a una identidad cuyo carácter étnico debe mantenerse oculto [...] En cambio, el 'entre nosotros' de los periurbanos [...] es una forma de residir que exige fluidez y protección, una gran movilidad [...] y una acrecentada demanda de seguridad [...] el periurbano busca una forma de vivir 'entre sus pares' protectora, que recuerda la comunidad aldeana unida por los servicios mutuos [...] En el caso de la *gentrification* lo que se impone es un 'entre nosotros' selectivo, antes que protector [...] Los habitantes del centro reciclado [se sitúan] en la ubicuidad [...] habita[n] el mundo global, aun antes de habitar en su ciudad [...] es una población cosmopolita y conectada".

De modo que la exclusión es un proceso dinámico asociado a la estructura económica y urbana, que puede ser permanente o intermitente, pasando de una situación de vulnerabilidad a otra de dependencia, aislamiento e inmovilidad (Tezanos, 2002; Subirats, 2004 & 2005; Saraví, 2007). Procede en parte de la actuación de una serie de agentes sociales que excluyen: Estado, empresas, militares, autoridades locales y organismos religiosos, entre otros. Como lo opuesto a la exclusión se señala la integración social, esto es, la exclusión es el resultado de un defecto de inserción y de integración. La "inserción" significa hacerse un lugar entre los otros, al lado, cerca de los otros, sin embargo es una situación que se caracteriza por la vulnerabilidad.

El concepto de integración implica en cambio -afirma Entrena (2001)- lograr un lugar entre los otros, no solamente "al lado", sino conjuntamente, en congruencia con los otros (con los periurbanos o con la élite social, con los "ubicuos"), interactuando en forma igualitaria. La inserción puede ser considerada como una parte del proceso de integración social, que supondría un importante avance en cuanto a una situación previa de exclusión. Así, la integración social aparece como un largo proceso que se ha de recorrer[54], para lo que habrá de superarse diferentes etapas que dependerán de los distintos puntos de partida de cada individuo o grupo.

Un fenómeno multidimensional

Más allá de lo económico, la exclusión se refiere a lo social, lo político y lo cultural, a la interconexión entre estas dimensiones y, en definitiva, a la falta de participación en el intercambio social en general[55]. La OIT entiende la exclusión social como un fenómeno multidimensional que implica tres dimensiones: económica, política y cultural, que se acumulan con el propósito de diferenciar la capacidad de grupos sociales e individuos para cambiar su posición en la sociedad. En concordancia con esta perspectiva, Gacitúa y Davis (2000), señalan que la exclusión social se puede definir como:

> "la imposibilidad de un sujeto o grupo social para participar efectivamente a nivel económico, social, cultural, político e institucional [...] Incluye al menos tres dimensiones: (i) económica, en términos de privación material y acceso a mercados y servicios que garanticen las necesidades básicas; (ii) política e institucional, en cuanto a carencia de derechos civiles y políticos que garanticen la participación ciudadana, y (iii) sociocultural, referida al desconocimiento de las identidades y particularidades de género,

---

[54] M. Augé realizó recientemente una crítica (que no comparto) al concepto de integración: "la palabra *integración* alude a un conjunto demasiado indefinido en el que, precisamente, es necesario integrarse, pero que, al mismo tiempo, sólo existe una entidad abstracta y sólo puede definirse de un modo negativo, es decir, por lo que no es" (2007: 28-29). No concuerdo con dicha crítica, porque -precisamente- me parece "demasiado indefinida". Como vemos en este marco teórico y analizo a lo largo de la tesis, "integrados" están (en mayor o menor grado) quienes pueden acceder a bienes fundamentales como salud, vivienda, educación escolarizada, estabilidad laboral (y por ende al consumo), pertenencia comunitaria (y a su reconocimiento) y ciudadanía nacional, abarcando así las dimensiones político-institucional, económica y sociocultural, de modo tal que un sujeto pueda desarrollar sus propias capacidades.

[55] La relevancia del hecho de estar conectado o participando en la estructura social, generó en la antropología (especialmente inglesa) el análisis de red/es a partir de la década de 1950 (Mitchell, 1969). Esta visión de la sociedad como una red representa una continuidad con el análisis relacional, adaptándolo a las complejas estructuras sociales modernas (Hannerz, 1986 [1980]).

generacionales, étnicas, religiosas o las preferencias o tendencias de ciertos individuos y grupos sociales" (2000: 12).

Ahora bien, la exclusión social implica tanto una dimensión temporal como espacial. La dimensión temporal indica que la exclusión es el resultado de la acumulación de factores de riesgo en circunstancias históricas particulares. La dimensión espacial se refiere a que la exclusión responde a la interacción de múltiples factores que se articulan en un territorio determinado. Del mismo modo, el concepto contiene tanto una dimensión objetiva como subjetiva. La dimensión objetiva considera las condiciones efectivas, como la ubicación espacial, la dificultad de acceder al mercado laboral debido a un bajo nivel de ecolaridad o el desconocimiento de una lengua. La dimensión subjetiva considera la representación social que los sujetos han elaborado de dichas condiciones, de cómo se perciben a sí mismos y de las estrategias que desarrollan.

Hacia un modelo de exclusión social para América Latina

Por su parte, a partir de la realidad latinoamericana, A. Figueroa (2000) afirma que la exclusión social se refiere a los mecanismos que generan pobreza, siendo ésta la variable endógena o dependiente, y los tipos de exclusión las variables exógenas o independientes. Propone este autor un modelo para analizar la persistencia de la desigualdad en nuestras sociedades, en las cuales los individuos participan en el proceso económico con una dotación desigual de tres tipos de activos: económicos (capitales físicos, financiero y humano); políticos (ciudadanía, que da lugar a derechos y obligaciones); y culturales (características étnicas, religiosa, de género, etc.). Con respecto a los activos culturales, destaca Figueroa que las culturas grupales están ordenadas en una jerarquía social de acuerdo con su valoración históricamente construida, proporcionando a los sujetos ya sea prestigio o estigma social, lo que conduce a los prejuicios, segregación y discriminación. Los activos políticos y culturales son intangibles y no negociables y por tanto no tienen valor en el mercado. No obstante, sí pueden ser acumulados. La lucha por los derechos civiles es la forma mediante la cual los derechos políticos son acumulados, y la educación escolarizada, la migración, la organización social y el matrimonio entre personas de distinto origen étnico son las modalidades a través de las cuales se acumulan los activos culturales.

Destaca este autor la existencia de tres mercados económicos: el laboral, el de créditos bancarios y el de seguros, a los que denomina como mercados básicos, y de los cuales se encuentra excluido el sector no (o precariamente) capitalista de la población. Ahora bien, los sectores pobres no sólo quedan excluidos de los mercados básicos (exclusión económica/individual), sino que también de los bienes políticos y culturales (exclusión social). Esta última exclusión implica aun más restricciones para la acumulación de capital, en particular para la acumulación de capital humano. Tal exclusión social (especialmente de las poblaciones indígenas) es el resultado de un evento histórico, la conquista, el impacto fundacional de las sociedades latinoamericanas (*ibid*: 35-36). Ahora bien, habría que agregar aquí los procesos de dominación económico-cultural pos-independencia de los Estados nacionales respecto a los pueblos indígenas residentes en sus territorios[56] (Villoro, 2005 [1950]; Pozas, 1998 [1977]; González Casanova, 1978 [1969]; Stavenhagen, 2001, entre otros)[57]. Entonces, en las sociedades culturalmente heterogéneas, como las latinoamericanas, se requiere que -junto con los bienes económicos- sean redistribuidos los recursos políticos y culturales, para lo cual se necesita una política de reconocimiento. En palabras de N. Fraser:

> "La falta de reconocimiento [...] significa [...] subordinación social, en tanto que imposibilidad de participar como igual en la vida social [...] una política de reconocimiento no se reduce a una cuestión de identidad; implica, por el contrario, una

---

[56] Respecto a la situación actual de los indígenas en el D.F., y basado en documentos de INI-PNUD-CONAPO (2002) e INEGI (2004), afirma Yanes: "Tomando cualquier indicador, los miembros de los pueblos indígenas tienen, en relación con la media del D.F., menor expectativa de vida, mayor número de niños fallecidos, menor escolaridad, menores ingresos, más horas de trabajo y menor calidad en los materiales y enseres de la vivienda [...] En el 2000 los [...] indígenas mayores de 15 años analfabetos del país eran alrededor del 34%, mientras que la media nacional era del 10%, y en el caso del D.F. el analfabetismo entre [...] los indígenas era del 13%, mientras que la media de la ciudad era de 3% [...] En general, los [...] indígenas en la ciudad de México se encuentran insertos en actividades de baja calificación escolar y baja remuneración [...] globalmente son ingresos [...] que no logran superar las líneas oficiales de pobreza [ahora bien] los ingresos de los indígenas tienden a ser menos bajos en la ciudad que en sus comunidades de origen" (2008: 231-235). Respecto a la infancia indígena en la Ciudad de México, ver Martínez *et al.* 2007.

[57] Sobre la formación de las naciones modernas y los procesos de opresión de una cultura dominante sobre las culturas minoritarias, ver Gellner, 2008 [1983] y 2003 [1987].

política que aspire a superar la subordinación reestableciendo a la parte no reconocida como miembro pleno de la sociedad, capaz de participar a la par con el resto" (2000: 61).

En este sentido, llama la atención la sentencia de Castel (uno de los expertos franceses en esta temática) respecto a que: "Nadie nace excluido, se hace" (2004 [2000]: 57), sólo argumentando al respecto, en la frase anterior que: "Los 'excluidos' están en la desembocadura de trayectorias, y de trayectorias diferentes" (*ibid*). Sin embargo, a continuación de estas afirmaciones señala:

"Tal vez la noción de exclusión sea adecuada, al menos aproximadamente, para caracterizar a ciertas poblaciones como las denominadas del 'cuarto mundo' [...]: personas que están o habrían estado siempre al margen de la sociedad, que jamás han entrado en los circuitos habituales de trabajo y de la sociabilidad corriente, que viven entre sí y se reproducen generación tras generación" (*ibid*)[58].

Al respecto, García Canclini (2004) ha afirmado que al *modelo de la desigualdad* entre clases -característico de los análisis realizados en Europa, como, por ejemplo, los de Bourdieu (1998)- hay que sumar y articular en América Latina el *modelo de la diferencia*[59]. Más aun: la problemática de la desigualdad y de la diferencia ha girado hacia la de la inclusión/exclusión tanto en los discursos hegemónicos como en el pensamiernto crítico. Ahora bien, los tres modelos son necesariamente complementarios: "necesitamos pensarnos a la vez como diferentes, desiguales y desconectados" (*ibid*: 79) (o similares, iguales y conectados). Es que la sociedad es concebida en el mundo pos/moderno o tardo-capitalista (más que nunca) como una red (Castells, 1995 [1991]; Sassen, 2004). Como afirma García Canclini:

"La relativa unificación globalizada de los mercados no se siente perturbada por la existencia de diferentes y desiguales: una prueba es el debilitamiento de estos términos

---

[58] Recordemos al respecto las palabras de Boltvinik citadas unas páginas atrás: "Una persona puede encontrarse en condiciones de pobreza debido a una dotación inicial [de recursos] muy baja (digamos un campesino sin tierra, analfabeto) o debido a un desplazamiento desfavorable en su mapa de titularidades de intercambio" (1998: 2). Asombra aun más este párrafo de Castel: primero, no se distingue a "poblaciones" de "personas"; segundo, no especifica a qué se refiere con "sociedad" cuando señala que "están o habrían estado siempre al margen de la sociedad" (¿la sociedad étnica?, ¿la sociedad nacional?); tercero, cuando señala que "jamás han entrado en los circuitos habituales de trabajo", ¿de los trabajos formales?... "y de la sociabilidad corriente", ¿sociabilidad corriente?, ¿a qué, pues, se está refiriendo?; y, por último, al caracterizar "que viven entre sí y se reproducen generación tras generación", ¿no está señalando una condición de cualquier tipo de sociedad? En fin, estas líneas se destacan por su inexactitud, lo que sorprende aun más en un autor reconocido como lo es Castel.

[59] Acerca de la obra de Bourdieu, coincido con la observación hecha por García Canclini: "La concepción de Bourdieu, útil para entender el mercado interclasista de bienes simbólicos, debe ser reformulada a fin de incluir los productos culturales nacidos de los sectores populares, las representaciones independientes de sus condiciones de vida y la resemantización que los subalternos hacen de la cultura hegemónica de acuerdo con sus intereses" (2008 [2004]: 72).

y su reemplazo por los de *inclusión* o *exclusión*. ¿Qué significa el predominio de este vocabulario? La sociedad, concebida antes en términos de estratos y niveles, o distinguiéndose según identidades étnicas o nacionales, es pensada ahora bajo la metáfora de la red. Los incluidos son quienes están conectados, y sus otros son los excluidos, quienes ven rotos sus vínculos al quedarse sin trabajo, sin casa, sin conexión. [...] Ahora el mundo se presenta dividido entre quienes tienen domicilio fijo, documentos de identidad y de crédito, acceso a la información y el dinero, y, por otro lado, los que carecen de tales conexiones. [...] En América Latina, aunque no sólo aquí, es particularmente notable la desconexión escenificada en los ámbitos de la informalidad, donde se puede tener trabajo pero sin derechos sociales ni estabilidad" (*ibid*: 73-74).

NUEVA POBREZA Y EXCLUSIÓN SOCIAL EN LAS CIUDADES LATINOAMERICANAS CONTEMPORÁNEAS

Ahora bien, durante las últimas tres décadas se han producido cambios notables en las características de la pobreza urbana latinoamericana en comparación con aquella que predominó durante el período de industrialización por sustitución de importaciones (ISI), durante los años sesenta y setenta. De hecho, conceptos como marginalidad han caído hoy en desuso, siendo reemplazados por términos como vulnerabilidad, carencia de activos y exclusión social. Si la pobreza de los sesenta y setenta fue fundamentalmente una condición rural, hoy se trata de un fenómeno predominantemente urbano. En este hecho tiene una especial relevancia el fenómeno de la migración rural-urbana, el que, como ha destacado Williams, ha sido un proceso de escala mundial:

"la emigración [...] como una solución a la pobreza [...] una evasión que implica, no únicamente huir hacia una nueva tierra, sino también la posibilidad [...] de adquirir una fortuna para reingresar a la lucha desde una posición más elevada [...] un modo de escapar a las deudas [...] Muchas de estas narraciones incluyen temas característicos: las luchas contra los terratenientes, el fracaso de la cosecha y las deudas, la penetración del capital en las comunidades campesinas. Estas, en todas las variaciones de las diferentes sociedades y tradiciones, son tensiones internas que podemos reconocer como formas características, que a menudo se remontan muy lejos en nuestra historia [...] Lo que se da, a menudo dramáticamente, dentro de las sociedades coloniales y neocoloniales es una historia interna de la relación entre campo y ciudad" (2001 [1973]: 347-353).

En el período del ISI, que se caracterizó por una rápida urbanización, la pobreza fue percibida como un problema que podría ser solucionado a través de la continua creación de empleos así como de la expansión universal de los programas de seguridad social. Sin embargo, desde la década de 1980 se ha debilitado el vínculo entre empleo y protección social, lo que ha generado una merma en la confianza respecto a que la modernización terminaría por eliminar la pobreza (González de la Rocha, 2006; Katzman, 2001; Roberts, 2006; Sabatini y Cáceres, 2006). De este modo, se están produciendo procesos de empobrecimiento en la posibilidad de desplegar las propias capacidades en proyectos de vida y desarrollo personal, esto es, en la calidad de vida de las personas. Como afirma Roberts:

> "En gran parte, esto se debe a los impactos, directos e indirectos, de las políticas de liberalización económica, tales como la apertura comercial, las privatizaciones y la desregulación de los mercados, que reemplazaron al régimen anterior basado en altas tarifas arancelarias y la directa intervención del Estado en la regulación de la economía" (2006: 202).

González de la Rocha (2006), a partir de estudios realizados en México, ha desarrollado los conceptos de "desventajas acumuladas" y de "aislamiento social", refiriéndose a los efectos que las crisis y ajustes económicos nacionales han generado en el ámbito familiar y al deterioro de los sistemas informales de apoyo, apuntando (aunque con conclusiones inversas al enfoque de redes y estrategias de sobrevivencia y movilidad social) a la importancia que tiene el intercambio social para el bienestar de los individuos y sus familias. Esta autora distingue cuatro tipos de aislamiento social: aquel que surge de contextos económicos de escasez en los que la ausencia de recursos conduce al deterioro de las relaciones sociales (dada la dificultad para participar en interacciones recíprocas: dar y devolver favores); la de los jóvenes "sin futuro" (quienes se caracterizan por una escasa participación en las organizaciones); la de los enfermos crónicos (frecuentemente de la tercera edad, así como de sus cuidadores); y la de quienes retornan de modo forzado a su lugar de origen después de haber migrado (y no quieren "abusar" de familiares, amigos y vecinos con quienes ya no tienen tanta confianza como antaño).

Otro cambio en el contexto socio-económico de la pobreza urbana ha sido la expansión física de las ciudades, lo que ha producido que la pobreza se ve frecuentemente influida por la organización espacial de las ciudades, generándose tanto la intensificación de las desventajas al vivir en zonas homogéneamente pobres (la denominada "nueva pobreza", que tendería hacia la *ghettización*), como efectos beneficiosos provenientes desde los barrios más ricos hacia los más pobres en zonas socio-económicamente heterogéneas, que tenderían hacia la integración. Como señalan Sabatini *et al*:

"La 'geografía de las oportunidades' cambia [...] junto al *ghetto*, reducto de la desesperanza y el descalabro social, está la realidad expectante de asentamientos populares que son 'enganchados' por la pujante transformación espacial de la ciudad [...] exclusión e integración social son las dos caras del nuevo patrón de segregación[60] residencial [...] La *ghettización* parece la tendencia dominante en la irrupción de la nueva pobreza; y los barrios integradores de segregación a reducida escala, la excepción" (2007: 98 y 112).

Aquí juega también un rol importante el carácter del barrio[61]. Cuando se trata de aglomeraciones de pobreza de gran escala y lejanas a los centros urbanos, se favorece el aislamiento respecto de los otros grupos sociales, lo que tiende a aumentar los sentimientos de estar socialmente aislados o excluidos. La segregación objetiva "empuja" a la segregación subjetiva, esto es, a la desesperanza y la formación de una "cultura de la segregación" o "efecto *ghetto*". El barrio, en cambio, abre nuevas oportunidades cuando la segregación espacial reduce su escala, esto es, cuando sectores de la periferia popular devienen en zonas socialmente diversas, a través de la afluencia de condominios cerrados orientados a grupos de élite, así como también de grandes supermercados, *shoppings*, modernos complejos de oficinas y otros espacios públicos o semi-públicos. De este modo, se reduce la distancia física y aumenta la posibilidad del contacto e intercambio social entre grupos de diferente condición social (Sabatini *et al.*, *ibid*; Caldeira, 2007 [2000]).

En contraste con el enfoque del aislamiento social (González de la Rocha, *op. cit.*; Katzman, *op. cit.*), Adler-Lomnitz (2001 [1994]), De Certeau (2000 [1990]) y Roberts (*op. cit.*) han destacado las tácticas y estrategias[62] que utilizan los hogares urbanos

---

[60] Con el concepto de segregación hago referencia específicamente a la concentración espacial de un determinado grupo social. En palabras de Castells: "se entenderá por segregación urbana la *tendencia* a la organización del espacio en zonas de fuerte homogeneidad social interna y de fuerte disparidad social entre ellas, entendiéndose esta disparidad no sólo en términos de diferencia, sino de jerarquía" (1976 [1972]: 204).

[61] Como señala M. de la Pradelle: "En antropología, estudiar un barrio [...] es mostrar cómo [...] el barrio es a la vez una de las condiciones y uno de los objetivos de las acciones de aquellos que viven en él" (2007: 5). Para un análisis multidimensional de la vida barrial, ver A. Gravano (2003).

[62] Ambos enfoques son complementarios. Como señala Roberts: "En algunos casos, reestructuración significa rompimiento de comunidades establecidas, debilitando la auto-suficiencia familiar con respecto al mercado o al Estado. En otros casos, cuando el mercado se estanca y el Estado reduce el gasto público, esto hace que las familias y las comunidades busquen sus propios recursos" (1996: 49). S. Zermeño (2005) realiza un análisis crítico de la sociedad mexicana contemporánea, dando cuenta de ambos polos, de aislamiento y participación.

pobres para mejorar sus condiciones de vida por medio de respuestas inmediatas o a futuro, a través de las cuales los individuos aumentan el control sobre su ambiente, al administrar eficientemente los propios recursos. Dice Roberts:

> "Atribuir a la gente la capacidad de tener estrategias, ya sea como individuos, como familias, o como grupos de interés, es señalar que a pesar de la importancia de los aspectos estructurales [liberalización económica], las decisiones para modificar ciertas condiciones sociales son posibles" (1996: 24).

ESTRATEGIAS DE INTEGRACIÓN SOCIAL

Antes de la reestructuración económica y política (década de 1970) América Latina se caracterizó, en un período de fuerte urbanización, por el despliegue de los distintos aspectos del bienestar urbano. Las familias tuvieron que participar en hacer la ciudad (literalmente hablando) planeando invasiones de terrenos para viviendas y auto-construirlas. Las estrategias[63] se orientaron a la asistencia social generándose, a partir de los barrios, importantes movimientos socio-políticos en pro de obtener los derechos sociales (Camacho, 2002 [1990]; Moctezuma, 1999). Con la reestructuración (la carencia de empleos y la baja en los niveles de ingresos) disminuyeron las reivindicaciones sociales y las estrategias económicas adquirieron mayor importancia. González de la Rocha (2007) afirma que la crisis en México tendió a privatizar las preocupaciones de las familias, pues la alimentación y la vivienda se volvieron prioridad, enfatizándose la movilidad social individual y la participación política a través del voto.

Por lo tanto, analíticamente resulta conveniente distinguir -señala Roberts (1996)- entre las estrategias familiares orientadas a la sobrevivencia (para hacer frente a las crisis) y aquellas que buscan movilidad social. Ambos tipos incluyen la distinción entre estrategias de corto y largo plazo y las basadas en la capacidad, o no, de las familias y los jefes de familia de contar con un trabajo estable. Las *estrategias de sobrevivencia* pueden ser definidas como la organización de la familia para obtener

---

[63] Respecto a las estrategias de la población indígena para mantener sus propias culturas, Bonfil Batalla (2006 [1987]: 190-200, y 1991) destaca tres procesos: 1) resistencia, 2) apropiación, 3) innovación. El primero se orienta a la conservación de los espacios de cultura propia; el segundo se refiere a los elementos culturales ajenos que el grupo hace suyos; y el tercero señala los cambios internos que se realizan para ajustarse al medio externo.

algún beneficio a corto o mediano plazo, mientras que *las estrategias de movilidad social* involucran decisiones de asignación o distribución, tales como la educación de los niños, la compra de una casa, o el ascenso en el trabajo, decisiones que verán frutos a largo plazo. Ambas incluyen distintas formas de ahorro (Campos, 2005) como micro-créditos y préstamos (Hernández, 2003) e inversión.

Del mismo modo, es necesario distinguir los conceptos de "estrategia de la unidad doméstica" y de "estrategia familiar". El hogar o la unidad doméstica es la unidad de co-residencia donde sus miembros pueden ser parte de familias o no tener un parentesco consanguíneo. Los distintos tipos de familia, como la nuclear o la extensa, y las obligaciones asociadas al parentesco influyen en la capacidad del hogar para llevar a cabo estrategias en conjunto.

El efecto del tiempo (Supervielle y Quiñones, 2005; Roberts, *op. cit.*) también es un aspecto fundamental en la combinación particular de estrategias usadas por los hogares, por ejemplo, con familias que hacen un uso local intensivo de sus propios recursos materiales, de trabajo y de los vínculos comunitarios, o, por otro lado, con familias que dispersan tales recursos debido a la migración laboral, vista con frecuencia como un primer paso de la reubicación residencial definitiva, como suele ocurrir en la migración rural-urbana (como también en la migración internacional, particularmente hacia Estados Unidos en el caso mexicano)[64]. Las estrategias[65] familiares y de los hogares, y las obligaciones que las rodean se forman a través de lo que Hareven (1982, en Roberts, *ibid*) denomina la intersección del tiempo individual, el tiempo familiar y el tiempo histórico. Esto es, las necesidades y posibilidades del hogar son afectadas por el ciclo de las familias en la medida en que éstas se mueven a través de las etapas de formación, consolidación y desintegración. En cada etapa el

---

[64] Acerca de los estudios antropológicos sobre el campesinado y los nexos entre lo local y lo global, ver H. Salas (2000). Sobre el capital social campesino, tanto horizontal como vertical, ver J. Durston (2002). Sobre las estrategias adaptativas de los campesinos en México, ver Á. Palerm (2008 [1980]).

[65] M. de Certeau prefiere referirse a "tácticas de los practicantes". Bajo los poderes y las instituciones de Certeau discierne siempre un movimiento de microrresistencias, las cuales fundan a su vez microlibertades, movilizan recursos ocultos y desplazan las fronteras de la influencia de los poderes sobre la multitud anónima. Su atención se concentra en los espacios minúsculos de juego que tácticas silenciosas y sutiles "insinúan" en el orden impuesto. En la cultura ordinaria, el orden es deshecho y burlado; se insinúa así un estilo de intercambios sociales, de invenciones técnicas y de resistencia moral: una economía de la *dádiva*, una estética de las *pasadas* y una ética de la *tenacidad* (L. Giard, en De Certeau, 2000). Ver también Scott (2000 [1990]).

equilibrio entre los dependientes y los asalariados potenciales se altera, como se modifican también las aspiraciones de los miembros de la familia. El tiempo es un factor que hace diferentes también las experiencias de diversas generaciones.

Cada generación tiene habitualmente una experiencia específica de opciones externas que reflejan ciclos económicos y cambios en la estructura laboral. Debido a que los nuevos empleos se ofrecen principalmente a miembros de cohortes jóvenes que desplazan a los trabajadores más viejos, las oportunidades de empleo y las experiencias de trabajo recientes de hijos e hijas difieren generalmente de la de los padres, y puesto que los barrios urbanos se constituyen de familias y unidades domésticas que se establecen en distintas etapas y que operan en diferentes tiempos históricos, el ciclo familiar es una fuente importante de diferenciación de intereses y estrategias a nivel de la comunidad.

La combinación de estrategias familiares registradas en la literatura especializada pueden reducirse a cuatro tipos (Adler-Lomnitz, 1975 y 2001; Mingione, 1994; González de la Rocha, 2007): a) reducir los gastos familiares para disminuir el consumo o desplazar a los miembros no productivos; b) intensificar la explotación de los recursos internos del hogar por medio del auto-abastecimiento y la ayuda recíproca entre parientes y amigos; c) adoptar estrategias orientadas al mercado, que en el contexto urbano son usualmente dirigidas hacia el mercado laboral; y d) buscar ayuda de agentes externos, como el Estado, sea como derecho ciudadano o como retribución a un apoyo político dado. Reducir el consumo e intensificar la explotación de los recursos internos disminuye la dependencia externa, pero tiende a limitarse a recursos de tipo laboral, a recursos materiales disponibles en el hogar y a la libertad que éste tenga para readecuarlos (Roberts, 1996). Las estrategias dirigidas al mercado, al Estado, o a otras agencias poderosas son menos limitadas en cuanto se refiere al monto de los recursos que puedan obtener, pero generalmente incrementan la dependencia externa y pueden limitar la flexibilidad estratégica de las familias en el futuro.

CAPÍTULO II

1. EL CONTEXTO TERRITORIAL DE LA COLONIA SAN MIGUEL TEOTONGO EN CIUDAD DE MÉXICO Y SU ORGANIZACIÓN SOCIAL

IZTAPALAPA, LA SIERRA DE SANTA CATARINA Y LA COLONIA SAN MIGUEL TEOTONGO: ENTRE EL DISTRITO FEDERAL Y EL ESTADO DE MÉXICO

El territorio: el sur-este de Iztapalapa y la Sierra de Santa Catarina

La colonia San Miguel Teotongo, de acuerdo con la ley orgánica del Departamento del Distrito Federal, se encuentra ubicada en la delegación política Iztapalapa[66], en el Valle de México, y constituye una de las 47 colonias de la zona denominada Sierra de Santa Catarina, en la cual viven alrededor de 400 mil personas en la actualidad (DECA Equipo Pueblo, 1996). La colonia se encuentra en la frontera territorial entre el Distrito Federal y el Estado de México (figura 1), representando la carretera Federal México-Puebla el límite con el municipio de Los Reyes La Paz[67]. La Autopista y la Carretera Federal comunican al Distrito Federal con los municipios de Valle de Chalco Solidaridad e Ixtapaluca del Estado de México, y al mismo tiempo con los estados de Morelos, Tlaxcala y Puebla, permitiendo el acceso a los estados de Veracruz y Oaxaca. Entendemos aquí que las colonias populares,

> "Constituyen un tipo de poblamiento caracterizado por tres rasgos fundamentales: 1] Irregularidad inicial en la ocupación del suelo, sea por la ausencia de títulos de propiedad y el carácter no autorizado de la urbanización o la existencia de vicios legales en la realización de la misma; 2] El asentamiento de habitantes y la construcción de las viviendas inicia normalmente sin que se hayan introducido la infraestructura urbana ni los servicios públicos; 3] Las viviendas son construidas por los propios habitantes (con ayuda de trabajadores contratados al efecto o sin ayuda) sin apoyo en planos y sin licencia de construcción" (Connolly, 2004, en Duhau & Giglia, 2008: 170).

---

[66] Su nombre provendría de la lengua nahualtl, de *iztapalli*= losas o lajas; *atl*= agua y *pan*= sobre o en, traduciéndose como "agua sobre las lajas" o bien "en el agua de las lajas". El topónimo describe la situación originariamente lacustre del territorio de esta demarcación (en sitio web: www.iztapalapa.df.gob.mx/htm/main.html).

[67] El municipio de Los Reyes La Paz cuenta con una población total de 232.546 habitantes, de los cuales 5.397 son hablantes de alguna lengua indígena (INEGI, 2005). El grupo etnolingüístico mayoritario es el náhuatl, con 1.087 personas, seguido por los mixtecos, con 698 personas. Por su parte, la población chocholteca es de nueve habitantes (INEGI, 1995).

El Valle de México está integrado por una parte del Estado de México, el sur del estado de Hidalgo, el sureste de Tlaxcala y casi la totalidad del Distrito Federal. Dentro del valle se ubica la Zona Metropolitana de Ciudad de México (ZMCM: 16 delegaciones y 38 municipios conurbados) con una superficie de 3.540 km2, representando el 37% del Valle de México. De este modo, la Ciudad de México constituye lo que se ha denominado desde los años sesenta una *megalópolis*, esto es, un conjunto de áreas metropolitanas interconectadas o conurbadas[68].

---

[68] También se les ha conceptualizado como ciudad-región, corona regional o megaregión. Sin embargo, este cambio de escala del metropolitano al regional ha sido cuestionado por algunos especialistas debido a que se presentan problemas para delimitar su extensión (al respecto, ver Delgado, 2003; Connolly & Cruz, 2004; Duhau & Giglia, 2008). Desde principios de los años noventa, se ha incluido el concepto de ciudad global o ciudad mundial para referirse a la integración de algunas de las mega-ciudades a los mercados mundiales. Éstas se conciben como nodos centrales en una red internacional de flujos financieros (Sassen, 2004; Castells, 1996). La Ciudad de México participa activamente en esta red mundial de ciudades, ocupando el primer lugar en América Latina (Pérez, 2004), siendo afectada por procesos socio-espaciales típicos de la globalización: los grandes proyectos inmobiliarios conducidos por el capital privado, la proliferación de espacios públicos restringidos (centros comerciales), la renovación de espacios para convertirlos en referentes simbólicos y turísticos ("gentrificación"), la proliferación de urbanizaciones cerradas y la privatización de espacios públicos (Giglia, 2007). Sin embargo, como señala Subirats: "su rol no es el mismo que el de ciudades como Nueva York, Londres o Tokio. Todas las ciudades se han terciarizado, pero unas lo han hecho en el ámbito de los servicios avanzados (para la producción) y otras, como las latinoamericanas, se sitúan más bien en el ámbito de los servicios tradicionales (para el consumo). Esto las ha colocado de alguna manera en una nueva periferia global, al tiempo que ha ido agravando su polarización local" (2008: 108).

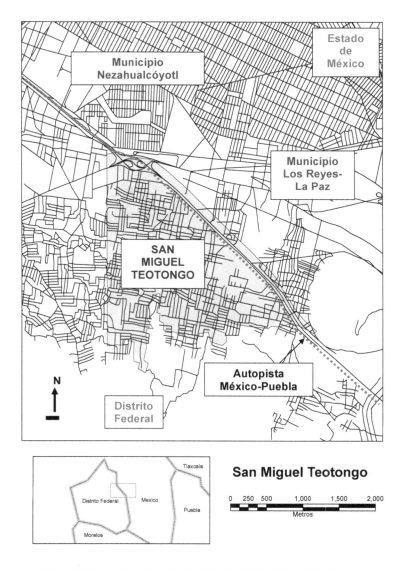

Figura 1. Plano de ubicación de la Colonia San Miguel Teotongo

Esta megalopolización del Distrito Federal, después de haber incluido a Toluca, está abarcando año a año gran parte de México Central, integrando a las ciudades de Cuernavaca, Puebla, Cuautla, Pachuca y Querétaro, formando una única megalópolis que para mediados del siglo XXI probablemente alcance una población de 50 millones de habitantes, alrededor del cuarenta por ciento del total nacional (Unikel, 1976; Messmacher, 1987; Cruz, 2001; Aguilar, 2003; Davis, 2007). De acuerdo con los datos del censo de 2000 la población de la ZMCM asciende a 17.884.829 habitantes, representando el 18.3% de la población nacional (Bayón, 2008; Duhau & Giglia, 2008), de los cuales 749.639 corresponden a población indígena (CDI, 2005, en Molina & Hernández, 2006).

Señales viales: al oeste el Distrito Federal y al este el Estado de México

El territorio de Iztapalapa, al oriente del Distrito Federal, se encuentra dividido administrativamente en siete zonas o direcciones territoriales: Centro (Iztapalapa de Cuitláhuac, formado por ocho barrios: La Asunción, San Ignacio, Santa Bárbara, San Lucas, San Pablo, San Miguel, San Pedro y San José), Aculco, Cabeza de Juárez, Ermita Zaragoza, San Lorenzo Tezonco, Paraje San Juan y sierra de Santa Catarina. La mitad sur de Iztapalapa corresponde a lo que fue la península del mismo nombre, que separaba las aguas saladas del lago Texcoco (desecado en la década de 1940) de las dulces de los lagos Xochimilco-Chalco, al sur de la península.

Iztapalapa ha estado históricamente conformada por dieciséis pueblos de origen colonial o pre-hispánico, la mayor parte de ellos divididos en barrios[69]. Hoy en día, a pesar de la urbanización, conservan características culturales que los distinguen de las colonias populares que los rodean. Estos pueblos originarios poseían tierras comunales o ejidales que tras el crecimiento de la Ciudad de México y la ruina de la agricultura en el Distrito Federal fueron loteados para proporcionar vivienda barata a la gran cantidad de inmigrantes que han llegado desde 1960 (Hiernaux, 2000; Perrusquía, 2006). Las invasiones de tierra de los años setenta y ochenta originaron grandes colonias con escasez de servicios públicos, de lo cual San Miguel Teotongo, con ochenta mil habitantes (DECA Equipo Pueblo, *op. cit.*), es un ejemplo. Poco a poco la situación de estas colonias ha ido regularizándose, tanto en lo que respecta a la tenencia de la tierra como a la satisfacción de los servicios urbanos.

Al inicio del siglo XXI, Iztapalapa (en una superficie de 117 km2, con un 75% dedicado a uso urbano) cuenta con 241 localidades, entre pueblos originarios, colonias populares y unidades habitacionales, residiendo un total de 2.189.592 habitantes (INEGI, 1995) -después de haber contado con 533.569 personas en 1970 (Nolasco, 1981) y 76.621 en 1950 (Losada *et al.*, 2006)- que representan el 20% de la población total del Distrito Federal. Iztapalapa es la delegación del Distrito Federal con una mayor presencia de población indígena en la actualidad, con 86.813 hablantes de lengua indígena, representando el 4.9% de la población total de esta delegación, ocupando el tercer lugar respecto a porcentajes de población indígena

---

[69] Duhau & Giglia distinguen tres tipos fundamentales de espacios urbanos a partir de los cuales se estructuró el crecimiento metropolitano: 1) el *urbanismo ibérico* (o la ciudad colonial), por medio de la traza en damero (Centro Histórico, por ej.); 2) el *urbanismo moderno*, a partir del espacio público y la jerarquización de las vías (Delegación Cuauhtémoc, por ej.); y 3) los *poblados rurales* (o "pueblos") y *barrios*, que se originaron ya sea como asentamientos prehispánicos, ya sea como extensión de las antiguas villas (2008: 120-121). Iztapalapa corresponde a este tercer tipo de tejido urbano. Ahora bien, como señalan los mismos autores, la clasificación adoptada por el Observatorio de la Ciudad de México (OCIM) comprende nueve tipos de poblamiento: ciudad colonial, ciudad central, cabecera conurbada, pueblo conurbado, pueblo no conurbado, colonia popular, conjunto habitacional, residencial medio y residencial alto (*ibid*: 170).

en sus respectivas delegaciones, solo después de Milpa Alta, con un 11.5% y Xochimilco, con un 5.9% (INI-CONAPO, 2000). Respecto a esta constitución étnica, las mayores concentraciones de población en Iztapalapa son, de mayor a menor: náhuatl, mixteco, otomí, zapoteco, mazahua, mazateco, totonaca, chinanteco, mixe y tlapaneco[70].

Dos de los lugares históricamente más relevantes y representativos de esta delegación son el Cerro de la Estrella (referente geográfico y religioso) y la Central de Abasto (referente comercial). El Cerro de la Estrella, de importancia pre-hispánica[71], se encuentra en el centro-oeste de la delegación, tiene una altitud de 2.460 metros de altitud y fue declarado área de conservación ecológica por el gobierno del Distrito Federal. Desde 1843 se lleva a cabo en él la representación de la pasión de Cristo durante la Semana Santa (a principios de los setenta el INAH, a través de excavaciones arqueológicas, descubrió los vestigios de un templo). Por su parte, en 1982 se fundó la Central de Abasto en el espacio entre Iztapalapa e Ixtacalco. A este centro distribuidor llega diariamente cerca del 80 por ciento de lo que se consume en Ciudad de México y por sus patios circula el treinta por ciento de la producción hortofrutícola nacional, constituyendo un mega-mercado con alrededor de setenta mil fuentes de empleos y el centro de alimentos más importante del mundo (Arnau, 2008).

Al oriente del Cerro de la Estrella se encuentra la Sierra de Santa Catarina, entre la autopista México-Puebla por el norte y la colonia San Lorenzo Tezonco por el sur. La sierra es una cadena de pequeños volcanes extintos formada por seis picos (algunas descripciones incluyen al Cerro de la Estrella con el cual serían siete), abarcando

---

[70] Fuente: elaboración de Virginia Molina, con base en INEGI, XII Censo General de Población y Vivienda, 2000 (comunicación personal).

[71] El cerro de la Estrella era el lugar donde cada 52 años los indígenas esperaban que los sacerdotes prendieran el fuego nuevo, como símbolo de que habían pasado los cinco días aciagos que proceden a la hecatombe del fin del mundo, la que, al no presentarse, implicaba que los dioses permitían que el mundo continuara su curso. En 1507 se celebró el último fuego nuevo y en 1521 fue conquistada Iztapalapa (Porrúa, 1965, en Nolasco, 1981).

una superficie de 18.29 kms2. Constituye el límite entre las delegaciones Iztapalapa y Tláhuac y es de una importancia estratégica para la ciudad, pues permite la recarga de los mantos acuíferos de los que se abastecen de agua los capitalinos, situación que refleja las desigualdades existentes en la Ciudad de México debido a los persistentes problemas de agua que viven los propios residentes de la Sierra de Santa Catarina.

Los asentamientos urbanos se ubican en las laderas de los cerros y tienen como límite oeste la avenida Ermita Iztapalapa y al este la Delegación Tláhuac. Un 74% de la población de la sierra proviene del interior de la República: el 17% de Oaxaca, el 14% de Puebla, el 9% del Estado de México, un 6% de Michoacán y Guerrero y un 4% de Hidalgo. La cuarta parte (26%) llegó desde colonias del centro de Ciudad de México (DECA Equipo Pueblo, *op. cit.*). A mediados de la década de 1990, cuando se agotaron las tierras disponibles, se decretó la protección ecológica de la sierra, la zona más presionada por la expansión de la "mancha urbana". La sierra forma parte de un amplio *cluster* de pobreza (Bayón, 2008), constituyendo la mayor área urbana hiper-degradada del mundo (Davis, 2007), conformada por Nezahualcóyotl (1.5 millones)[72], Valle de Chalco (300.000), ambas en el Estado de México; Iztapalapa (2.1 millones), en el Distrito Federal, y otros quince municipios o delegaciones en el cuadrante sureste de la megalópolis.

Resulta interesante analizar algunas de las afirmaciones sobre Iztapalapa que hizo M. Nolasco en 1981, desde la perspectiva de hoy en día:

> "Ixtapalapa es el clásico caso de conurbanización; representa a la comunidad rural que es absorbida por la gran Ciudad de México, en su explosivo crecimiento demográfico e industrial y en su expansión espacial, y que ha pasado a ser el asiento no sólo de los nuevos trabajadores urbanos, sino también de las grandes masas marginadas urbanas, y sin perder por ello a su antigua población tradicional, agrícola chinampaneca de cultura náhuatl-colonial [...] una conurbación que llevó a procesos de urbanización desviados, a la ruralización del proceso de urbanización" (26 y 235).

---

[72] Al respecto, sorprende la afirmación de Duhau & Giglia: "las imágenes de Nezahualcóyotl [...] como lugar donde se aglutinan marginación, pobreza y delincuencia, una imagen absolutamente incompatible con la realidad actual de dicho municipio" (2004: 179); lamentablemente los autores no fundamentan tal sentencia.

Como veremos a lo largo de la tesis, y específicamente a partir de la colonia San Miguel Teotongo, tres afirmaciones de esta cita son hoy, 28 años después de escritas, necesariamente revisables: en primer lugar, más que representar Iztapalapa actualmente "a la comunidad rural que es absorbida por la gran Ciudad de México", nos invoca una de las delegaciones del Distrito Federal que más se ha poblado con inmigrantes campesinos, y específicamente indígenas, que provienen desde los distintos estados del país; en segundo lugar, más que ser un ejemplo de "explosivo crecimiento [...] industrial", actualmente Iztapalapa muestra el declive del sector secundario y el crecimiento casi descontrolado del sector de servicios, así como de los empleos informales. Finalmente, la introducción de los servicios básicos junto al estilo de vida contemporáneo, ligado al individualismo y el empleo urbano monetarizado, contradicen la "ruralización del proceso de urbanización" (quizá habría que referirse a una etnificación de la colonia), pese a los fuertes vínculos que muchos inmigrantes mantienen con sus pueblos de origen; esto es aun más claro en el caso de los nacidos en la ciudad, quienes acceden a un mayor nivel educacional, tendiendo a modificar (urbanizar) sus expectativas de vida, trans-nacionalizando en algunos casos sus experiencias laborales y generándose un movimiento de gente, bienes, servicios, información y dinero entre los pueblos de las provincias, la Ciudad de México y las localidades en Estados Unidos donde residen los inmigrantes de la diáspora.

El poblamiento de San Miguel Teotongo: desde el sur de México hasta el este de la Ciudad de México

Parte importante de los habitantes de la colonia, como en toda la sierra de Santa Catarina, son originarios de otros estados de México, fundamentalmente del sur del país y de la región mixteca[73] en particular, producto de la migración campo-ciudad

---

[73] El clima de la región es predominantemente seco y las variaciones climatológicas suelen ser extremas. El suelo, mayormente montañoso, se encuentra afectado por un fuerte proceso de erosión. Estas características inciden en una baja productividad de los cultivos. Las principales actividades económicas de esta región son la agricultura, la ganadería y la elaboración de sombreros de palma (Butterworth, 1990 [1969]; Barabas, *op. cit.*; Caltzontzin, *op. cit.*). Sintetizando lo que denomina como el "complejo mixteco", Aguirre Beltrán señaló ya en 1957: "una geografía enemiga y una gran concentración de población en una zona altamente erosionada en las Mixtecas Alta y Baja" (1978 [1957]: 22).

desde mediados del pasado siglo XX debido al empobrecimiento del campo. Los principales motivos de la salida del pueblo son, ante la escasez y degradación de las tierras, como ante la inestabilidad de los empleos rurales, la búsqueda de un trabajo remunerado y de los servicios públicos característicos de las localidades urbanas que permitan lograr una mejor calidad de vida, así como continuar los estudios escolarizados o bien que los hijos puedan acceder a éstos. Como señala Virginia (mixteca, 61 años), cuyo testimonio es representativo de las razones para emigrar hacia la ciudad:

"Nos vinimos todos porque allá no hay trabajo, mi papá tuvo que venirse para acá a trabajar, bueno y aquí nos quedamos, ya no regresamos para el pueblo, allá cuando había siembra había su trabajo pero cuando no pos no, tenía poquita tierra [...] yo no tuve estudios, no más llegué hasta el quinto año de primaria".

A veces la escasez de tierras se genera por problemas familiares, debido, por ejemplo, a que se han "empeñado" (dejado en garantía) los terrenos y su siembra, por haber solicitado un préstamo en dinero; otras veces se debe a problemas comunitarios, a conflictos limítrofes por la propiedad de las tierras entre poblados vecinos. Francisco (chocholteca, 60 años) relata su caso vinculándolo con los problemas de alcohol y las obligaciones religiosas de su padre:

"vivíamos una pobreza tremenda y mi padre se echaba compromisos de las imágenes [...] le gustaba mucho el alcohol, no teníamos para comer pero sí se echaba compromisos de hacer muchas fiestas, pedía prestado, empeñaba sus tierras, la cosa era sacar dinero para salir de ese problema [...] cada día fuimos más y más pobres, por todas las drogas[74] que se echaba mi papá, pos las tenía que pagar después, y en honor a quién era ese gasto, pos en honor a una imagen que no nos da nada, esa es la tradición que siempre se vivió en Teotongo [...] antes era obligatorio, antes la autoridad decía 'usted va a ser el mayordomo y usted tiene que cumplir', si mucha gente se ha ido por eso, porque tienen deudas y no pueden pagarlas y pos no hay otra más que 'vámonos'".

Por su parte, Leonor (mixteca, 68 años) asocia la emigración[75] con antiguos conflictos por tierras entre su pueblo, San Miguel Tepomatlan (distrito de Nochixtlán, Oaxaca) y

---

[74] El concepto de "droga" se refiere a un préstamo realizado entre amigos o vecinos que se convierte en un lastre cuando el deudor carece de una base material de sustento, lo que conduce a un incumplimiento del pago, implicando la "contaminación" de los vínculos sociales y la pérdida de prestigio (Villarreal, 2004: 339).

[75] Como vimos a través de Williams (2001 [1973]), en el marco teórico referencial, los fenómenos locales y nacionales de migración rural-urbana son parte de un proceso global característico desde la segunda mitad del siglo XX.

un pueblo vecino, lo que va acompañado de la pasividad gubernamental:

"antes teníamos mucho terreno, todos los del pueblo, pero hay otro pueblo que metió pleito, pero ellos no son dueños, porque los del pueblo tienen escritura, y ya desde el 67' empezó el pleito, y a la fecha todavía no se puede arreglar, el otro pueblo no deja sembrarlos, están los terrenos tirados, y el gobierno no da ninguna solución, ya tiene casi 40 años, ya mucha gente se está muriendo, ya están grandes, ahorita ya quedan los hijos, y ya siguen los nietos, pero ya no saben cómo está el movimiento de los terrenos, el gobierno nunca les ha dado solución, los del pueblo con el otro pueblo tuvieron un enfrentamiento muy duro, entonces el gobierno mandó soldados y todo al otro pueblo para que no se metieran con el de nosotros, y ahí están los terrenos, o sea que nosotros prácticamente en el pueblo no tenemos nada de terreno, nada más adonde vivimos, pero mi mamá que ya tiene 88 años, ella no tiene nada de ayuda, o sea que ahorita la estoy ayudando yo, está mi hermano y los otros dos de allá, pero es lo mismo, no tienen ellos para ayudar a mi mamá".

Cuando llegaron los primeros inmigrantes al espacio de la actual colonia San Miguel Teotongo, "era así como un pueblo dentro de la ciudad". Como rememora Claudia (mestiza, 36 años, originaria de Veracruz):

"no había nada, yo recuerdo que había mucha vegetación, muchas víboras, alacranes, tarántulas, muchos animales, grillos, chapulines de colores, que son como catarinas, pero eran de colores brillantes, hasta las moscas, de hecho las moscas eran de colores verdosos y plateados, estaba muy bonito aquí, y había barcas, zona semi-rural era, y recuerdo que había una casa aquí, otra más para allá, no había luz, se oscurecía ya si acaso se veía era cuando era luna llena, y las casas era muy escasas, y en ese tiempo se trataban de ayudar unos con otros, si tenían luz le pasaban luz al otro, con un cablesito, traían la luz de Los Reyes [La Paz], luego cuando se robaban el cable era tremendo porque se quedaban varias familias sin luz, agua no había, las 'pipas' entraban muy poco, los camiones, de los que les dicen 'chimecos', que tenían la puerta por atrás, yo recuerdo que era terrible, casi no salíamos por lo mismo, y nosotros cuando llegábamos a ver a los animales veíamos cómo nacían las crías de las vacas, los becerritos y todo eso, era así como un pueblo dentro de la ciudad".

La colonia está construida sobre "las faldas" (lado norte) del volcán/cerro Tetlalmanche[76]. Eustolia (mixteca, 61 años), quien vive en la sección Campamento Francisco Villa, en la parte alta de la colonia, recuerda su llegada al cerro/colonia el año 1972:

"Llegamos aquí porque no teníamos donde vivir, rentábamos, vivíamos en unos cuartitos, y luego yo le decía a mi esposo que me consiguiera un pedacito de tierra, aunque sea hasta la punta del cerro, y se me concedió, y me vine hasta el cerro, cuando nosotros llegamos no había calles, no había agua, no había luz, no había todo eso, entonces empezamos a comprar un pedacito, nos vendieron [...] donde nosotros llegamos hicimos una casita pequeñita de tres metros, donde cabía la pura cama, una estufita y nada más, pero era puro tabique enracimado, y arriba lámina, pos ya se imagina el mosquero que había, nos aguantamos, todos chamagosos andábamos, tenemos 35 años acá, ya había gente aquí, así empezamos aquí nosotros, en la parte de

---

[76] *Tetl*: piedra; *tlalli*: roja, caliente; *manalli*: arrojar; *che*: castellanización de *tzin*: cima. Así: "cerro que arroja piedras calientes o rojas", en la sierra de Santa Catarina. Sobre su historia prehispánica, ver M. González *et al.*, 1995.

arriba, y ahí estamos".

La situación en la colonia hoy en día, casi 40 años después de la llegada de los primeros inmigrantes, es percibida como bastante más equipada. La señora Maura (mixteca, 67 años) es expresiva al respecto: "ahora estamos en el cielo":

> "Aquí era como el campo, iba yo a buscar mi nopalito al cerro, lite, nabo, leña, ahora ya, gracias a Dios que ya mejoró, antes mi esposo iba caminando hasta Los Reyes, no había camión, ahora estamos en el cielo, ya hay taxi, puede uno tomar taxi, camión o micro, antes iba a tomar el camión y estaba lleno de gente, mejor caminaba yo, a mi hija la iba a dejar a la escuela hasta [la colindante colonia] Lomas de Zaragoza, cargaba yo mi bote de petróleo, para cocinar y para alumbrar, pasaba y compraba mi comida, porque aquí no había verdulería, ay no".

De acuerdo a Lanzagorta (1983), la colonia se encontraba poblada a principios de la década de 1980 por un 92 por ciento de familias inmigrantes procedentes de Oaxaca, Puebla, Michoacán, Tlaxcala y Jalisco. Muchos de sus habitantes llegaron en una primera instancia a rentar recámaras a Nezahualcóyotl, para en un segundo momento adquirir un sitio en la naciente colonia San Miguel Teotongo de la década de los años setenta. El lugar inmediato anterior de vivienda de los colonos en 1975 era en un 48.5% del Estado de México, seguido por otras colonias de Iztapalapa (12.0%), Azcapotzalco (11.5%) y Venustiano Carranza (11.0%) (Navarro & Moctezuma, 1989). "Ciudad Neza" (como se suele denominar)[77], sólo tenía 10.000 residentes en 1957, contando en la actualidad con más de 1.5 millones de habitantes, en una superficie de 66 km2, constituyendo el área con mayor densidad poblacional del país: 19.324 habitantes por km2 contra 53.3 de México. Respecto al tipo de ocupación de los habitantes de San Miguel Teotongo, predomina el sector terciario (12.966), seguido por el secundario (6.697) y el primario está dejando de existir (67); 14.350 personas se desempañan como empleados u obreros, 4.326 por cuenta propia, 635 no recibe ingreso por trabajo y 544 como jornaleros o peones (SCINCE por colonias, 2000).

Nezahualcóyotl se convirtió en la zona marginada por excelencia en la Ciudad de México. La imagen de espacio excluido ha permanecido aunque los cinturones de

---

[77] Su origen se ubica en la década de 1940 cuando, debido a las obras de desagüe de la cuenca de México, el lago de Texcoco fue desecado. También se la ha conocido despectivamente en sectores de clase media y alta como "Nezahualodo", "Nacohualcóyotl", "Indiahualcóyotl", cambiando los énfasis desde sus primeras características geográficas a las poblacionales (de clase y étnica), para finalmente denominársele coloquialmente como "NezaYork" debido a la relevancia de la emigración hacia Estados Unidos. Como señala Bonfil, a la presencia indígena en las ciudades las élites primero la llamaron "la plebe" y hoy en día la denominan "los nacos" o la naquiza (*op. cit.*: 89).

miseria se han trasladado todavía más a las orillas, en zonas de Ixtapaluca, Chicoloapan, Texcoco, Atenco y Valle de Chalco Solidaridad. Los municipios mexiquenses vieron convertidas las tierras salitrosas del lago de Texcoco en enormes fraccionamientos peri-urbanos (Muñoz *et al.*, 1977; Messmacher, 1987; Cruz, 2001; Vite & Rico, 2001). En palabras de Bonfil (2006 [1987]: 180) estos sectores de la urbe, donde reside el "México profundo", son visualizados por las élites nacionales, por el "México imaginario", como: "lo externo, insólito, pintoresco pero sobre todo peligroso, amenazante, profundamente incómodo".

Sin embargo, más allá de esta "visión a distancia" (Lévi Strauss, 1985, cit. por Hannerz, 1998 [1996]: 260), al conocer un poco más de cerca la colonia se encuentra no sólo heterogeneidad étnica sino que también de estratos sociales. A veces, en una misma vivienda, como en la que vive Florencio (mixteco, 40 años) rentando una recámara, se encuentran arrendatarios tanto mixtecos como otomíes y náhuatl, alquilando distintos dormitorios, con una diversidad económica propia de sus diversos trabajos y constituciones familiares, así como por su condición de propietarios o arrendatarios. Los propietarios suelen vivir en los primeros pisos de las casas y ser dueños también de algún local comercial en la misma colonia (como veremos en el capítulo III.2) y acostumbran rentar las recámaras de los pisos de arriba, uno o dos pisos no sólidamente terminados, ya sea a familiares o a conocidos, algunos también empleados en el local de el/la propietaria.

Pese a esta heterogeneidad socio-cultural y socio-económica[78], y de acuerdo a los testimonios de los diversos entrevistados, San Miguel Teotongo ha compartido (junto a Iztapalapa toda y la Sierra de Santa Catarina) esta imagen de área conflictiva/delictiva, durante un largo período de tiempo[79]. A veces hay o han habido

---

[78] También se hallan este tipo de imágenes simplificadoras desde una visión "desde dentro". Una experiencia de campo es ilustrativa al respecto. Un día durante la comida en casa de Luis y Gregoria, un matrimonio mixteco, una de sus hijas adolescentes me preguntó si había ido a una calle que estaba casi al llegar a la colindante colonia Miravalle, porque en esa calle había muchos oaxaqueños. Le dije que no, y que si me podía presentar a algunos de sus conocidos ahí, ante lo cual me respondió: "no!, cómo crees!, es peligroso, si con decirte que hablan en su lengua, aquí en la ciudad!". Al ir a esta calle resultó que es un sitio de concentración de mazatecos, quienes se dedican a limpiar carros en el eje 6, y en la cual se encuentran algunas de las viviendas más hacinadas y pobres de la colonia. Este caso es también un ejemplo de la colonia vivida como mosaico cultural (segregación espacial), cuyo otro lado de la moneda es el mestizaje interétnico. Ambas vivencias coexisten en la población de la colonia.

[79] La Delegación Iztapalapa ocupa actualmente el primer lugar de incidencia delictiva, siendo, por ej., la

fundamentos empíricos: "era una zona roja en Iztapalapa aquí San Miguel, por el bandalismo que había". Al respecto, Claudia (mestiza, 36 años) recuerda cómo la densificación de la colonia a fines de la década de 1970 vino acompañada de la creación de "las banditas de chavos", fenómeno característico de la incertidumbre y el desasosiego de la población en las etapas iniciales de los suburbios megapolitanos:

"empezó a llegar mucha gente y se fue poblando muy rápidamente, distintas secciones, y cuando llega tanta población lo primero que está en contra es que empiezan a haber las banditas de chavos, mucho adolescente, empezamos a ver que ya no sólo los papás salían a trabajar sino que también las mamás, ahí se empieza a ver un poquito más de descuido hacia la familia, los chavitos ya no iban a la escuela y andaban ocasionando desperfectos, ahora un poquito bajó, pero era una zona roja en Iztapalapa aquí San Miguel, por el bandalismo que había, luego se peleaba una banda con otra, era terrible, ahorita ya bajó, pero lo que se ve mucho es también el narcotráfico, el narco-menudeo, que hasta las mismas autoridades saben dónde están las tienditas, no hacen nada, les dan su respectivo 'entre' y ya, ahorita hay muchas familias enteras que se dedican a eso".

Y la reflexión de Ricardo (sacerdote, mestizo, 39 años) resulta complementaria, considerando este proceso en el contexto del desarrollo urbano de la colonia:

"Ha cambiado, desde el 94', los taxistas no subían antes, porque lo encontraban muy peligroso, había uno de nuestros compañeros que les decía 'llévenme, yo les digo por dónde', entonces de esa manera llegaba, pero no les decía donde iba, porque si tú les decías que era San Miguel Teotongo, no subían, ahora no, ahora tenemos taxis y hay varios peseros, que van para la cárcel, para el aeropuerto, para Santa Marta, para varios lados, o hay gente que se va al metro que es más fácil por lo práctico, y hay gente que se va en el autobús que va a la UNAM [desde 1997], porque de aquí pasa un autobús, antes no estaba, de Santa Catarina hasta la UNAM, y los muchachos se van de una, no tienen que transbordar, yo lo empecé a ver desde el 2000, en ese entonces hay que ver que se abrió el eje, antes al llegar a Ermita eso estaba cerrado, entonces ese tramo se abrió ya totalmente para la Central de Abasto, entonces ahora el transporte es mucho más rápido [...] antes, aunque estaba integrada, se hablaba del patio trasero de la ciudad".

---

zona más riesgosa por robo de vehículos y secuestros en el Distrito Federal (en página web: http://www.securitycornermexico.com). Como afirman Pradilla & Sodi: "De acuerdo con un diagnóstico de la Secretaría de Desarrollo Social del GDF [...] con 10 colonias de alta conflictividad social, Iztapalapa es la delegación situada a la cabeza [...] algunas de las colonias más conflictivas son Desarrollo Urbano Quetzacóatl y San Miguel Teotongo" (2006: 223).

2. LA UNIÓN DE COLONOS Y EL DERECHO A LA CIUDAD: ENTRE EL *TEQUIO*, "EL PARTIDO" (PRD) Y LOS DONES ESTATALES (Y FEDERALES)

La población y su organización social

El principal objetivo de este capítulo es dar cuenta de la organización socio-política que se ha producido en la colonia San Miguel Teotongo entre principios de la década de 1970 y la actualidad, y mostrar cómo a través de ésta los colonos se apropiaron del espacio y construyeron la infraestructura urbana. El movimiento social que han desarrollado los vecinos se encuentra inmerso en las luchas de los habitantes de los diversos asentamientos en la periferia de Ciudad de México (así como del país y de América Latina) por satisfacer sus necesidades e integrarse en la vida urbana y nacional, a través del ejercicio de sus derechos económicos y sociales. La interpretación que aquí se presenta destaca: (i) la diversidad étnica en su interior, considerando tanto la dimensión formal como informal de los grupos étnicos (Abner Cohen[80], 1974); (ii) las relaciones de género; (iii) las alianzas y conflictos que se van generando con los organismos estatales y los partidos políticos; y (iv) las luchas con los intereses privados (de los fraccionadores ilegales), problemática esta última que da inicio a los planes organizativos de los pobladores.

La trama conceptual que da unidad analítica a las siguientes páginas lo expongo en el subtítulo tres, donde presento brevemente un modelo tripartito para "leer" los espacios urbanos contemporáneos, a partir de los aportes al respecto de H. Lefebvre y M. Delgado (como también de M. De Certeau y R. Da Matta), el cual nos da luces sobre la heterogeneidad socio-espacial de la colonia, con sus continuidades y transformaciones a lo largo de los años. Esta tripartición ya la encontramos en Weber, quien en su clásico *La ciudad* (1987 [1904]: 12) diferencia entre tres niveles económicos: una "economía urbana", una "economía política" y una "economía privada" (*oikos*). Quizá estas distinciones de Weber sean el origen de la tripartición propuesta por Polanyi (2006 [1944]), respecto a las formas de intercambio e

---

[80] Escribo completo el nombre de este autor a lo largo de la tesis para poder distinguirlo de Anthony Cohen, otro de los expertos en etnicidad urbana.

integración social, entre, respectivamente, intercambio de mercado: movimientos que tienen lugar entre manos en el sistema mercantil, requiriendo de un mecanismo de formación de precios; redistribución: movimientos de apropiación hacia un centro social (élite) y luego hacia la periferia o base social; y reciprocidad: movimientos entre agrupamientos simétricos. En esta misma lógica, Descola (2001 [1973]) distingue entre tres modos de relación: rapacidad (vínculo predatorio y vengativo), protección (nexo asimétrico pero mutuamente beneficioso) y reciprocidad (equivalencia   homeostática).

Formación y apogeo de la UCSMT: la lucha por la apropiación del espacio y la obtención de los servicios básicos

Ante la falta de servicios en la zona, la "clandestinidad" de los fraccionadores y comerciantes (dueños de las "pipas" de agua, de los materiales de construcción, etc.), provenientes desde el colindante municipio de Los Reyes La Paz en el Estado de México, y la irregularidad en la propiedad de la tierra, parte importante de sus primeros vecinos se organizaron en la Unión de Colonos San Miguel Teotongo (UCSMT), asociación civil que se crea en 1975 con una mesa directiva presidida por Margarito Montiel. La UCSMT surgió como parte del movimiento urbano popular que se generó en la década de 1970, y que se organiza en el país en 1980-1981 a través de la Coordinadora Nacional del Movimiento Urbano Popular (CONAMUP) con objeto de enfrentar los problemas propios de la periferia de las grandes ciudades mexicanas (Sevilla, 1993). Esta lucha de los colonos tuvo "un período de excepcional unidad" entre 1981 y 1986 (Moctezuma, 1999) y la UCSMT adquirió un protagonismo regional y nacional, fundándose en San Miguel Teotongo la Coordinadora Regional del Valle de México de la CONAMUP en 1981. Pocos años después, en 1987, se formó en el Distrito Federal la Unión Popular Revolucionaria Emiliano Zapata (UPREZ, la que deriva de la CONAMUP), a la que se afilió también la UCSMT.

La UCSMT, a través de su Grupo Promotor, se dedicó inicialmente a investigar la verdadera situación jurisdiccional y de propiedad de los terrenos de la colonia, y se propuso como primeros objetivos: (i) que los colonos no pagaran las cuotas de los lotes para vivienda hasta que se aclarara su situación jurídica; (ii) celebrar asambleas abiertas en las cuales entregar información y discutir los problemas existentes; (iii) realizar un censo para conocer la población y las condiciones socio-económicas de los vecinos en 1975; y (iv) editar un boletín como órgano informativo al que se tuviera acceso más allá de las asambleas (Navarro & Moctezuma, 1989: 190-191). Guadalupe (mixteco, 58 años) recuerda esta organización social vinculándola con el *tequio* característico de los pueblos de Oaxaca:

> "en aquel entonces la lucha fue dura contra los fraccionadores, fue cuando se suspendieron todos los pagos de los terrenos, eso era ejido, del estado [de México], y a partir de ahí me simpatizó participar en la Unión y empezamos a luchar por las escuelas [...] todos los vecinos participaban, de ahí mismo se cooperaba, se mandaba a traer algo para almorzar, para comer, para beber, y así se fue haciendo esta colonia, y esto lo traíamos ya de Neza[81] porque Neza igual así empezó, ahí en el rumbo, en el distrito de Oaxaca se le llama *tequio*, allá anuncian, por medio del sonido, a tal hora se va a llevar a cabo un trabajo, y todos tempranito ahí están, y es un trabajo voluntario, comunitario, es decir no pago, yo lo tomo así, el trabajo que estamos haciendo acá, es como si fuera un *tequio*, a beneficio de la comunidad".

La calle Unión de Colonos señala la presencia de la UCSMT

El *tequio* es el trabajo colectivo que cada miembro de una comunidad mixteca debe aportar desde que cumple los 18 años. Representa la labor concreta, de interés

---

[81] Muchos de sus habitantes llegaron en una primera instancia a rentar recámaras a ciudad Nezahualcóyotl (Estado de México), para en un segundo momento adquirir un sitio en la naciente colonia San Miguel Teotongo de la década de los años setenta.

común, y es la manifestación del principio de la *guesa* o *guetza* (en zapoteco *guelaguetza*), esto es, de la ayuda mutua. Este trabajo cooperativo es descrito por Leonor (mixteca, 68 años):

> "teníamos que hacer faena, porque cuando nosotros llegamos no teníamos calles, acá en la esquinita había una barda grandísima de piedra, de esta manzana éramos cuatro los que vivíamos aquí, los terrenos ya estaban vendidos pero no se venían, entonces mi esposo y un tío dicen 'vamos a abrir la calle', entre mi esposo y los cuatro que vivíamos aquí hicimos la calle, entonces entre los vecinos siempre nos apoyábamos para hacer las calles porque no teníamos ningún servicio [...] allá en mi pueblo es lo mismo, allá le llaman *tequio*, allá salen a avisar que se va a hacer una limpieza en las calles y ya toda la gente se va a hacer la limpieza también, es lo mismo".

A estas prácticas se refieren Duhau & Giglia (2008) cuando afirman que en las colonias populares las construcciones se suelen desarrollar de acuerdo con un saber empírico ajeno al orden urbano formal, organizándose las acciones vecinales en términos de una urbanidad de usos y costumbres que responden a reglas de convivencia. Predio, agua, luz y transportes fueron los servicios que motivaron las primeras movilizaciones colectivas. Como afirma Juan Pablo (otomí, 65 años):

> "lo del agua era lo que más urgía en ese tiempo, y lo de la luz que tampoco había, y de esa manera fuimos logrando que se tuviera todo, lo mismo el transporte, y cuando a los del transporte se les ocurría por cualquier cosa subir el transporte, entonces la Unión de Colonos actuaba, paraba el transporte, nos poníamos a parar los carros y a encerrarlos en el local de la Unión de Colonos para dialogar con los misioneros y ya, se llegaba a algún arreglo con ellos y la delegación para que respetaran el precio del transporte, no fuera ni muy barato ni muy caro, se basaba siempre la Unión de Colonos en los que menos tenían, el sueldo mínimo por ejemplo".

Al capital cultural[82] de los inmigrantes (chocholtecos, mixtecos, náhuatl, otomíes, zapotecos, mixes, entre otros) se unió el conocimiento técnico de estudiantes de economía y arquitectura de la Universidad Nacional Autónoma de México (UNAM), así como la experiencia del abogado Alfonso Cortés, quien ya había realizado trabajo de base; tanto él como algunos estudiantes venían de apoyar a los vecinos de la colonia Ajusco, en el Distrito Federal. Todos se reúnen entonces con el objetivo de ir creando la infraestructura y los servicios urbanos básicos. El espacio de la futura colonia San Miguel Teotongo era aún rural y vivía una situación de "vacío de poder". Moctezuma (*op. cit.*), quien participó como estudiante de la UNAM en esta

---

[82] El "capital cultural" se refiere al conjunto de conocimientos de un grupo social o sujeto. Entiendo aquí, de acuerdo con Bourdieu (1997), que el conocimiento varía dependiendo de la trayectoria y la posición social en que se encuentre un individuo.

lucha por los servicios, afirma que en la década de 1970 había una sensación de cambios (económicos, políticos y culturales) en la ciudad y el país:

"Estaba madurando algo inédito en un México que dejaba de ser rural y buscaba afanosamente un camino propio, con un modelo de desarrollo en crisis[83], un régimen de Partido de Estado que comenzaba ya a agotarse cuestionado por el fantasma de Tlatelolco [el homicidio de estudiantes el 2 de octubre de 1968 en la plaza de Tlatelolco o plaza de las tres culturas], un crecimiento poblacional enorme concentrado en las ciudades, los primeros brotes de mujeres insumisas [...], un momento de estancamiento de las expectativas de mejoramiento social para los trabajadores urbanos posterior al auge del desarrollo estabilizador. [...] Se vivían ensayos de nuevas relaciones sociales" (1999: 47-48).

En un primer momento se tuvo que solicitar a las instituciones estatales la definición de los límites territoriales, pues el área carecía de adscripción jurisdiccional. Al respecto señala Juan Manuel (mestizo, 57 años, profesor):

"resulta que la delegación [Iztapalapa] decía que esta colonia no era del Distrito Federal, que era del Estado de México, y teníamos serios problemas jurídicos, hasta que por fin se logró el reconocimiento del Distrito Federal, para poderla servir de servicios urbanos, y se empezaron a hacer los primeros estudios, la delegación decía que no se podía instalar el agua, que era un cerro, y que era muy alto, se hizo otra vez un estudio de equipamiento urbano en 1981-82 [ya el Grupo Promotor había hecho un censo en 1975], para poder comprobarle al gobierno de la ciudad que era factible colocar el sistema de bombeo, se demostró que sí era factible [...] se hizo un trabajo formidable y he aquí la colonia, pavimentada, con todos los servicios, una colonia moderna".

Esta situación implicó un conflicto de intereses. La existencia de dos líderes entre los fraccionadores ilegales o "clandestinos" (al generar una relación de lealtad con sus clientes), habrían formado dos bandos entre los colonos: uno mayoritario, que prefería que la zona fuera integrada al Distrito Federal, y quienes esperaban que la nueva colonia fuera confirmada como territorio adscrito al Estado de México: el grupo de colonos vinculado al Partido Revolucionario Institucional (PRI). Al respecto, dice la señora Reina (mestiza, 60 años):

"Los priístas empezaron a dividir a la gente, se convencieron a algunos que fueron pioneros de la Unión de colonos, eso fue un conflicto, pero no tienen ni voz ni voto aquí, hasta ahora cualquier cosa que se tiene que hacer es en la Unión [UCSMT]".

En los términos de R. Bartra (1978), el partido de gobierno en aquellos años, el PRI,

---

[83] El modelo del Estado de bienestar entraba ya en declive, profundizándose a fines de la década de los ochenta con la implementación en el país del ajuste estructural, haciéndose posible la venta privada y el alquiler de las tierras ejidales, el fin de los programas de protección al campo, la flexibilización de los contratos colectivos, etc., políticas características de un Estado neoliberal (Adler-Lomnitz *et al.*, 2004: 281-282).

actuando de acuerdo a su característico sistema de poder, quiso generar una "estructura de mediación" entre los colonos y el partido. Esta estructura consiste en que un "hombre fuerte", un cacique, caudillo y/o presidente priísta, logra el apoyo de las bases sociales: el "bonapartismo" o "cesarismo" mexicano. Se desarrollo, como señala Bartra, "un doble juego político":

> "el populismo que satisface parcialmente las demandas [sociales] y la defensa de los intereses de la gran burguesía [...] Ambas facetas de este juego político tienen profundas raíces históricas: el populismo extrae de la revolución zapatista [1910-1917] sus consignas y de las reformas cardenistas [1934-1940] obtiene su realidad; y los intereses capitalistas [...] arrancan de la defensa a la propiedad privada de los liberales y se consolidan en la política de Miguel Alemán [1946-1952]" (op. cit.: 26-27).

Este "cesarismo democrático" se quiso instaurar primero a través de Manuel Urbano, el líder priísta en la colonia, y después por la vía de integrar al líder de la UCSMT a la red de lealtades partidistas[84]. De hecho, el Grupo Promotor de la UCSMT desconoció en 1975 el liderazgo de Manuel Urbano, aliado de los fraccionadores, quienes gozaban del apoyo de las autoridades del municipio de La Paz, así como con la pasividad del gobierno de la Delegación Iztapalapa. Como vemos, en esta lucha por la apropiación del espacio se enfrentaron intereses contrapuestos (fraccionadores/priístas v/s colonos/Unión de Colonos), develando el espacio su dimensión política, y no sólo neutra y objetiva. Como afirma Lefebvre:

> "Se hace patente que hoy en día el espacio es político [...] siempre ha sido político y estratégico [...] porque este espacio que parece homogéneo [...] es un producto social. La producción del espacio se la adjudican grupos particulares que se apropian del espacio para administrarlo, para explotarlo. [...] Los capitales privados buscan [...] insertar del todo la tierra y el hábitat en el intercambio y el mercado [versus] al usuario, al habitante" (1976 [1972]: 46-47 y 52-53).

Durante sus primeros tres años se implementó en la UCSMT una dinámica de trabajo horizontal y participativo. Entre 1978 y 1981 en cambio se verticalizó la estructura de la organización, quedando conformada por el presidente y la mesa directiva arriba y los representantes de sección (consejo) y la asamblea constitutiva (todos los participantes en la UCSMT) abajo, en una forma tipo pirámide,

---

[84] Afirma Paré que el proceso de cacicazgo en vez de iniciarse a partir de un miembro del partido, podía darse a la inversa, utilizando a los líderes populares de las localidades "que, paulatinamente, a cambio de defender los intereses del capital son corrompidos políticamente e iniciados a los secretos de la acumulación" (1978: 37). Al respecto, ver también Gledhill, 2000 [1999], especialmente pp. 176-190.

generándose "un liderazgo autoritario [...] Margarito Montiel, asesorado por la Delegación Iztapalapa comenzó a adoptar rasgos caciquiles [...], un cacique urbano" (Moctezuma, *op.cit.*: 68). Respecto a estos caciques de fines del siglo XX, Paré demostró, en un texto de 1978, que aunque la Revolución mexicana haya,

> "momentáneamente vencido a los caciques [...] no ha destruido el caciquismo [...] un nuevo estilo de caciquismo [...] una forma de control político [...] característica de un período en que el capitalismo penetra modos de producción no capitalistas. Durante este período el poder tradicional [...] la comunidad, tiende a desintegrarse [...] a favor de una persona o grupo de personas que son los principales agentes de la penetración capitalista [...] El resultado es una centralización del poder político y la eliminación de la participación popular en la vida política" (*op. cit.*: 31-36)[85].

Esta estructura piramidal (jerárquica, que predominó hasta 1982) fue un "dato cultural" en la política mexicana hasta, al menos, finales del siglo XX. Al respecto explica Adler-Lomnitz *et al*:

> "Cualquier individuo [...] está inserto en una red de relaciones personales con las que, al menos potencialmente, realiza intercambios [...] que pueden ser horizontales o verticales, dependiendo de la distancia social que medie entre él/ella y su contraparte. [...] Cada persona representa un 'nodo' en el entramado social, disponiendo en la dimensión horizontal de amigos y parientes con el mismo nivel jerárquico y, en la dimensión vertical, de inferiores de los que es patrón y un superior del que es cliente [...] La lealtad vertical como dato cultural era la relación característica y permanente del sistema político mexicano. La lealtad es el código ético correspondiente a un tipo específico de relaciones sociales establecidas para el intercambio informal de recursos" (*op. cit.*: 26-27).

En 1982 la UCSMT, encabezada ahora por el maestro Emilio Rodríguez se democratiza y descentraliza, cambiando su estructura de vertical a horizontal: se eligió un consejo integrado por 48 miembros (con tres integrantes por cada una de las 16 comisiones[86]) y un representante por comisión en cada sección. De acuerdo a

---

[85] Al respecto, destaca Cornelius que la "lucha contra el caciquismo", tanto en el medio rural como en el urbano, fue un tema persistente en la retórica del presidente Luis Echeverría y del presidente del PRI, Jesús Reyes Heroles, a partir de 1972. Ambos discursos tenían la intención de contrarrestar o incluso cambiar la tendencia que se estaba manifestando en México hacia un mayor abstencionismo e incluso de una creciente hostilidad de la población hacia la política nacional (1986 [1975]: 179).

[86] En la organización a través de comisiones también se encuentra un rasgo cultural tradicional de la mixteca. Estas "obligaciones" las describe Casilda (mixteca, 34 años): "Ya cuando hay un adolescente en la familia, a los 18 años, empieza como policía, y le dan cierto tiempo, creo que son de tres meses, 'tu obligación va a ser venir a cuidar los días de fiesta', o los fines de semana, termina como policía y hay otro, 'y vas a hacer esto', se van turnando, para que todos los del pueblo pasen por todos los cargos que tengan, hay comisiones, y la comisión se integra por seis personas, ahí van los mayores o que saben leer y escribir".

Moctezuma, la anterior estructura en forma de pirámide, "entró en crisis al ser influido su presidente por la cultura política dominante" (*op. cit.*: 117) y se distribuye el poder entre los colonos participantes de las asambleas. O en términos de Cornelius:

"Quizás la amenaza más fundamental para la persistencia de un cacicazgo urbano -en especial, de uno situado en un asentamiento precario- surge a medida que la comunidad local empieza a desarrollar un conjunto más complejo de relaciones sociales, económicas y políticas con el ambiente que la rodea y se integra más completamente dentro de la estructura física de la ciudad [...] A medida que los residentes individuales se familiarizan más con el ambiente de la sociedad urbana y del sistema político que predomina en la misma, ocurrirán más contactos directos, sin ningún intermediario. [...] Por lo tanto, lo más conveniente es considerar al caciquismo urbano como un fenómeno transitorio" (*op. cit.*: 178-179).

Vemos que hay una permanente dialéctica en el desarrollo de la UCSMT entre procesos comunitarios y otros más bien asociativos, o, como señalara Dumont, entre el *Homo aequalis* (1982 [1977]) o igualitario y el *Homo hierarchicus* o jerárquico (1970 [1967]). Respecto a esta organización del tipo *homo aequalis*, se recuerda con especial reconocimiento en la colonia al "maestro Emilio". Este licenciado en filosofía fue uno de los líderes durante los años ochenta, reemplazando en la presidencia de la UCSMT en 1981 a Margarito Montiel, quien decide incorporarse al PRI. La señora Lucina (mestiza, 72 años) recuerda a este nuevo dirigente, vinculándolo a su vez a la figura histórica de Emiliano Zapata -y los ideales de la Revolución Mexicana-, a quien reconoce como el líder moral de la lucha en la colonia:

"después entró un maestro de la universidad y nos enseñó que esto eran terrenos comunales y ejidales, y que por lo tanto no teníamos porqué pagarles a los fraccionadores, porque la tierra es de quien la trabaja y de quien la habita [...] siempre llevamos el emblema de Emiliano Zapata, porque fue una persona que le quitó a los terratenientes la tierra para dársela a los campesinos, a la gente que vive en la ciudad que no tiene una vivienda digna".

La estatua de Emiliano Zapata en la plaza cívica

De hecho, la plaza cívica de la colonia -el "centro simbólico", de acuerdo a la conceptualización de Lefebvre (*op. cit.*: 69)-, que se encuentra a dos cuadras del local de la UCSMT, tiene una estatua de Emiliano Zapata[87] ubicada junto al escenario para los actos públicos. Es que los monumentos, como revela este autor: "proyectan sobre el terreno una concepción del mundo [...] En el seno, a veces en el propio corazón de un espacio en el que se reconocen y se trivializan los rasgos de la sociedad, los monumentos enuncian una trascendencia, un 'allá'. Los monumentos han sido siempre utópicos, afirmando [...] tanto el deber como el poder, el saber como la alegría y la esperanza" (1983 [1970]: 28). Desde el inicio, la organización tendía a darse espontáneamente en varias de las secciones que se empezaban a habitar, sin embargo la UCSMT logró reunir a todos los vecinos en un trabajo conjunto, especialmente a partir de los 80'. Al respecto, Roberto (mestizo, 57 años) señala:

---

[87] Esta presencia simbólica de Emiliano Zapata destaca el proyecto alternativo, no priísta, que seguía el movimiento social en la colonia. Al respecto, afirma Bonfil: "El único proyecto que en algún momento tuvo la posibilidad de convertirse en proyecto nacional alternativo [...] fue el que postuló el movimiento encabezado por Emiliano Zapata. La defensa de los pueblos [...] le otorgan al movimiento zapatista un lugar especial, diferente, dentro de las corrientes que conformaron la Revolución mexicana [...] sin negar los méritos de los mejores momentos de la Revolución hecha gobierno, como el periodo cardenista" (*op. cit.*: 105).

"ahí comenzamos, al ver las necesidades de la zona, para eso nos empezamos a unir varios vecinos que aquí hicimos un comité, 'Luz y fuerza', éramos una comisión de cinco personas, y alcanzamos a lograr que nos metieran los postes [...] y después ya estando yo con los compañeros de la Unión [de colonos SMT], porque este grupito de cinco no sabíamos nada, entonces ya vino un compañero a invitarnos, que nos uniéramos, entonces empezamos ya a luchar por toda la colonia, ya no por esta zona, eran unos compañeros que venían de la parte baja [...] nos íbamos a cada sección, estaba dividida en 18 secciones la colonia, toda la gente se reunía en un cuartito pequeño de la Unión de Colonos que ahorita está grande, ahí hacíamos nuestras juntas cada ocho días, eran los sábados, yo no te puedo decir que estuve en todas las luchas que hubo pos mi trabajo no me lo permitía, salía yo a las doce, a la una, a esa hora me dedicaba a irme para allá, a continuar la lucha, como que ya te llama la lucha, y más que nada yo lo veía con la finalidad que se fuera esto para arriba, que tuviéramos todos los servicios".

La reivindicación del derecho a la ciudad y a la vida urbana

Organizada la UCSMT en 16 comisiones temáticas y a través de un comité por cada sección (conformado por un representante de sección y jefes de manzana), y logrados los servicios de luz, agua y transporte, además de estar reconocida la colonia como parte del Distrito Federal, la UCSMT planeó la creación de lugares públicos. Las primeras acciones fueron dirigidas hacia la construcción de escuelas y centros de salud. La señora Leonor (mixteca, 68 años) recuerda la creación de una de las primeras escuelas y del primer centro de salud:

"Cuando mi hija la mayor creció daban clases en las calles, acá al frente estaba un terreno baldío, estaba un pirúl grandísimo y ahí venían los niños a tomar clases, cada quien llevaba su sillita y ahí daban clases, ya después los que tenían un cuartito que no lo ocuparan, ya lo prestaban y allá daban clases, ya se fue poblando más la colonia, ya no cabían los niños, daban clases donde se pudiera, y ya después cuando López Portillo [1976-1982] vino a hacer su campaña nos fuimos a unas casitas a pedir una escuela, donde está la "Razón y fuerza", la escuela que está junto al local [de la UCSMT], ése era un terreno grandísimo también, entonces ese terreno lo agarramos para que se hiciera la escuela, y ya empezamos a hacer un local grandísimo de láminas de cartón y cooperábamos con lo que pudiéramos [...] El centro de salud es el que está allá en calle Durazno, sección Lomas, ya cooperábamos también y ya se fue haciendo el centro de salud [Ixchel], fue el primerito, ya después se hizo el que está acá en La Cruz".

La escuela "Tierra y Libertad", recordando la lucha social

Con el paso de los años se ampliaron las expectativas con respecto a los lugares públicos. Como señala Juan Pablo (otomí, 65 años):

"la construcción del museo y un parque ecológico, porque como los terrenos eran baldíos entró la Unión de Colonos para que no se hicieran viviendas ahí, sino que se conservaran para que en un futuro fuera un parque ecológico y se construyera un museo o un centro de salud, y que con el paso del tiempo se logró, fue un acontecimiento fuerte porque entró la 'montada', la policía, y pos sí hubo represión[88] contra la Unión de Colonos, pero finalmente se logró el objetivo".

Así, esta lucha por el espacio se extendió a las áreas verdes, las que habían quedado fuera de los lotes de compra-venta para vivienda. Aún hoy estas áreas, así como los sitios donde han construido centros culturales y deportivos (como también mercados), son defendidas de los "paracaidistas", grupos que llegan con intenciones de hacer sus propias viviendas y quedarse a residir en la colonia. Se trata de la "neutralización del espacio no edificado", destinado por la planeación de los vecinos a conservarse (o a construirse) como espacios naturales, pues "no cabe ciudad ni

---

[88] Desde 1977 las autoridades de Iztapalapa otorgaron el control policial de la colonia al Batallón de Radio Patrullas del Estado de México (BARAPEM), generalizándose la represión hacia los movimientos sociales urbanos (Moctezuma, *op. cit.*: 77-78).

espacio urbano sin imitación de la naturaleza [...] sin evocación del bosque [...] la u-
topía de la naturaleza" (Lefebvre, *ibid*: 32). Tampoco a los vecinos antiguos se les
permite construir sobre áreas verdes; como dice José Luis (mestizo, 40 años, actual
líder de la UCSMT):

> "En San Miguel Teotongo la Unión de Colonos ha tomado el poder por su propia mano, y
> ha llevado a cabo un proceso de planeación urbana, más allá del gobierno [federal] e
> incluso a costa del gobierno, porque nuestro gobierno ha sido corrupto, entonces se ha
> evitado que las áreas de equipamiento urbano se puedan poblar, partimos de la idea de
> que para que una población se desarrolle adecuadamente necesita ciertos servicios,
> áreas verdes, parques, entonces donde no hay espacios para construirlos es una colonia
> que va a estar enferma, ahorita tenemos la esperanza de que a nuestros nietos ya les
> toque tener buenos parques y centros culturales acá, pero en otros lugares jamás los
> van a tener, pero sí hemos tenido que ser duros, si la Unión hubiera sido flexible desde
> un principio ya no tendríamos áreas verdes, la Unión ha sido dura hasta con sus propios
> compañeros, si un compañero va y toma un pedazo de área verde y empieza a construir,
> a ese cuate lo sacan de la Unión, no tenemos alternativa [...] en San Miguel ha habido
> planeación".

Por su parte, las mujeres, junto con hacerse cargo de la salud (se construyeron
cuatro centros de salud) y nutrición (se crearon cinco cocinas populares)[89] de sus
hijos, así como de luchar por guarderías, demandaron a través de la comisión
"mujeres en lucha", a principios de la década de los ochenta, un cambio en las
relaciones entre hombres y mujeres, tanto en el espacio privado como público[90]. Se
deslegitima la violencia intra-familiar y reivindican las separaciones una vez que las
relaciones de pareja dejaban de ser mutuamente deseadas. Asimismo, se defiende
su acceso al estatus de dirigentes sociales. De este modo las mujeres sumaban a la
"lucha de clases" el factor de género. Como ilustra el testimonio de Antonia (mestiza,
53 años):

> "nosotras como mujeres agarramos un radicalismo hacia el hombre, entonces hicimos
> 'mujeres en lucha', en ese tiempo muchas parejas se dejaban porque la mujer ya no se
> dejaba, hacían su vida con otras personas de la misma mentalidad de no golpes a la
> mujer, a sus hijos, que no llegaran los maridos borrachos, así que también agarrábamos

---

[89] En el Consejo de la UCSMT del día lunes 12 de febrero de 2007 se discute que "en la sección
Acorralado hay una bronca". Uno de los participantes informa que hubo una reunión de 80 personas
pero que "son como cinco los que están duro" y que pertenecen al PRI. Este grupo está exigiendo que
en el espacio actualmente ocupado por la cocina se instale un kínder o un centro para la tercera edad.
Se interpreta que "es una estrategia para que salgan los compañeros de los espacios y la delegación
[dirigida por la fracción de la "nueva izquierda" en el PRD, y no por el sector liderado por López
Obrador] se quede con todo", negándose el Consejo "a dejar un espacio donde se erradicó la
desnutrición y que a las mujeres nos costó desvelos y llantos" (notas en diario de campo).

[90] Para una investigación antropológica sobre el machismo contemporáneo en Ciudad de México
(específicamente en la colonia Santo Domingo, Delegación Coyoacán), ver Gutmann, 2000.

las riendas nosotras, 'si te pegan, le pegamos', ya nos quedamos con personas que nos gustaba andar en lo mismo, en la lucha".

Vemos así que en las diversas manifestaciones de la lucha de la UCSMT encontramos la noción de *societas*, es decir, un grupo de individuos que voluntariamente se juntan para formar un grupo por medio de normas iguales para todos, en que priman los valores de libertad e igualdad, en el cual la posibilidad de elección se considera uno de sus derechos fundamentales, y donde son estos "socios" quienes crean las reglas del mundo en que viven (Da Matta, 2002 [1997]: 230-231). Otra de las comisiones se denominó "de honor y justicia" (ésta fue la comisión más destacada por los entrevistados), la cual recusaba todo tipo de abusos y delitos, en los hogares o en las calles; sus miembros resolvían litigios interpersonales y decidían las penas a cumplir[91]. Continúa Antonia:

> "se acordaba en la Unión que los compañeros no les pegaran a las compañeras, por ejemplo acá a una compañera le pegó su esposo, su esposo a cada rato le pegaba en su casa, entonces su hija entró y amenazó a su papá, agarró un cuchillo también y lo amenazó, entonces ya cuando se sale encontró a compañeras, 'saben qué, mi papá le está pegando a mi mamá', ya fueron por él todas las compañeras y lo trajeron, lo encerramos ahí en un local que teníamos y también le pegaron las compañeras al compañero, para que sintiera lo que se sentía pegarle po', y ya santo remedio, ya no le volvió a golpear [...] a otro que violó lo agarraron y lo encueraron en el pirúl [árbol que hay en la sede de la Unión] también, los amarraban a los que hacían algo y los exhibían [...] si alguien robaba lo agarraban y lo exhibían en toda la colonia[92], en las calles, desprestigiarlo de que era ratero, con eso también se quitaba la delincuencia po'".

Eustolia (mixteca, 61 años, profesora) destaca también el problema del alcoholismo, el que era incentivado por las pulquerías clandestinas:

> "A mí todavía me tocó cuando llegué que había muchas pulquerías y ahí andaban los señores todos pálidos con sus pulques, nada más que la Unión [UCSMT] luchó por cerrar esos centros de vicio, ellos hacían la justicia, si había un violador ellos mismos hacían justicia, muy bonito, si había problemas en los matrimonios, ellos pusieron un consejo, que ese matrimonio se uniera, no terminara mal, hasta les daban sus buenas al señor cuando sentaba cabeza, muy bonita se hacía la justicia, como no entraba la delegación, bueno pos aquí mismo la gente se organizaba, el consejo llevaba todo".

El excesivo consumo de alcohol se asocia con la enfermedad física y social, con la

---

[91] Este fenómeno se ha producido tanto en países desarrollados como en vías de desarrollo. En las barriadas de las metrópolis han surgido formas de reglamentación y solución de conflictos, al margen de las legislaciones vigentes: un "derecho alternativo", con sus propios "tribunales" y procedimientos, debido a que el aparato formal de administración de justicia es lento, ineficiente y costoso. Ver Stavenhagen, 2000, entre otros.

[92] Ilustrativamente, señala Moctezuma: "Un ejemplo de ello fue el individuo que fue paseado por la colonia con un letrero: 'yo violé a mi nieta'" (1999: 162).

violación de las normas: el golpeador, el violador, el ladrón y el alcohólico son las categorías usadas para las acciones no deseables. La sociedad local emergente de los años setenta intenta preservarse a sí misma poniendo límites a las conductas transgresoras, y la primera acción condenatoria era amarrarlos al mayor signo unívoco de cohesión social: el árbol de la UCSMT, el pirúl, el centro público, el eje social, el lugar de las reuniones, exhibiéndolo como un "otro", excluyéndolo (momentáneamente) de la matriz social: "lo agarraron y lo encueraron en el pirúl [...] los amarraban a los que hacían algo y los exhibían". Esta dramatización de la acción de la justicia local generaba a veces que el transgresor/penado emigrara de la colonia. La señora Nicomedes (mixteca, 66 años) concuerda en que el alcoholismo[93], al menos el visible, ha bajado en los últimos años, sin embargo no habría ocurrido lo mismo con las bandas de adolescentes que consumen drogas y tienden a delinquir:

> "el vicio de tomar como que ha bajado, pero el otro ha subido, la droga, la marihuana, ya ahorita no ve tanto en la calle los señores con su botella, o que anden ahí gritando, caminando de lado ya no, ahora se ven los jóvenes, grupitos de seis personas, luego se juntan hasta cuatro, andan unos por aquí, otros por allá, y así andan viendo a ver qué les quitan a la gente, hay unos que conoce uno, pero los otros quién sabe, jovencitos, de 18, 17, 15, ni la secundaria terminan".

A mediados de la década de 1980 la UCSMT, apoyada por la Brigada del Movimiento Urbano Popular de la Organización de Izquierda Revolucionaria-Línea de Masas, está en su apogeo, representando una forma de gobierno local, un auto-gobierno. Al respecto, recuerda Juan Pablo (otomí, 65 años):

> "y en ese tiempo llegamos a tener el control en la colonia, había comités, son 18 secciones, en cada sección había un comité, y cada una de las personas tenía una comisión, había salud, escrituración, del agua, honor y justicia, sindical, entonces nos reuníamos entre semana, había que ir a la Delegación Iztapalapa cuando se trataba de ir a ver las cosas con el delegado, entonces si íbamos dos gentes de cada comité ya éramos 32 gentes, entonces se dialogaba con las autoridades, y si acaso íbamos dos o tres veces y no nos hacían caso, citábamos a una asamblea general para hacer un mitin, un movimiento allá en la delegación para presionar y nos resolvieran los problemas".

Los colonos han dado pues su propia lucha por lo que Lefebvre ha denominado como el "derecho a la ciudad", concepto que va más allá de la configuración del

---

[93] Pese a haber disminuido en la percepción de los habitantes con respecto a los años iniciales de la colonia, el alcoholismo sigue siendo un problema cotidiano en los espacios domésticos. Durante el trabajo de campo, no pude entrevistar a tres señoras, debido a que sus maridos no se lo permitieron. Al verlas días después de la cita no lograda, en el local de la UCSMT, cada una de ellas se me acercó y me explicó (avergonzadas) que sus maridos, alcohólicos, no las habían dejado realizar la entrevista.

espacio público como meramente espacio vial, rasgo característico del contexto urbano de las colonias populares (Duhau & Giglia, *op. cit.*: 128). Explica Lefebvre que el derecho a la ciudad es la posibilidad de la reunión, de la simultaneidad, de participación, de un lugar/momento en que se produzca un intercambio de ideas, bienes y servicios entendidos éstos en su dimensión de valor de uso. Es el derecho individual al encuentro a través del cual se satisface la necesidad/deseo de información e imaginación, de actividad creadora. En sus propias palabras:

> "significa el derecho de los ciudadanos [...] y de los grupos que ellos constituyen (sobre la base de las relaciones sociales) a figurar en todas las redes y circuitos de comunicación, de información, de intercambios [...] lugares y objetos deben responder a determinadas 'necesidades' [...]: la 'necesidad' de vida social y de un centro [...] El derecho a la ciudad significa, por tanto, la constitución o la reconstitución de una unidad espacio-temporal, de una unión en vez de una fragmentación. No elimina en absoluto las confrontaciones y las luchas [...] Dicha unidad podría adoptar diferentes nombres [...]: el sujeto [...]; la realización [...]; la vida; el binomio 'seguridad-dicha' [...] en tanto que finalidad y sentido de la *polis*" (1976 [1972]: 19-20).

Y en otro texto concluye Lefebvre: "El derecho a la ciudad se manifiesta como forma superior de los derechos: el derecho a la libertad, a la individualización en la socialización, al hábitat y al habitar. El derecho a la *obra* (a la actividad participante) y el derecho a la *apropiación* (muy diferente del derecho a la propiedad) están imbricados en el derecho a la ciudad" (1978 [1968]: 159). Distingue este autor entre el "hábitat" y el "habitar", o entre la ciudad y lo urbano, la ciudad estructurada y la ciudad efímera: en la primera predomina el espacio, la estructura, la propiedad, y en la segunda el tiempo, lo estructurante, la apropiación (*ibid*: 156-157). La UCSMT representa un tercer espacio/centro, el "centro político" local (Lefebvre, *ibid*), el espacio de la información y las decisiones, o en palabras de Delgado, el "espacio político", la *polis*. Desde aquí se piensa cómo apropiarse del espacio urbano, cómo transformar la ciudad a través de la obra conjunta. José Luis (mestizo, 40 años) lo expresa de la siguiente manera:

> "nosotros sentimos que en la Unión somos como un gobierno en la colonia, porque hemos tenido la capacidad de construir nuestras propias políticas públicas, micro, hemos construido nuestra propia política de salud, tenemos cuatro centros de salud, comunitarios, tenemos nuestra política de medio ambiente, en la que hemos logrado producir plantas nativas de la región, de la reserva ecológica [...] hemos generado proyectos que capacitan para el empleo, si vas al centro social y cultural Emiliano Zapata [a un costado de la plaza cívica], puedes ver el taller de estética, también hemos impulsado promotores de salud, hemos hecho ferias de empleo con empresarios que

ofrecen el trabajo a la gente"[94].

Esta alianza espontánea entre la UCSMT y la acción colectiva de los colonos se prolongó hasta 1992-1993, momentos en que se produjo un repliegue de los vecinos hacia sus propios barrios y hogares, hacia el *oikos*, el que muchas veces había quedado en un segundo plano ante la lucha compartida. Recién en estos años se resolvieron los temas de las escrituras, el drenaje y la pavimentación. Rufino (chocholteco, 49 años) destaca la relevancia de obtener las escrituras como principal motivo del inicio de la fragmentación del movimiento social:

> "la gente se empieza a replegar cuando ya recibe sus escrituras, el 92'-93', ya la gente dice 'ya aseguré el patrimonio de mi familia, voy a descansar, descuidé mucho a mis hijos, ya voy a pasármelo con mi familia, y es cuando empieza el auge de replegarse con las familias".

O como dice Gloria (mestiza, 65 años), cambiaron las prioridades:

> "les hacía falta a nuestros niños la leche y no se podía comprar porque ganaban poquito los señores [...] nuestros maridos nos daban tan poquito para la comida que les teníamos que echar ganas en otras cosas, yo me iba a planchar a veces, y luego mi otro niño se iba a ayudarle a alguien, y en la tarde iba a estudiar el mayorcito, nos ayudábamos todos para que nos alcanzara, tuve seis hijos".

Polis/hábitat residencial/urbs: un modelo para "leer" hoy los espacios construidos en/de la colonia

Dada la complejidad de los espacios urbanos contemporáneos -en la "era urbana" (pos-industrial)-, Lefebvre -como vimos- sugiere realizar un análisis diferencial de éstos, distinguiendo tres "topías": (1) isotopías: espacios homólogos con funciones análogas; (2) heterotopías: espacios contrastantes, conjunto de fuerzas en tensión; y (3) utopías: emplazamientos del "en otra parte" y de lo que no tiene localización, en especial el saber y el poder (1976 [1972], 70-71). Retomando este esquema, Delgado propone una división triádica entre lo que denomina: (i) territorios socialmente determinados; (ii) espacios socialmente indeterminados; y (iii) territorios

---

[94] José Luis hace referencia a las acciones de atención social propias del Sistema de Servicios Comunitarios Integrados (SECOI), implementado por la política social perredista en el Distrito Federal. Estas medidas incluían ferias del empleo, sin embargo, el 37.8 por ciento de las vacantes ofertadas en 1999 demandaban estudios de secundaria y el 27.1 por ciento estudios técnicos, requisitos que excluían a muchos de los asistentes (Vite, 2007: 142-146).

políticamente determinados; en otras palabras: ciudad (espacio colectivo) -al que yo prefiero denominar hábitat residencial-, *urbs* (espacio público) y *polis* (espacio político). El espacio colectivo -hábitat- se caracteriza por: "una organización social institucionalizada al margen de la administración política y que conformarían las viejas *instituciones primarias* -parentesco, sistema de producción, religión" (1999: 193), esto es, "una puerta de entrada y salida entre los espacios calificados y el espacio cuantificado" (Lefebvre, cit. por Mayol, en De Certeau *et al.*: 2006 [1994]: 9), el lugar de un reconocimiento, la escenificación de la vida cotidiana, donde se llevan a cabo las prácticas culturales (Mayol, *ibid*: 5-12), versus la *urbs* o espacio público, la(s) calle(s), donde se desarrolla:

> "la acción *del público, para el público y en público*, en un espacio de reuniones basadas en la indiferencia ante las diferencias -que no ante las desigualdades- y en el contrato implícito de ayuda mutua entre solitarios que ni se conocen [...] Es posible que [...] la calle haya podido ser el escenario de la desintegración del vínculo social, del individualismo de masas [...] pero también suele ser de las emancipaciones [...] de las escapadas solitarias" (*op. cit:* 207-208).

De acuerdo a estos conceptos y esquema, podríamos concebir, "leer", el actual espacio de la colonia San Miguel Teotongo, como ocupado por:

1. Los vecindarios/barrios, que tienden a coincidir relativamente con las secciones: el espacio colectivo, el hábitat residencial;

2. Las calles -particularmente donde y cuando se establecen los tianguis- y los mercados, en especial los mercados de la sección La Cruz y de Las Torres (en la sección Mercado, cercano al local de la UCSMT), por ser los más grandes y transitados: el espacio público.

3. La Unión de Colonos: el espacio político, la *polis*, foco principal aquí de nuestra atención.

Ahora bien, a través de una observación diacrónica/sincrónica a la colonia, constatamos cómo las tres parejas de oposiciones que se generan no dejan de tener continuidades. Con respecto a la relación hábitat/espacio público (casa/calle, en los términos de Da Matta) los vecinos han "pasado" a partir de los inicios de la colonia desde formar parte del "pueblo" (o de un pueblo/etnia) en sus respectivos enclaves étnicos[95] (la sección Teotongo, como vimos en el capítulo III.1, es desde sus inicios

---

[95] Como escribiera Park sobre la Chicago de 1915: "Los procesos de segregación instauran distancias

un enclave chocholteco, y en la sección La Cruz, que es bastante más grande, la calle Nicaragua es uno de los varios espacios de concentración de mixtecos), a constituir el "público", aquel que busca su bienestar en los objetos que ofrece el consumo en el mercado (De Certeau, 2004 [1974]), transitando así de habitante/usuario a actor/consumidor sólo al cruzar un par de calles: actualmente se cuenta con tianguis durante todos los días de la semana, instalados en una u otra sección o en alguna de las colonias colindantes.

La colonia toda es una configuración de grupos étnicos y mezclas culturales, viviéndose cotidianamente una dialéctica entre el modelo multicultural de mosaico (auto-segregación espacial, de una "segregación activa", en términos de Galissot & Moulin, 1995, cit. por Schteingart, 2001) y el de crisol o *melting pot* (mestizaje cultural) (García Morán, 2001). Sin embargo, esta libertad que da a los individuos el espacio público solía ser utilizada por los colonos para "continuar la lucha", incluso después del horario laboral y en días de descanso. A través de un modelo similar al de Lefebvre y Delgado, Da Matta ilustra cómo la oposición casa/calle separa dos ámbitos sociales que se organizan tanto en la forma de una oposición binaria como en gradaciones (en un *continuum*):

> "la categoría *calle* indica básicamente el mundo, con sus imprevistos, accidentes y pasiones, mientras que *casa* remite a un universo controlado, donde las cosas están en su debido lugar. [...] En la casa [...] el parentesco y las relaciones de sangre; en la calle las relaciones tienen un carácter indeleble de elección, o implican esa posibilidad [...] La propia *calle* puede verse y manipularse como si fuera una prolongación [...] de la casa [...] tenemos '*mi (o nuestra) calle*' en oposición a la calle en general [...] la categoría calle se puede dividir en otras dos: el *centro* y la *plaza* [...] en el centro, tenemos la zona de concentración comercial [...] la plaza [...] es donde se cristalizan las construcciones básicas de la vida social de la comunidad: la iglesia (que representa la línea del poder religioso) y el Palacio de Gobierno o la Prefectura (que representa el poder político)" (*op. cit.*: 99-103).

Con respecto a los vínculos entre los espacios público (*urbs*) y político (*polis*), observamos que al ser la UCSMT una asociación cívica, la división entre estos

---

morales que convierten la ciudad en un mosaico de pequeños mundos que se tocan sin llegar a penetrarse" (cit. por Martínez, en Park, 1999 [1915]: 33). Sobre la distinción que se ha generado en los últimos años entre los conceptos de *guetto* (resultado negativo de la segregación) y enclave étnico (resultado positivo de la segregación), ver Marcuse, 2001; Peach, 2001 y Bournazou, 2008 (y décadas antes, Jacobs, 1973 [1961]). Sobre enclaves étnicos en la Ciudad de México, ver Güemes, 1983. Sobre *guettos* urbanos, ver Wacquant, 2001, además del texto clásico de Wirth, 2002 [1928]. Sobre *guettización* de la pobreza en América Latina, ver Kaztman, 2001 y Sabatini *et al.*, 2006.

ámbitos/dominios tiende a desdibujarse[96]. Como señala Delgado: "La articulación entre *polis* y *urbs* es del todo factible, siempre y cuando la primera sea consciente de su condición de mero instrumento subordinado a los procesos societarios que, sin fin, se escenifican a su alrededor, aquella sociedad pre-política que constituyen los ciudadanos y de la que la *urbs* sería la dimensión más crítica y más creativa" (*op. cit*.: 205). Esto es, la colonia estaba *politizada*, lo público tendía a unificarse con/en lo político. Finalmente, el hábitat[97] y el espacio político se encontraron durante dos décadas en una situación de complementariedad y tensión, no estando claros sus límites, pues desde el mundo privado de la casa y el barrio se apoyaban las acciones planeadas desde la UCSMT (lo que generaba a veces fricciones entre padres e hijos, por la ausencia de los primeros) y ésta a su vez intentaba satisfacer las necesidades que los vecinos tenían en su vida cotidiana. Este tejido social es el que se empieza a fragmentar desde los primeros años de 1990, debilitándose/evaporándose la sociedad, la *societas* (Alba Rico, 1995).

La integración social vía "el Partido": del combate en y por la colonia a la ciudadanía política nacional

La UCSMT como *polis* no representa en ningún caso el Estado, ni a alguna instancia dependiente del Estado. Es una asociación civil que surge precisamente en oposición (o como alternativa) al Estado-partido de los setenta, y en sus inicios contraria a cualquier instancia partidista, desconfiando de los procesos electorales; se consideraba que ésa no era la mejor forma de la sociedad civil para generar transformaciones sociales. Sin embargo, a fines de los años ochenta cambia el contexto político nacional -así como las políticas económicas, al implementarse el

---

[96] De hecho, como veremos en el capítulo III.2, el primer *tianguis* fue organizado por un integrante de la UCSMT, quien recibió el apoyo de la organización para llevar a cabo tal tarea.

[97] Hay que considerar asimismo que estos hábitats son, en los términos de Giddens (1994 [1990]), y en tanto que espacios modernos, "localidades fantasmagóricas", esto es, lugares donde se desarrollan relaciones a distancia entre personas que no están presentes, relaciones no visibles, "ocultas". Tales relaciones (especialmente telefónicas) se dan con parientes que residen desde la colonia vecina hasta ciudades en Estados Unidos, junto con los contactos periódicos que mantienen con los parientes del/en el pueblo de origen.

"ajuste estructural"- y la UCSMT decide estratégicamente aliarse (integrarse) al naciente Partido de la Revolución Democrática (PRD)[98], el partido que surge como oposición al gobierno, "el partido de los pobres". Sobre este punto, señala José Luis (mestizo, 40 años):

> "se decía que la forma era una acumulación de fuerzas de la sociedad, una gran masa organizada y que de manera casi violenta teníamos que arribar al poder, era el debate, pero ya en los años ochenta aparece el PRD y gran parte de los movimientos sociales se canalizan hacia el PRD y empiezan a decir 'no, mejor vámonos por la vía electoral', nosotros somos parte de la UPREZ [Unión Popular Revolucionaria Emiliano Zapata], esas decisiones políticas las tomamos a nivel regional en esa coordinadora, hacemos nuestros congresos cada año, y como tres años después de que el PRD apareció, se decidió integrarnos, el razonamiento fue 'vayamos a disputar los espacios de poder para incidir en las transformaciones de nuestro país', tenemos ocho años participando en esos niveles, ocho años que hemos colocado a compañeros de diputados locales, federales, tenemos una compañera [Clara Brugada] que es funcionaria en el gobierno del DF, y algunos de sus colaboradores son compañeros nuestros también".

Sin embargo, Antonia aclara que no se trata de una alianza incondicional, sino que la integración UCSMT/PRD permanecerá mientras converjan los valores, los objetivos y las prácticas de ambas instituciones. Se mantendría la autonomía de la institución civil:

> "creyeron en nosotros como organización, tiene como doce años que nos pusimos de su parte, del PRD, viendo que era el mejor partido [...] Como organización nos invitan, pero si en este momento vemos que el partido está haciendo cosas que no, pos nosotros seguimos siendo asociación civil, la asociación civil nunca ha muerto, pero apoyamos al PRD porque es el partido que más le ha dado al pueblo".

Esta interfase asociación civil/partido se encuentra muy vital hoy en día (aunque complejizada, dadas las divisiones al interior del PRD), asumiéndose tanto

---

[98] El PRD se constituyó de manera formal el 5 de mayo de 1989. Su antecedente inmediato es el Frente Democrático Nacional, el frente electoral creado para las elecciones del 6 de julio de 1988 - origen y nacimiento del PRD-, y que postuló como candidato a la presidencia de la República a Cuauhtémoc Cárdenas Solórzano, cuyo lema fue una "Ciudad para Todos". La Corriente Democrática surge al interior del partido oficial, y le plantea a la dirección del PRI la necesidad de que éste se convirtiera en un factor para impulsar el cambio de las políticas económicas así como que el partido pudiera ser un agente para democratizar la vida del país, empezando por su propia democratización. El nombre de Cuauhtémoc Cárdenas resultó especialmente simbólico al ser hijo del Presidente Lázaro Cárdenas, cuyo gobierno aumentó las dotaciones ejidales y los montos de crédito rural, impulsó la educación socialista y la construcción de infraestructura urbana. También surge en su periodo el Partido de la Revolución Mexicana (PRM) -a partir del Partido Nacional Revolucionario (PNR)- ya no conformado por grupos y partidos regionales sino por cuatro sectores: obrero, campesino, popular y militar; asimismo, con el respaldo de la jerarquía católica, empresarios e intelectuales, se produjo la expropiación petrolera, "fue entonces cuando la idea de nación cobró gran vigor, quizá como nunca antes en la historia del país" (Abortes, 2006 [2004]: 269). Sin embargo, finalmente se proclamó -en un proceso muy cuestionado- a Carlos Salinas de Gortari como Presidente de la República (sobre este proceso eleccionario, ver Adler-Lomnitz *et al., op. cit.*).

reivindicaciones antiguas como otras nuevas, y locales como nacionales y globales ("ahorita estamos luchando por el petróleo", lucha encabezada por López Obrador[99], Jefe de Gobierno en el Distrito Federal entre 2000 y 2005). Hoy la lucha se realiza más desde las instancias del partido que desde el "tercer sector". Antonia, una de las activistas del partido/UCSMT, explica su dinámica laboral:

> "yo muevo masas, voy como todo ciudadano y platico con cada persona de todos mis alrededores, y a una sección y a otra sección, es una forma de saber si están contigo o no, a eso se le llama 'encuestar', entonces ya voy a afiliarlos al partido, ya después los invitamos a que participen en equis cosas, porque años atrás la gente iba porque tenía la necesidad de todos los servicios, pero ahora marcha es otra manera, 'usted cuente con nuestro voto, porque nosotros estamos con usted', cuando ya se necesita, 'señora yo la invito, en tal fecha van a haber votaciones, no se le vaya a olvidar', yo voy un día antes y las invito 'van a haber votaciones', así se trabaja".

Se realiza, pues, una labor partidista que invita a los colonos a integrarse (activamente) a la nación mexicana a través del voto: "señora yo la invito, en tal fecha van a haber votaciones, no se le vaya a olvidar". Ya no se convoca sólo a apoyar en la construcción de la colonia, sino que también a participar en el país en tanto que ciudadanos. Se distinguen entonces los miembros del PRD (los intermediarios con la élite local del partido) de "las masas" votantes. Empero, hay un tercer actor: quienes logran algún cargo de representación política en el Estado. En la historia de la UCSMT dos de sus miembros han llegado a ser diputados, destacándose en los relatos la figura de Clara Brugada[100]. Eva (zapoteca, 60 años) explica cómo Clara, actual procuradora social del Gobierno del Distrito Federal, llegó a ser consejera ciudadana por la sierra de Santa Catarina y diputada:

> "nosotros la estuvimos apoyando, haciéndole campaña, y como toda la gente la conocía, entonces logró ser consejera ciudadana y ya la gente vio todos los servicio que ella gestionó, antes no teníamos pavimento, banquetas, ella empezó a trabajar e inmediatamente se introdujo el drenaje, luego el pavimento que hasta el último rincón se pavimentó, y por su trabajo y por el trabajo de todos nosotros que la estuvimos apoyando subió a ser diputada [...] primero Clarita fue consejera ciudadana, después ya

---

[99] Es de destacar que A. M. López Obrador pernoctó una noche en la sección Guadalupe, "se escondió en la colonia", mientras dirigía una marcha en 1991 desde Tabasco hasta ciudad de México con el propósito de que se respetara la democracia, después de la elección para gobernador que perdiera ante el candidato del PRI en el Estado de Tabasco. Asimismo, en 1994 el Sub-comandante Marcos realizó un evento masivo en el parque ecológico explicándole a la población los propósitos de la lucha indígena. Ambos hechos son recordados como hitos de una lucha social que trasciende los límites de la colonia y de la sierra de Santa Catarina.

[100] Clara Brugada, como diputada federal, ocupó el cargo de presidenta de la comisión de desarrollo social, en la cual presentó y promovió la actual Ley General de Desarrollo Social.

fue diputada local, luego federal, luego local otra vez y federal otra vez, entonces nosotros desde esa fecha siempre la hemos apoyado, siempre hemos estado con ellos".

Se repite y consolida la forma piramidal que se había presentado momentáneamente a fines de los setenta en la UCSMT. Esta vez los actores de la estratificación social al interior de la colonia son "la gente" o "la masa" en la base, el "equipo" en una posición intermedia y "los compañeros que están arriba" (diputados, funcionarios públicos) en la cúspide, generándose una relación de patrón/cliente entre quienes se sitúan en la parte superior y quienes se encuentran abajo, siendo la lealtad vertical el código ético de estas interacciones/intercambios. En esta situación de estratificación explícita surge también el interés como motivación para participar: es que en los colonos se ha desarrollado, junto a la ética colectiva (que predominara, como dijimos, hasta 1992-1993), una ética individual. Este punto lo ilustra también el testimonio de Eva (zapoteca, 60 años),

"Ahorita ya somos pocos, ahorita pos unos están por un apoyo, otros están por conveniencia personal, yo estoy por convicción, para mí me den apoyo o no me den yo siempre estaré trabajando, siempre apoyo a la comunidad y a los compañeros que están arriba, somos como veinte más o menos, es un equipo unido".

Este apoyo se refiere a la retribución que se recibe de parte del PRD por "encuestar". La señora Gregoria (mixteca, 43 años, quien vende repostería junto a su marido en las calles), enumera los beneficios que recibe de las distintas instancias estatales así como "la ayuda" que se le entrega por su labor en el PRD:

"yo aparte tengo mi trabajito en el partido en las mañanas, mil 200 al mes, y me apoya en arroz, frijol, azúcar, o sea como una canasta básica una vez al mes, y tengo mi niña más chiquita becada por la delegación, por bajos recursos, esa es por parte de la escuela, ahí le dan una beca de mil 200 cada seis meses, más una despensa de unos 20-30 productos, y el jefe de gobierno del Distrito Federal ayuda a mi hija que va en la prepa', le da una beca a mi hija cada mes, ella está recibiendo 500 pesos mensuales, sirven para los zapatitos, para una blusa, para algo que yo no pueda solventar lo hace ella [...] yo tengo dos horarios, en la mañana salgo a hacer mis afiliaciones del partido del PRD, y en las tardes trabajo mis donas".

Un segundo vecino que ha llegado al parlamento es Víctor Varela, quien actualmente es diputado federal. Sobre él señala Eva:

"Yo lo conocí desde que estaba en calzones, en pañales todavía el diputado Víctor Varela, conozco a toda su familia, él es de [la vecina colonia] Miravalle, empezó a trabajar con la diputada Clara Brugada, y poco a poco fue subiendo, él ya fue diputado local, ahora es diputado federal, por la lucha que se ha dado en la colonia, antes teníamos gente nada más aquí en la colonia, ahorita ya es toda la sierra de Santa Catarina".

La oficina del diputado Víctor Varela, a un lado de la plaza cívica

Estos representantes entonces devienen los intermediarios a través de los cuales se pueden obtener los posibles servicios desde las diversas entidades estatales. Es en estos momentos cuando se produce la (mayor) distancia social entre la base social y la élite dirigente en la colonia. Las bases dejan de ser parte activa de esta *societas* (socios de la organización/movimiento popular), lo que coincide tanto con el aumento de la densidad poblacional en las secciones como con la apertura de la colonia a la ciudad, en lo que influían tanto los cambios políticos como los urbanísticos. Estos procesos se acentúan a fines de la década de 1990 al aumentar la movilidad de la población, liberalizándose la conexión de los vecinos con el territorio de la colonia (Portal & Safa, 2005). Como señala Rufino (chocholteco, 49 años):

"El 97' se abre la colonia porque se cambia el sistema de gobierno, el 97' derrotamos al PRI aquí en la ciudad, y la mayoría de las delegaciones las gana el PRD, y entonces como que 'ah, ya ganamos, logramos la revolución', y entonces la gente empieza a cruzarse, viajar, moverse más libremente, se da por el cambio político, y el eje 6 facilita la transportación de la gente, la facilidad de moverse a otros lados, viene complementado [...] Cuauhtémoc Cárdenas ganó en el 97' la jefatura del gobierno de la ciudad".

130

Murales con las últimas reivindicaciones de la UCSMT y el PRD

Como vemos, la organización poblacional se complejiza, transformándose desde una estructura de vínculos tipo comunidad (a principios de 1970), basada en la proximidad, conocimiento y confianza mutua, a una estructura tipo asociación (a principios de 1990) cada vez más grande y anónima. Disminuye la participación de los colonos en la UCSMT pues se prioriza la satisfacción de las necesidades familiares cotidianas: es que el papel de la élite en el poder local es la gestión y la animación, en cambio el de la masa es la sobrevivencia (Maffesoli, 2004 [2000]). Resulta interesante cómo mientras más extensa, poblada y heterogénea se hacía la colonia menos colonos asistían a las asambleas de la UCSMT[101]. Es en estos momentos en que aparece "el partido" (PRD) -la política formal- y que la UCSMT decide que éste represente a los colonos, cuando se empiezan a separar cada vez más la *potentia* (la "efervescencia colectiva", de Durkheim) de la *potestas*, la potencia y el poder, la fuerza colectiva y la capacidad de producir lo necesario (Maffesoli, *op. cit.*), pues la *potestas* deja poco a poco de ser subordinada a la *potentia*. Hoy, de

---

[101] Desde los estudios de Wirth (1938) en la ciudad de Chicago, se caracteriza el modo de vida urbano por lo menos a través de los factores de tamaño, densidad (o más bien concentración, como señala Hannerz, esto es, "una densidad relativa a las áreas circundantes") y heterogeneidad. Este último factor considera heterogeneidad étnica, pero también procedencias diferentes, división laboral y por tanto distinciones de clase (Hannerz, 1986 [1980]: 81-83).

hecho, los encargados de la Unión de Colonos se trasladan cotidianamente entre el local de la UCSMT y la oficina del diputado Víctor Varela, ambas en la sección Mercado, a dos cuadras del centro cívico de la colonia.

Se produce así una relativa desafiliación entre este nuevo poder local, partidista, y los vecinos todos, aunque en la colonia la mayoría de la población apoye al PRD. Éste es precisamente el argumento que suelen dar los mixtecos para no participar hoy en la UCSMT: "es que eso es política", manteniendo ellos su propia lógica organizativa -y política, esto es, de "ciudadanía étnica" (De la Peña, 2005), más comunitarista que liberal-individualista- a través de las asociaciones y comités de los respectivos pueblos de origen en Oaxaca. Guadalupe (mixteco, 58 años), quien es el encargado en la UCSMT de la Casa de la cultura, dice:

> "Todavía hay paisanos donde está la [iglesia] Corpus Christi [en la sección La Cruz], ellos organizan la fiesta del pueblo, pueblo mixteco, invitan a todo el mundo [...] y esto lo hacen abierto, pero ellos no se mezclan con la Unión [UCSMT] porque creen que es política, y yo les digo 'la casa de la cultura no puede ser de políticos, es un espacio abierto, es como una iglesia, un espacio público'".

Estas transformaciones en la Unión de Colonos y en la vida cotidiana de los vecinos (de des-politización sustancial y partidización formal, como podríamos denominarlas) son ilustradas por Patricia y su hija. Como señala Patricia (mixteca, 55 años):

> "Lo que pasa es que la Unión de Colonos...hubo gente que cuando surgió esta organización, llegó a ocupar los terrenos de San Miguel pero se tenían que unir para poder solicitar servicios, entonces ellos estaban buscando el beneficio de todos, pos era fuerte la organización, ya a estas alturas es muy difícil, porque ya viene gente nueva, gente joven, ya vienen con otra visión, con otros intereses, no digo que vienen ya buscando beneficio personal, pero al ver la situación económica del país, ya todos vienen con otra mira, de ganar un salario, ir a ocupar un puesto en los espacios que sean, y la Unión de Colonos ya no es esa organización que tanto hizo por esta sociedad".

El testimonio de Isabel (mixteca, 29 años) concuerda y complementa esta percepción: "ya hay más inseguridad, o sea son muchas cosas las que influyen y sobre todo el factor económico":

> "ya no es igual que antes [...] ya la gente participa muy poco, porque ya no es el mismo interés de antes, porque hoy en día desafortunadamente tenemos que tener una retribución económica para que nosotros podamos sobrevivir, entonces el tiempo ya no es el mismo, ya hay personas que ahorita tendrán setenta años que tienen que trabajar, y que son personas que quizá participaron en ese momento, pero dedicaban su tiempo por la misma necesidad que había aquí, y hoy en día ya no es lo mismo, ya hay más inseguridad, o sea son muchas cosas las que influyen y sobre todo el factor económico, ya la unión de colonos se mantiene con algunos cuantos, ya no es la misma cantidad de gente, los trabajos que se hacen ya no son a servicio de la comunidad, o sea yo lo veo

así [...] ya no es igual, y sobre todo porque gente de la edad de mis papás, sus hijos y los hijos de sus hijos pos ya son otras las ideas, son otros los intereses, y pos no, o sea todo eso es lo que va cambiando y va haciendo que la gente sea pos menos participativa".

Gestión local y dones estatales (y federales)

El enfoque de satisfacción de las necesidades básicas (referido en la tercera parte del marco teórico referencial), sobrevivió a la crisis económica de 1982, identificándoselo con la (nueva) política social del régimen neoliberal priísta[102], ideología denominada como "liberalismo social". Sin embargo, ésta actuó a través de medidas selectivas y ya no por la vía de la seguridad social universal, característica del Estado de bienestar. Estas nuevas modalidades redistributivas se caracterizaron por la individualización de la responsabilidad en la producción del bienestar y por exigir a los beneficiarios compartir los gastos por medio de fondos que se debían devolver (Vite, 2007: 85-90). En este contexo, surge en 1981 el Fondo Nacional para la Habitación Popular (FONHAPO), organismo federal creado con el propósito de brindar financiamiento para la construcción de viviendas, una de las primeras instituciones (fideicomiso) federales que se hizo presente en la colonia. Esta entidad otorgaba su apoyo a los colonos a través de organizaciones sociales, siendo un co-productor de servicios dirigidos a los ciudadanos, creando lazos clientelares con los beneficiarios. Sin embargo, el préstamo recibido a fines de la década de los noventa, de 26 mil 800 pesos según recuerdan unos o de 30 mil pesos, como recuerdan otros, se hacía difícil de pagar dado los altos intereses que implicaba. Sonia (mixteca, 51 años) rememora su propia experiencia:

"Cuando yo me inicié aquí casa de cartón, de lámina de arriba hasta abajo, aquí sufrimos mucho, ya poco a poquito pedí un préstamo, entramos en un préstamo para implantar la casa, 26 mil 800 pesos, nos fuimos a FONHAPO primero, entonces íbamos abonando mes con mes, cuando se enfermaban los niños nos atrasábamos y luego los intereses, fue cuando López Obrador [Jefe de Gobierno en el Distrito Federal entre 2000 y 2005, PRD] nos apoyó con que pagáramos no más lo que pedimos, los 26 mil 800, yo le aboné casi 25 mil pesos, y ya esos dos mil pesos quedaron condonados".

---

[102] En la administración del Presidente Vicente Fox (2000-2006), el método adoptado para el cálculo de la pobreza descartó el acceso a la salud, vivienda, electricidad y agua, "terminando por identificar la pobreza solamente con el valor monetario demandado para adquirir los bienes estrictamente necesarios" (Vite, *ibid*: 103). Esto es, desde que asume el Partido Acción Nacional (PAN) en el gobierno federal, se aceleraría un cambio (que empezó en 1988) desde el enfoque de satisfacción de las necesidades básicas hacia el enfoque de la subsistencia.

Se relata que la intermediación entre los deudores y este organismo federal lo hizo Clara Brugada, "Clarita", por medio del Programa de Mejoramiento de la Vivienda del Instituto de la Vivienda del Distrito Federal (INVI), consiguiéndose la compra de la deuda a FONHAPO. El testimonio de Juan Pablo (otomí, 65 años) es claro:

"nos dieron un crédito para terminar las casas, sacamos un crédito de 30 mil pesos, hicimos una recámara y la cocina, ese crédito lo había dado FONHAPO por el conocimiento de Clara, ella nos conectó ahí con FONHAPO, para la gente pobre, nos lo prestaron con un interés del tres por ciento creo, éramos cien a los que nos dieron ese crédito, pura gente casi de mi edad, y vino un tiempo medio malo para todos, y dejamos de pagar, y se nos hizo grande la cuenta, o sea de los 30 mil pesos ya debía yo 60 y tantos mil pesos, o sea ya se había duplicado, entonces vimos con Clara que se renegociara la deuda pero que se redujeran o congelaran los intereses, entonces lo que hizo Clara cuando López Obrador era el jefe de gobierno acá, habló con él para que comprara la deuda a FONHAPO, y sí logró que el gobierno del Distrito Federal le comprara la deuda a FONHAPO, para que nosotros posteriormente se la paguemos al gobierno del Distrito Federal, compró la deuda y nos donó todos los intereses que había generado la deuda".

Un segundo apoyo desde el gobierno estatal (cuyo jefe era López Obrador) señalado por los vecinos, se refiere a la ayuda monetaria mensual dirigida a la tercera edad, discapacitados e hijos de madres solteras. Taurino (zapoteco, 74 años) recibe la denominada "pensión ciudadana para los adultos mayores":

"por mi edad, que ya cumplí los setenta[103] años, estoy recibiendo un apoyo de parte del jefe de gobierno del Distrito Federal, [una tarjeta] por una cantidad de 750 pesos mensuales, pero me lo dan en mercancía, en despensa, artículos de primera necesidad, cumpliendo los setenta años ya tiene uno derecho a ese beneficio, es para todos".

Esta tarjeta continúa (desde los 68 años) el subsidio que se entrega desde el gobierno de la Delegación Iztapalapa (también PRD en este periodo), consistente en una canasta básica mensual a las personas entre 60 y 67 años. Finalmente, se mencionan las dotaciones de productos básicos a través de boletos otorgados por la empresa de participación estatal Conasupo o Liconsa desde 1994: desayunos escolares para los niños de esuelas públicas. Como dice Gloria:

"ya después vinieron los torti-bonos, los desayunitos, y como les hacía falta a nuestros niños la leche y no se podía comprar porque ganaban poquito los señores [...] unos boletitos le daban para que usted comprara con eso sus tortillas, con esos boletitos usted iba a comprar un kilo de tortilla, pero eso sí que se tenía que ir a formar, eran las Conasupo que existían antes, y ya la tenían en la lista".

---

[103] Desde enero del presente año 2009 se convirtió en ley que esta ayuda gubernamental se otorga desde los 68 años.

Un local de Liconsa, uno de los logros de la UCSMT

Aquí nos encontramos con una práctica asimétrica tradicional en la política mexicana, como es el clientelismo político: el intercambio de bienes, servicios y favores por lealtad y votos (Adler-Lomnitz, 1994; Tosoni, 2007), dentro de los cuales especialmente la entrega de despensas suele crecer en periodos electorales. Este clientelismo puede entenderse como una "dominación en virtud de constelación de intereses" (Weber, cit. por Tosoni, *op. cit.*: 51), y, por tanto, al no haber una relación autoritaria, se puede caracterizar más bien como un semi-clientelismo. Es interesante recordar lo señalado al respecto por Lévi-Strauss:

> "una canasta de alimento constituye el medio común para introducir una petición, para pedir perdón por un mal causado o para cumplir con una obligación [pues] 'recibir' es dar" (1988 [1969]: 96-97).

Además de estos dones en dinero o bienes[104], el gobierno de López Obrador es

---

[104] Durante una entrevista a la señora Leonor (mixteca, 68 años) llegó su yerno (José Manuel, mixteca, 30 años) y al escuchar la conversación, agregó que el gobierno estatal también les compró un terreno para jugar a la "pelota mixteca", instancia que deviene en un momento de renucleamiento de los mixtecos urbanos dispersos: "como las personas se han ido de Oaxaca el juego se ha extendido, aquí en México se juega en la Delegación Venustiano Carranza, en Jardín Balbuena, es al frente del parque de los periodistas, está antes del mercado Sonora, los domingos a las diez de la mañana, llegan productos de Oaxaca, como la barbacoa, también la masita, que es un maíz quebrajado con borrego, no hay un equipo definido, porque llegan unos, llegan otros, y ahí se

recordado por la protección médica que reciben todos quienes demuestran no contar con un trabajo estable y no tener un seguro médico por parte de las instituciones públicas -sea el Instituto Mexicano del Seguro Social (IMSS) o bien el Instituto de Seguridad y Servicios Sociales de los trabajadores del Estado (ISSSTE)- otorgándoseles servicio médico y medicamentos gratuitos en los hospitales administrados por el gobierno de la Ciudad de México; este apoyo incluye la hospitalización en caso de intervenciones quirúrgicas para la tercera edad y discapacitados. Asimismo, en educación es reconocido en la colonia el gobierno de Cárdenas, quien transformó la antigua cárcel de mujeres en la primera preparatoria de Iztapalapa, y de López Obrador por haber creado la Universidad Autónoma de la Ciudad de México (UACM)[105] en la cual los estudiantes, de acuerdo a sus condiciones económicas y promedio de notas, reciben una beca para poder realizar sus estudios de licenciatura.

Entonces, como hemos visto a lo largo de este capítulo, cada uno/a de los vecinos y familias de la colonia va articulando a lo largo de los años las distintas instancias organizacionales disponibles a nivel local, intentando satisfacer sus propias necesidades materiales y simbólicas. En primer término, la UCSMT da acceso a una lucha contra quienes pretenden explotar a los colonos, generándose así una "lucha de clases" característica de los años setenta. Junto a esto, y ahora hacia el interior de la UCSMT, las mujeres reivindican su derecho a la igualdad de género, rechazando todo tipo de violencia y de subvaloración. Por su parte, las organizaciones/comités mixtecas mantienen ante esta sociedad local emergente, y cuyo referente común es la ciudadanía mexicana, la propia pertenencia étnica

---

revuelven y hacen un equipo, el que tenga tiempo de ir va y juega, aquí juegan los que están en el Distrito, vienen de diferentes colonias, de Neza, por el centro, son amigos del mismo pueblo que aquí se dispersan, entonces se vuelven a unir aquí otra vez, luego invitan a jugadores de Oaxaca, los torneos se realizan por lo regular cada fiesta patronal de los pueblos en Oaxaca, a veces apuestan algo para tomar un refresco, veinte pesos, se llama pelota mixteca, puros hombres, de 14 años para adelante, sus papás o sus abuelos lo jugaron entonces se van enseñando, por ejemplo el papá de mi primo juega a la pelota por la organización de los pueblos oaxaqueños, que tienen esa forma de reunirse para conseguir las cosas, entonces se reúnen varios y van a hablar con el gobierno, y ya les dan, y como ese juego tiene un valor cultural sí les dieron ese terreno [...] ya ahorita en Estados Unidos se juega también, en Fresno, California, en Santa Bárbara, y hasta Napa, California".

[105] La UACM se encuentra ubicada en Calzada Ermita Iztapalapa N°4 163, colonia Lomas de Zaragoza.

trazando sus fronteras sociales y simbólicas con el resto de los vecinos. De este modo, se actualizan en el(los) espacio(s) urbano(s) algunas instituciones comunitarias tradicionales, las denominadas por Castel como "protecciones de proximidad" (2004 [2000]), que sin embargo no requieren necesariamente de proximidad física mas sí moral, destacándose en la construcción de la colonia la práctica del *tequio*. Finalmente, a través de "subir" a cargos políticos a los representantes más destacados de la UCSMT, los vecinos acceden a algunos de los dones entregados (redistribuidos clientelísticamente) por el Gobierno del Distrito Federal (GDF), y a través de la intermediación de ciertos organismos del GDF se logran también los servicios desarrollados a nivel federal. En el próximo capítulo analizaremos cómo los mixtecos logran, en mayor o menor grado, integrarse al sistema de mercado, esto es, a la economía hegemónica, pese a la crisis salarial pos-1982.

III. SISTEMAS DE INTERCAMBIO ECONÓMICO E INSERCIÓN/INTEGRACIÓN MIXTECA Y CHOCHOLTECA EN LA CIUDAD DE MÉXICO Y LA SOCIEDAD NACIONAL

1. LA PRIMERA INMIGRACIÓN DESDE LA MIXTECA OAXAQUEÑA Y EL ORIGEN DE LA COLONIA: LOS CHOCHOLTECOS Y SUS SISTEMAS DE INTERCAMBIO ECONÓMICO

Los primeros colonos y la discusión respecto al nombre

El origen de la colonia San Miguel Teotongo se remonta a inicios de la década de 1970. En aquellos años comenzó a ser habitada por población de origen étnico chocholteca, colonos de origen rural de la Mixteca oaxaqueña. Los chocholtecos[106] han vivido históricamente en el norte de la Mixteca Alta, en los límites con el estado de Puebla, y actualmente residen en dieciséis municipios ubicados en los distritos de Coixtlahuaca y Teposcolula, Oaxaca. La emigración chocholteca hacia Ciudad de México comenzó a principios de 1940. Respecto a los inmigrantes, Barabas (*ibid*) afirma que:

"No buscaron, como otros grupos étnicos, la proximidad con su gente como estrategia para la sobrevivencia y la reproducción identitaria en el medio urbano, sino el anonimato como forma de renunciamiento étnico [empero, agrega en nota a pié N°18:] *una excepción a este patrón es la colonia San Miguel Teotongo, que nuclea a los migrantes chochos originarios de este pueblo*" (1999:174; el destacado es mío).

---

[106] De acuerdo a la Comisión Nacional para el Desarrollo de los Pueblos Indígenas (CDI, 2000), la población chocholteca total en México es de 2.592 personas, de los cuales son hablantes de la lengua *ngigua* aproximadamente 800 personas, 585 en el espacio rural oaxaqueño y 216 en el resto del país (Barabas, *ibid*). Sin embargo, según estudios específicos sobre este grupo étnico, la población de los municipios de la micro-región chocholteca es de 16.064 habitantes (INEGI, 1990; Caltzontzin, 2004 [2000]) y su población total nacional, incluidos inmigrantes en otros estados, es de 22.227 personas (Barabas, 1999). El término Teotongo, según López (2004) proviene de Xadeduxö= pueblo del sol, palabra de origen *nahuatl*. Sin embargo, de acuerdo a la Enciclopedia de los Municipios de México, la ortografía correcta de Teotongo es Teotolco, que significa "en el diocesillo", y provendría de las voces teotl= dios, tontli= diminutivo despectivo y co= en (www.e-local.gob.mx/wb2/ELOCAL/EMM_oaxaca). Montemayor, por su parte, lo entiende como *Teo-ton-co*, esto es, lugar del pequeño dios, de *téotl*= dios, *ton*= diminutivo y *co*= partícula locativa (2007). El municipio de Teotongo tiene una superficie territorial de 39.55 km.2 y una altitud de 2.060 msnm. Cuenta con 937 habitantes, de los cuales 42 serían hablantes de lengua indígena (INEGI, 2005). Sin embargo, en 1995 había 1.154 habitantes, y según cifras de las autoridades municipales, el municipio estaría conformado por 1.480 personas (Caltzontzin, 2004 [2000]).

Por medio del trabajo de campo podemos especificar que se han concentrado particularmente en la sección Teotongo de esta colonia. Estos residentes, entonces, provenían de un mismo pueblo de Oaxaca: Santiago Teotongo (distrito Teposcolula), y muchos de ellos llegaron en un primer momento a la colonia Moctezuma, en la Delegación Venustiano Carranza. Uno de los protagonistas de esta migración campo-ciudad, Teófilo (chocholteco, 83 años, profesor), narra esta "segunda migración chocholteca"[107], y la primera a la Ciudad de México, la que se ve inmersa en el contexto (político) nacional de la década de 1940:

> "en el 40-41 llega la carretera internacional [Cristóbal Colón], es cuando llegan los primeros maestros a Teotongo, entonces empezamos a despertar, y es cuando don Lázaro Cárdenas manda la convocatoria de que cada pueblo en el 40', debe mandar un niño, aquí a México, el niño abanderado [...] dicen 'debe ser el niño abanderado de Teotongo el más adelantado', 'pos el Teófilo', cuarto año de mi pueblo, vine aquí, conocí a Cárdenas, me entregó la bandera que está en Teotongo, me cambiaron de ropa, traía mi calzoncito, mi huarachito, y me dieron mi pantalón blanco, *tennis* blanco, playera blanca, gorra blanca, catrinzote, y al pasar a saludar a Lázaro Cárdenas en el Palacio Nacional cada niño recibía la bandera, y el 13 de septiembre del 40' apretujamos todos los niños del país en el Zócalo, blanco todo, homenaje a los Niños Héroes de Chapultepec [después volví al pueblo] y el maestro me decía 'regrésate m'hijo, regrésate', pero mi papá no quería, total es que mejor me salí a escondidas, me vine, aquí a estudiar [...] total es que eso hizo que dos, tres años, regresaba al pueblo con los compañeros, se les dijo que estudiábamos aquí, y empezamos a salir, a salir, y todos llegábamos a la Moctezuma, a la colonia [...] a eso se debió que la segunda migración empieza por el cuarenta, y todos veníamos aquí a México, unos a estudiar, otros a trabajar de lo que hubiere".

Teófilo llegó a estudiar quinto de primaria y se radicó en el Distrito Federal, terminando sus estudios escolares y después universitarios, mientras residía en la colonia Moctezuma. Lo siguieron varios amigos y "paisanos" más jóvenes con la intención de continuar los estudios y/o de trabajar en la ciudad. Muchos llegaban a la misma casa a rentar recámaras, en calle Jesús Gaona N° 7, donde los acogía la dueña, señora Natalia Espinoza, y Melquíades García, recordado como el primer chocholteco en llegar a esta dirección; Melquíades llegó a mediados de la década de 1930 y se habría dedicado al comercio ambulante, destacándose por ayudar a los recién llegados a buscar algún trabajo como ayudantes. Calixto (chocholteco, 62

---

[107] Se afirma que hubo una primera migración hacia Veracruz en los años 1913 y 1914, "cuando llega una hambruna, no hay qué comer, entonces empieza a salir nuestra gente [...] y salieron con toda la familia, se fueron y fundaron nuevos pueblos allá, Pueblo nuevo, Rancho nuevo, hecho por puros paisanos, esa fue la primera migración que hubo de nuestro pueblo" (Teófilo).

años), también lo rememora:

> "migré a Ciudad de México por cuestiones económicas, no se daba el maíz, no se daba nada, era temporal, estaba duro para conseguir de comer, entonces a los veinte años emigré para la ciudad de México, llegamos a la colonia Moctezuma, la calle Jesús Gaona N°7, con una finada que se llamaba Natalita, los paisanos radicaban ahí, se encontraba el profesor Soriano, Justo Rivera, Laura López y la que es ahora mi mujer, Cacilda García, Dionisio García, y otros que no eran del mismo pueblo, entonces al llegar ahí pos empezar a buscar trabajo, más que nada para el sustento, se trabajaba mucho y se ganaba poco".

El caso de Francisco (chocholteco, 60 años, quien vive al frente de Calixto) es relativamente distinto. Él llega a la colonia Valentín Gómez Farías (Delegación Venustiano Carranza) a compartir una recámara con su hermano que ya vivía en la ciudad y empieza a trabajar como panadero:

> "Me vine aquí a la ciudad en 1966, yo salí de la primaria en noviembre de 1965, y a los dos meses me vengo para acá para la Ciudad de México, llegué a la colonia Valentín Gómez Farías, que está a un lado de Zaragoza, llegué con un hermano que se había venido antes, él trabajaba y rentaba un cuartito allá, y ahí empezamos a vivir....salí de la primaria a la edad de 18 años, yo entré a la primaria a la edad de 13 años, empecé a trabajar a la edad de seis años, de seis a trece años trabajé, pos ahora sí que cuidando ovejas, trabajando el campo y todo eso, terminando la primaria me vine para acá. [...] Me vengo el 66', trabajo cuatro años de panadero y empiezo el oficio de la madera en el 70-72, entonces me vengo aquí porque el terrenito que nos compramos nos salió económico, todo esto era baldío, empezamos a hacer unos cuartitos provisionales y a batallar para empezar a salir adelante, el dueño se llamaba Alfredo Castillo"[108].

A principios de la década de los setenta la zona que años después se convertiría en la Colonia San Miguel Teotongo era todavía suelo y entorno rural, era un área ejidal, de modo que recordaba los paisajes de Oaxaca. Resulta común que los inmigrantes, en un intento por reencontrar los ambientes campesinos de la infancia -ante el agobio de la gran concentración urbana- busquen los amplios espacios suburbanos como lugar de residencia (Palacios, 1997). Al respecto, la señora Casilda (chocholteca, 62 años), rememora:

---

[108] Los distintos testimonios de los chocholtecos contradicen lo afirmado por Moctezuma respecto al origen de las migraciones desde Teotongo. Al respeto, escribe este autor: "El impulso fundacional de la colonia [...] está anclado a un conflicto interétnico que escinde a una comunidad tradicional. Entre 1940 y 1950 [...] la minoría chocholteca fue despojada de la mitad de sus tierras comunales por el vecino pueblo de Tamazalupa [...] las dos etnias oaxaqueñas entraron en conflicto" (1999: 23-24). Aunque tal conflicto existió no es reconocido como "el impulso fundacional de la colonia"; tampoco se trata de un conflicto inter-étnico sino que intra-étnico: un conflicto de límites entre los chocholtecos del pueblo de Teotongo y los de Tamazulapan del Progreso. Ambos municipios se encuentran a ocho kilómetros de distancia. Respecto a la emigración desde la zona chocho-mixteca, señala Aguirre Beltrán: "la causa del decremento [poblacional] debe buscarse en la influencia de la carretera internacional Cristóbal Colón o sus desviaciones, que datan de la década pasada [1940] y que conectaron a estos lugares con el sistema vial de la nación" (op. cit.: 19).

"antes todo esto era terracería [...] a mí cuando me trajeron aquí a conocer, les digo yo 'me gustó, porque parece mi tierra', uno venía por aquí y olía puro campo, olía fresco".

El señor Antonio López (quien viajara inicialmente con Teófilo a estudiar a la ciudad) empezó a promover -en su calidad de compadre de Alfredo Castillo, el principal fraccionador, procedente desde el vecino municipio de La Paz, en el Estado de México- entre sus parientes chocholtecos de Santiago Teotongo la venta de estos terrenos, reclutándolos tanto en la colonia Moctezuma como en Oaxaca. Rufino (chocholteco, 49 años) lo relata:

"cuando yo todavía estaba en Teotongo asistía a las asambleas de comuneros que se hacía cada mes y en algunas ocasiones llegaban paisanos que tenían muchos años ya de vivir acá en la ciudad, a invitarnos para que los que tuviéramos familiares aquí y no tuvieran un terreno o casa propia, que recurriéramos con el señor Antonio López ya que él estaba fraccionando en esta zona, él empieza en 1970".

De ese modo, entre 1970 y 1975 se empieza a poblar la colonia con vecinos chocholtecos, quienes deciden reunirse en el espacio que se denominaría sección Teotongo en homenaje y recuerdo de su pueblo en Oaxaca[109]. Calixto (chocholteco, 62 años) rememora su propia experiencia:

"el terreno nosotros lo compramos en el 71' [...], el 15 de febrero del 71' damos el primer pago de cien pesos como enganche, y así se fue pagando cien pesos, cien pesos, hasta cubrir los cinco mil quinientos pesos, ya el 1972-73' empieza a crecer la colonia, empieza a llegar la gente como hormiga aquí, la calle Benito Juárez era el paso de la gente que se iba para arriba".

La calle Benito Juárez sigue siendo la vía central de la sección Teotongo (las calles son bautizadas con los nombres de los barrios de Teotongo, Oaxaca), en ésta se ubicaron los chocholtecos y construyeron sus viviendas y negocios, ahí también se ubica el tianguis los días lunes, a lo largo de tres cuadras, desembocando (desde abajo hacia arriba, o desde la autopista hacia el cerro) en la plaza cívica de la colonia, donde se llevan a cabo muchos de los actos públicos.

Los chocholtecos y la concentración territorial

Se constituye así un enclave étnico en la emergente colonia. Portes propuso este

_____

[109] En un primer momento se le llamaría Teotongo a la colonia, pero más tarde se negociaría el nombre con los otros vecinos (como se verá en el próximo capítulo); sin embargo, se conservaría el nombre para esta sección. La experiencia de los migrantes, como señala Joseph (2002), se suele caracterizar por la pérdida del sentido del mundo, lo que los conduciría a auto-proclamaciones, siendo recurrente que los nuevos espacios de acogida sean bautizados con el nombre del pueblo de origen.

concepto "para subrayar la importancia de la concentración residencial en mejorar la habilidad de los propietarios de pequeñas empresas para capitalizar y beneficiarse de la estrecha relación co-étnica [...] Eventualmente, los empleados [...] se convierten en auto-empleados" (en Valenzuela, 2007: 74). Este enclave implica un asentamiento humano concentrado que facilita la llegada, la obtención de vivienda, el ajuste simbólico y psicológico en el mundo urbano y ofrece inserción laboral tanto a quienes vienen recién llegando como a los nacidos en la ciudad. Como ya señaló Bonfil Batalla en 1987 (86-87):

> "En general, el recién llegado cuenta con familiares o amigos del mismo pueblo que llegaron antes; ellos le facilitan el primer contacto con la ciudad, la ambientación mínima, la búsqueda de trabajo. Juntos forman un núcleo de gente identificada por la cultura local de origen. En ese pequeño ámbito transterrado se puede hablar la lengua propia y se recrean, hasta donde el nuevo medio lo permite, usos y costumbres. A veces el grupo llega a ser mayor porque resulta fácil identificarse con gente de la misma región por encima de las peculiaridades de cada comunidad".

Se trata de la fuerza centrípeta de los inmigrantes que representa un intento por reproducir la familia extensa de origen, siendo una forma de resistencia al "torbellinesco" tráfico del centro (o de los centros) y ante el complejo y "anonimante" mosaico urbano (Palacios, 1997; Signorelli, 1999 [1996])[110]; de modo que a través de re-situarse en un particular nicho metropolitano, re-arraigándose, se recupera la visibilidad, tranquilidad, confianza e intercambios recíprocos (fundamentalmente de reciprocidad equilibrada) que tienden a erosionarse en la urbe súper-poblada y fragmentada que es Ciudad de México (Joseph, 2002; González de la Rocha, 2007; Bayón, 2008). Tiende a darse aquí, entonces, en una manzana y media, lo que Hannerz denominara el modo de existencia urbano "encapsulado":

> "La característica que define la encapsulación es que el ego tiene un denso sector de red, conectado con uno o más de sus papeles, en el que invierte una gran parte de su tiempo e interés" (1986 [1980]: 286).

Una de las grandes ventajas de vivir juntos es la seguridad, empezando por la propia integridad física. Como señala Casilda (chocholteca, 62 años):

> "La mayor parte de toda esta manzana, parte de la otra manzana que comienza desde aquí enfrente, somos paisanos [...] la seguridad de las casas como de uno mismo,

---

[110] Ya en 1925 escribía Burgess, uno de los destacados sociólogos de la Escuela de Chicago: "La [auto] segregación ofrece al grupo, y consiguientemente también a los individuos que lo integran, un lugar y un papel en la organización total de la vida urbana" (en Wieviorka, 1992: 133).

porque digamos si a usted le llega a pasar algo, pos rápido auxilio a ver qué pasa, o a alguien lo asaltan, rápido todos salimos a ver qué, qué broncas hay".

Al respecto, Francisca (chocholteca, 62 años, vecina también de la calle Benito Juárez), quien llega a la ciudad el año 1968, relata su experiencia en el contexto urbano y nacional:

"en el 68', cuando yo llegué aquí se vino la matanza de Tlatelolco, de los estudiantes, entonces yo sí me arrepentí, ese año que llegué empezaba a hablar la radio que muertos y muertos, y yo cuando le decía a mi mamá que quería venirme, 'no hija, en la ciudad matan, en la ciudad hay muchos carros que te pueden aplastar, carros o te mata la gente', entonces cuando yo recién llegué aquí y empecé a oír la radio que muertos, 'híjole, para qué me vine, bien decía mi mamá que en la ciudad matan, pero si ya me salí de mi casa yo me tengo que aguantar, porque si yo me regreso quizá qué me vayan a hacer'".

Francisca compró su predio en Teotongo e instaló un "changarrito" de frutas y verduras en la entrada de su casa y Casilda vende junto a su hijo mayor tamales y atole también en el espacio de la vivienda que da a la calle Benito Juárez; asimismo Evodio y su hija atienden sus respectivas farmacias, etc. Como vemos, los chocholtecos no han diferenciado en este "producir [y reproducir] la ciudad" entre el "espacio para vivir" y el "espacio para vender". Al contrario, han reunido en la vida cotidiana el "valor de uso" de la vivienda con el "valor de cambio" de sus respectivos negocios, siendo muy frágil la frontera entre el ámbito privado del hogar, caracterizado por los intercambios recíprocos, y el ámbito público de la calle, signado por los intercambios de mercado (Lefebvre, 1973 [1970])[111].

Ahora bien, la protección que brinda este re-agrupamiento en el espacio urbano no está exenta de tensiones. Como señala Casilda:

"a veces como que nos criticamos y nos peleamos, y en cambio si usted vive con gente que ni conoce, simplemente 'buenos días, buenos días y buenos días', y hasta ahí, y aquí no porque aquella y que esto y lo otro, y el que le hace caso le hace caso, el que no, no, yo por mí, como vendo, me da igual un cliente, otro cliente, otro cliente, vino, no vino, ya, da igual...para otras gentes son peleas, y siendo del mismo pueblo pos como que luego, cuando vamos al pueblo, allá 'manita, pa' cá y manita pa' llá', y pos luego esa manita a veces ni le habla a uno".

---

[111] La Escuela de Manchester analizó del mismo modo este "poder de la etnicidad en la vida urbana" del continente africano. Como afirma Hannerz: "Se puede considerar la preferencia por las personas de la misma etnia, en las situaciones en las que había elección [como puede ser en las relaciones de vecindario y/o de trabajo], sobre todo como una cuestión de confianza. Cuando el origen cultural era similar o idéntico, las personas podían suponer, como Barth (1969: 15) lo expresa en su análisis de la etnicidad, que estaban jugando sus juegos interaccionales según las mismas reglas" (1986 [1980]: 175-176).

Las tensiones son generadas muchas veces por las obligaciones que implican las redes densas. Al respecto, Bauman sintetiza ambos aspectos, negativo y positivo, de la concentración espacial:

"un dominio permanente sobre un territorio, con su acompañamiento habitual de deberes y compromisos a largo plazo, pasa de ser una ventaja a ser una carga [...] por otro lado, como señala Richard Sennett, 'a medida que las cambiantes instituciones de la economía disminuyen la experiencia de pertenecer a algún lugar especial [...] aumentan los compromisos de la gente con lugares geográficos como naciones, ciudades y localidades'" (2003: 131).

Heterogeneidad poblacional y conflictos locales

Ahora bien, no fueron los oaxaqueños los únicos en llegar durante los setenta a la nueva colonia. Estos terrenos ejidales recibieron también inmigrantes provenientes de los estados de Puebla y Michoacán principalmente[112]. Esta heterogeneidad de origen de la población trajo consigo un primer problema: el nombre de la colonia. Los chocholtecos le quisieron llama Teotongo y los "otros" (mestizos) San Miguel. Entonces, como relata Calixto:

"se empezaron a hacer reuniones con los señores que querían que la colonia se llamara nada más San Miguel, pero nosotros ya lo teníamos registrado en Toluca por Teotongo, ya después de tres reuniones, en un perú grandote, un árbol, es perú no más que le decimos pirúl, ahí se hicieron las reuniones, después de las tres reuniones se llegó a un acuerdo que se quedara con los dos nombres, vino un representante de Toluca, dijo '¿por qué no lo dejan San Miguel Teotongo?, ¿qué les quita a ustedes?', entonces 'por nosotros no hay ningún inconveniente', entonces ya dijeron ellos 'pos que se quede así' [...] inclusive un maestro, que vivía acá atrasito, que era según director de una escuela por Los Reyes, ese nos tiró duro tambíen, que 'son unos indios, que cómo va a ser posible que unos indios vengan aquí a imponer lo que ellos quieren', pero lo decía porque según él se sentía muy preparado el señor, pero no era como lo pensó, le dimos vuelta, je".

Sin embargo, no hay consenso respecto al porqué del nombre de San Miguel. Algunos señalan que se debería a que los "otros" colonos eran originarios de San Miguel Tulancingo, Hidalgo; otros señalan que se debe a que, además de Alfredo Castillo, hubo un segundo fraccionador de nombre Rosario Espinoza, quien sería originario de San Miguel Allende, Guanajuato, por lo que sus "clientes", conocidos como "los migueles" (y residentes en otras secciones, sobre el eje 6), habrían defendido el nombre de San Miguel para la colonia; en fin, otros dicen que se

---

[112] En enero de 1975 se llevó a cabo un censo en la colonia. De acuerdo al lugar de nacimiento, un 22.8% procedía de Puebla, un 15.7% de Oaxaca, un 14.2% de Michoacán y un 11.5% del Distrito Federal. Los demás estados no alcanzaban al 6% (Navarro & Moctezuma, 1989).

debería a que, pese a ser originarios de diversos estados, la mayoría de los colonos eran fieles de San Miguel Arcángel.

La capilla San Miguel Arcángel en la sección Teotongo

Navarro & Moctezuma (1989) también señalan la existencia de estos dos líderes entre los fraccionadores ilegales o "clandestinos", quienes al generar una relación de lealtad con sus clientes, habrían formado dos bandos entre los colonos. Al respecto, Rufino (chocholteco, 59 años) afirma:

"esta zona se denomina sección Teotongo porque somos pura gente del poblado Santiago Teotongo, Oaxaca, el nombre de Teotongo proviene de Oaxaca, y el nombre de San Miguel proviene de San Miguel Tulancingo, Hidalgo, porque un grupo que está asentado en la sección CCI de la colonia pos la mayoría provenía de San Miguel Tulancingo, Hidalgo, de ahí se complementa y se compone el nombre de San Miguel Teotongo, discutido y aprobado en este lugar precisamente [en lo que hoy día es el terreno de su casa], aquí están todavía los vestigios de un gran árbol de la especie pirúl, aquí, debajo de este árbol se hizo la asamblea general y se sacó el nombre de la colonia[113]".

---

[113] Los árboles (como los cerros) son lugares importantes en la experiencia de la población originaria de la región mixteca oaxaqueña. Como dice Besserer, siguiendo a Carmagnani (1988): "representan puntos de contacto entre los dioses y la gente [...] Los rituales comunitarios refuerzan la conexión entre ambos planos, el 'espacio' (con la connotación divina) y el territorio" (1999: 37). En el capítulo II.2 también aparece la figura de un árbol, nuevamente un pirúl, como el eje de las reuniones y tomas de decisión entre los primeros habitantes de la colonia. Hay que recordar también -como ha advertido Harris (2003), respecto a la relación entre lo material y lo simbólico- que los árboles son, en la mixteca, la fuente de la madera para la construcción de los hogares.

145

El grupo que llegó a residir en la actual sección CCI fue precisamente una invasión dirigida por la Central Campesina Independiente (CCI), y provenían desde ciudad Nezahualcóyotl. Estos "paracaidistas" habían llegado a la colonia tras haber presionado por la adquisición de un predio, demanda que se les habría gestionado a cambio de realizar labor electoral a favor de Cándido Méndez, líder del CCI en Nezahualcóyotl (Navarro & Moctezuma, *ibid*). La señora Reina es una de las pocas vecinas (si no la única familia) de la sección Teotongo que no proviene desde Oaxaca. Ella es originaria del estado de Hidalgo (mestiza, 57 años) y señala que este conflicto[114] inicial respecto al nombre se extendió respecto a quién sería el santo patrono de la colonia:

> "yo me acuerdo que había personas de un pueblo que se llama San Miguel, y entonces empezó el pleito, porque ellos querían que se llamara San Miguel y los oaxaqueños querían que se llamara Teotongo, los camiones que venían del centro decían Teotongo, no decían San Miguel, hasta que ya se armó la bronca grande, entonces ya, yo creo que para poner paz dijeron 'no pos, que se llame San Miguel Teotongo', y así se quedó, es más aquí en la iglesia estaba señor Santiago, porque ése es el santito que tienen y veneran en Teotongo, y ellos lo tenían aquí, la iglesia antes no más eran dos lotes, pero uno era de don Antonio [López, chocholteco, de Teotongo], pero después la gente le echaron bola y le quitaron los dos, por eso la iglesia es tan grande, cambió el santo porque ganaron los de San Miguel [Hidalgo?] y trajeron su santito, San Miguel Arcángel".

Los chocholtecos y el empleo/oficio entre paisanos

Durante los primeros años en la gran ciudad, en las décadas entre 1940 y 1960, los chocholtecos, especialmente quienes no conocían ya un oficio (del mismo modo que los mixtecos, como veremos en el próximo capítulo) llegaban (y llegan aun hoy) dispuestos a dedicarse al primer empleo que encontraran. Es así como los inmigrantes hombres empiezan trabajando en albañilería, panaderías y fábricas, y las mujeres como empleadas domésticas, vendedoras en tiendas, etc., siendo el objetivo aprender un oficio en el cual poder desempeñarse laboralmente; son, de este modo, "aprendices". A quienes eran campesinos en Oaxaca ese conocimiento en Ciudad de México no les era/es útil para conseguir un trabajo remunerado. Así pasan de campesinos a "trabajadores no calificados", a "peones". Con el paso de los años deciden dedicarse a uno u otro de los oficios conocidos y se especializan,

---

[114] Al respecto, Moctezuma advierte en 1975 la presencia de: "prejuicios étnicos y locales, que siguieron existiendo (por ejemplo entre michoacanos y 'oaxacos')" (1999: 48).

pasando a ser "trabajadores calificados libres", siendo denominados muchas veces como "maestros" (Adler-Lomnitz, 2006 [1975]: 74-75) y finalmente tienden a adquirir sus propios negocios.

En el caso particular de los chocholtecos destaca el rubro de los famacéuticos, donde el oficio se ha transmitido entre paisanos, a partir del primero que se dedica a este rubro. En un cálculo espontáneo, Evodio suma más de 50 en Ciudad de México; solamente en la sección Teotongo hay cuatro. Evodio (chocholteco, 70 años, también vecino de la calle Benito Juárez) señala que "el conocimiento […] lo adquirimos de él […] con la escuela de este pariente":

"Otro paisano estuvo hace muchos años, él fue el primero que tuvo la farmacia y ahí trabajó este pariente y ya de ahí se desvió el ramal […] el primero fue un pariente que está en San Juan, Pantitlan, Zaragoza, tiene más tiempo de dedicarse a esto, hubo otros antes pero yo nunca conviví con ellos, ahí estuvimos trabajando con él, y de ahí salió el ramalaje de otras personas, el conocimiento él lo adquirió de otra persona, y yo y otras personas de Teotongo lo adquirimos de él, y aquí estamos, todos los que nos dedicamos a esto, con la escuela de este pariente, y mi hija aprendió aquí en la casa […] mi hija tiene su farmacia aquí adelante, ellos trabajan con las mismas personas que yo".

Una de las farmacias de las familias chocholtecas

Se devela así la red étnica, la que se vincula y ayuda en la ciudad, así como se mantiene el contacto con los familiares en el pueblo. Ahora bien, se trata de una red que no sólo es horizontal sino también vertical (Adler-Lomnitz, 2001 [1994]). Esto es muy claro en la descripción que hace Evodio de su trabajo, el que concibe como una cadena, desde el inventor hasta el consumidor. Esta cadena comercial implica trascender las fronteras estatales, pues los distribuidores ya son transnacionales:

> "Nosotros somos el último escalón, hay el inventor, el descubridor de las sales, de ahí el fabricante, que acaparan ese conocimiento y tienen el poder económico para proveer ya ese producto, de ahí el laboratorio, *Falte* por ejemplo, lo refinan, y los más grandes son transnacionales, estamos hablando de *Kaiser, Bayer*, muchos, antes eran muy independientes, pero se han fusionado, lo venden al mayorista, el distribuidor, aquí en México *Saba* es una casa muy grande económicamente, *Nadro*, nacional de drogas, y el otro *Basan*, yo trabajo con *Nadro y Marsan*, y el mayorista llega aquí, venta de mostrador, y al frente está el consumidor, aquí termina, este producto a lo mejor está hecho en Alemania, en Inglaterra, en Estados Unidos, viene al distribuidor, llega a la farmacia, y nosotros al consumidor, esa es la cadena que hay respecto al medicamento, y todo lo que se relaciona a la farmacia [...] los distribuidores ya no son chocholtecos, son transnacionales, tendrán personal mexicano, pero los dueños del capital son de afuera, hay laboratorios ya aquí pero las sales vienen de allá [...] no estamos a la altura de ser fabricantes".

De inventor/descubridor a fabricante, de éste a los laboratorios, de los laboratorios a los distribuidores, para pasar a los mayoristas, quienes ya suelen ser mexicanos, y éstos les venden los productos a los farmacéuticos. El eslabón étnico entonces no asciende más allá de los mismos farmacéuticos, quienes a su vez empiezan una nueva red vertical, hacia abajo esta vez, al integrar a trabajar a sus hijos, sobrinos y nietos con ellos, quienes después de aprender el oficio intentarán instalar una farmacia por su propia cuenta (usualmente en la propia casa, en la salida hacia la calle). Trabajadores y empleadores pertenecen así a la misma familia, basándose los tratos laborales en la confianza que suele otorgar la cercanía social y el conocimiento íntimo. De igual manera ocurre con las ferreterías y tiendas, los otros dos rubros más conocidos por los chocholtecos de San Miguel Teotongo. De este modo logran, a través del trabajo, integrarse a la sociedad mexicana contemporánea, adaptándose a la terciarización de la economía mundial[115].

---

[115] Es de destacar que en los casos aquí mencionados: dueños o empleados de farmacias, ferreterías y tiendas, los chocholtecos son los vendedores de productos generados por otros (y en otros países), y no los productores de los bienes, creados muchas veces en las comunidades, y comprados y vendidos por otros, intermediarios, etc. como suelen mostrar muchos trabajos antropológicos (al respecto, ver sobre la artesanía indígena a García Canclini, 2007 [2002], entre otros). De este modo, los sujetos aquí se encuentran en el polo opuesto de la cadena comercial de producción (típicamente campesina), distribución, circulación y venta (y consumo) de mercancías, siendo esta vez vendedores, esto es, participando del sector de servicios, propiamente urbano.

Los chocholtecos y el movimiento etno-cultural

Ahora bien, esta implicación laboral mercantil no implica en muchos casos un desajuste con las necesidades identitarias de los sujetos. Los chocholtecos suelen participar en el Comité Unión Teotonguense Oaxaqueño, manteniendo los vínculos étnicos en la ciudad, trascendiendo los límites de la sección y de la colonia donde vive cada uno, con el objetivo explícito de cooperar económicamente con las obras que sean necesarias en Teotongo, Oaxaca. Evodio explica el funcionamiento de esta organización:

> "Aquí nosotros tenemos un comité que se llama Unión Teotonguense Oaxaqueño, se forma por un presidente, un secretario, un tesorero, vocales, siempre, desde los años 50' ha habido esa idea de organizarse [...] el fin que se persigue es de aportar algo para allá, trabajan [...] con las autoridades porque así debe ser, si hay una obra para el pueblo debe trabajar la autoridad municipal de allá con el comité de la organización de aquí para solventar gastos según el proyecto que haya".

Este Comité elige directiva cada tres años a través de una elección de usos y costumbres: un integrante propone a otro y si hay consenso entre quienes viven en la ciudad, la persona elegida suele aceptar el cargo. Junto a esta organización, Teófilo, Rufino, Calixto y Evodio (además de Genaro, quien vive en la Delegación Tlalpan) conforman el Grupo de Apoyo del Consejo Indígena Municipal Chocholteco (CIMCHOL), asistiendo periódicamente a las asambleas en Teotongo, Oaxaca, con vistas a crear y desarrollar nuevos proyectos de desarrollo para su pueblo. Este movimiento etno-cultural es dialéctico entre la pertenencia comunitaria o lo que Bartolomé denomina "identidad residencial" (2004 [1997]) -local[116]- y la identidad étnica -trans-territorial e incluso transnacional-. Al respecto señala Barabas (1999):

> "En 1998 se observa una incipiente tendencia a la reconstitución identitaria del grupo, aunque la pertenencia comunal sigue siendo primordial en las lealtades" (op. cit.: 168).

Ahora bien, ya a principios de la década de 1970 hubo acciones en pro de fortalecerse material y culturalmente: el nombre de Santiago Teotongo, en el contexto de una crítica a los excesivos gastos de las mayordomías, se sustituyó

---

[116] G. Aguirre Beltrán, a mediados del siglo XX, diferenciaba incluso entre los conceptos de paraje y de comunidad. Señala que al aplicarse proyectos de mejoramiento económico resulta recomendable el consentimiento de las familias agrupadas en parajes, más que el de la propia comunidad, debido a su extraordinaria cohesión (en Montemayor, 2008 [2000]: 76).

oficialmente por el de Teotongo, restándosele su rasgo católico. Como explica Teófilo:

"festejábamos con grandes fiestas a todos los santos que están en el templo, y el mayordomo tenía que trabajar todo el año para juntar la lana y hacer la fiesta en grande, para que vaya la banda de música, mientras los chamacos ahí están sin comer, no tienen cómo vestirse, es decir el señor ya tenía en su mente que había que quedar bien ante el pueblo para dar de comer a todos, aunque no dé de comer a sus hijos, total es que ésa era nuestra mentalidad, la mentalidad de nuestros padres, pero ya cuando nosotros fuimos creciendo ya vimos las cosas muy diferentes, y es cuando llegamos aquí, ya ampliamos nuestro conocimiento, ya influimos un poco nosotros como organización que fue la Unión Teotonguense, por ahí por la Moctezuma [Delegación Venustiano Carranza, D. F.] en el 42', 45', 50', todos, muchísimos, ya influía la organización ante el pueblo y ante la autoridad, y se fue predicando eso poco a poco, la religión nos ayuda ciertamente hasta cierto punto, pero las mayordomías, el aguardiente, el pulque, el vicio no, llegó una asamblea general del pueblo, la autoridad era Samuel Cuevas, era el presidente municipal en Teotongo, se propuso que dejara de ser Santiago, y nada más fuera Teotongo, la gente ya estuvo de acuerdo, se levantaron las actas y se llevó a la Cámara de diputados para que lo aprueben legalmente, la legislatura del estado de Oaxaca aprobó, a petición del pueblo, 'deja de ser Santiago Teotongo y oficialmente pasa a ser únicamente Teotongo', así se fueron quitando las mayordomías, ya no hubo gastos".

De modo que se fueron eliminando poco a poco las fiestas, el alcohol y los gastos que tendían a endeudar a los mayordomos y a aumentar la vulnerabilidad de sus familias. Vemos que en este cuestionamiento de las tradiciones, cuando éstas perjudicaban a la población de Teotongo, "los urbanos" organizados han desempeñado un rol importante. En este paulatino movimiento étnico también algunas entidades estatales han jugado un papel relevante durante la última década: las autoridades municipales de Teotongo (como también de Ocotlán, Nativitas, Buenavista y Monteverde) han retomado el proyecto de enseñanza oral del *ngigua*, comenzando a implementarse la educación bilingüe en educación preescolar y primaria a través de cursos impartidos por maestros bilingües nombrados por sus respectivos pueblos (Barabas, *ibid*). Ahora bien, el re-aprendizaje de la lengua conlleva al mismo tiempo un interés económico, pues del conocimiento de su lengua dependen muchas veces las asignaciones de recursos desde las instituciones del Estado. Al respecto, señala Teófilo:

"tuvimos la desafortunada situación de no haber aprendido nuestra lengua materna, estaba prohibido, niño que hablaba su lengua materna era estigmatizado, señalado por el maestro, entonces ya ni en las casas se hablaba, entonces por ese motivo nos está costando trabajo ahora la cuestión de la lengua, el gobierno luego no quiere soltar los recursos o los apoyos porque determinada zona no habla su lengua materna, y nosotros ya hemos presentado algunos documentos a la Cámara de Diputados y todo eso, entonces estamos demostrando que no se hace necesario hablar la lengua, lo más importante es sentirse que somos indígenas, que descendemos de un grupo étnico que se llamó *ngiba* y que al llegar los españoles cambió el nombre, nos pusieron chochos, y ahora estamos manejando chocholteco, se nos hace urgente presentar una región para que lleguen los recursos económicos de la Federación, y con que haya un porcentaje de personas que habla, aunque sea mínimo, debe considerarse porque de ahí son, son nativos de esa región".

2. TRABAJO, COMERCIO E INSERCIÓN/INTEGRACIÓN MIXTECA URBANO-NACIONAL:
ENTRE LO INFORMAL Y LO FORMAL, LO LOCAL Y LO GLOBAL

Los vecinos mixtecos de la colonia no provienen -como en el caso de los chocholtecos- desde un solo lugar de origen, sino que desde varios poblados al interior de la mixteca oaxaqueña. Destacan entre ellos: San Miguel Tecomatlán y Santa Cruz Mitlatongo, del distrito Nochixtlán; Santa Cruz Itundujia, distrito Putla; San Pedro Yucunama, distrito Teposcolula; San Miguel El Grande, distrito Tlaxiaco, y San Pablo Cuatro Venados, distrito Zaachila. Pese a esta variedad de localidades de nacimiento y a sus particularidades histórico-culturales, hay en ellos una conciencia de pertenencia al grupo étnico mixteco[117] que se ha visto ampliada al convivir en una misma colonia y sus respectivas secciones, en un ambiente urbano mestizo cuya población suele ser prejuiciosa con los originarios de Oaxaca y en un período histórico en que encontrar trabajo en la industria resulta más bien un recuerdo de los años sesenta.

El principal propósito de este capítulo es revelar cómo los mixtecos se insertan/integran a la ciudad y a la sociedad nacional, a través de desempeñarse laboralmente en un determinado oficio, especialmente vinculados al comercio. Los diversos testimonios dan cuenta de un mercado laboral estratificado y segmentado en sus respectivos poblados, constituido por la élite política-clerical que suele comercializar ganado y otros bienes en grandes cantidades; los comerciantes y

---

[117] La población mixteca (*Ñuu Savi*) en México se encuentra distribuida entre sus diversos estados. De acuerdo a la Comisión Nacional para el Desarrollo de los Pueblos Indígenas (CDI, 2000), está conformada por 726.601 personas, representando la cuarta mayor población indígena a nivel nacional, después de la náhuatl, maya y zapoteca.

artesanos, que representan el estrato intermedio; y la base campesina, dedicada a la producción de autosubsistencia. Estas capas sociales y oficios tienden a concentrarse en San Miguel Teotongo en torno a los comerciantes, aunque con una gran variedad de especializaciones, muchas de las cuales provienen desde las ocupaciones de los inmigrantes y sus familias en las respectivas localidades de Oaxaca.

La UCSMT y los inicios del comercio local: los tianguis y "mi lugar"

Como parte del proceso de fragmentación social y política que ocurrió en la colonia desde 1992-1993 en adelante, años en que los colonos empiezan a dejar la lucha común para dedicarse a sus hogares, la señora Leonor (mixteca, 68 años) empezó a trabajar en un tianguis organizado por la propia UCSMT. Este tianguis se instalaba los días viernes en la calle Unión de Colonos, en la sección Mercado:

"Me metí a vender a un tianguis acá en la colonia, hace 20 años se hizo un tianguis en torno a la Unión, pero yo empecé a vender en la lechería [de Liconsa] que se abrió en los arcos, porque ya mis hijos estaban grandes, ya todos estudiaban, ya no alcanzaba el sueldo de mi esposo, y de allá salía al tianguis a vender, vendía mercería, hilos para tejer, servilletas para bordar, hilos para suéters, todo eso vendía, era un compañero de la Unión el que empezó a organizar el tianguis, después ese tianguis se desbarató y ya nos fuimos a otra colonia, a Potrero, ya no se vendía, era los viernes y ya cuando no se vende le busca el delegado otro lado donde se venda, por eso se desbarató [...] hace ocho años ya me salí del tianguis, antes me iba desde las cinco de la mañana hasta las siete de la noche, en el tianguis, ya después mis hijos no quisieron que siguiera trabajando, ahora nada más vendo los martes pero con puro pedido a domicilio, lo que me pidan es lo que voy a entregar nada más, estambres para suéters, servilletas [...] me surto en el centro, en República del Salvador y Jesús María".

Respecto al mismo "tianguis"[118] -esto es: un "grupo de puestos provisionales para vender o intercambiar mercancías de muy diversa índole, que generalmente se instala en determinado lugar un día fijo de la semana" (Villarreal, *op. cit.*: 358) la señora Nicomedes (mixteca, 66 años) recuerda:

"me puse a vender comida aquí en el tianguis, antes estaba este tianguis [a la salida de su casa, en la sección Mercado], ya tiene muchos años, después con toda la organización hicimos que se cambiara acá al eje, antes nosotros vendíamos aquí pozole, comida, pero cuando se cambió para el eje ya no porque dónde iba a andar yo con mis ollas no, y el delegado de los tianguistas nos decía 'vámonos, ustedes tienen su lugar',

---

[118] Palabra *náhuatl*= mercado, especialmente el que se realiza al aire libre un día específico cada semana. De *tianquiztli*, sitio para vender, comprar o permutar (Montemayor, 2007). Y, de acuerdo a Marroquín: "institución que, en sus patrones fundamentales, se ha conservado durante más de cuatrocientos años y tiene hoy plena vigencia" (1978 [1957]: 36 y 158).

pero ya no seguimos vendiendo la comida, trabajé en varias partes pero mi localito ahí no, me pasó como los señores que buscan varias mujeres, tienen una, tienen otra pero al último regresan con ella, ja, ja, yo he ido así, pero ya ahorita no, para andar ya no me dan las fuerzas, ahora ahí estoy [en el mercado de la sección Mercado]".

Al interior de este tianguis continúan hoy las disputas entre quienes se afilian a la UCSMT/PRD y quienes participan en el PRI. Guadalupe (mixteco, 58 años) explica cómo se organizó este primer tianguis (que sigue siendo el más grande de la colonia, y al cual muchos vecinos bajan los días lunes a comprar) y destaca las distintas formas de organización de ambas instituciones, en la primera "no hay líderes, hay una comisión", en cambio en la segunda la estructura es jerárquica:

"Antes todos eran de la Unión, se le dio confianza a uno de los representantes para apoyar a los comerciantes y para ubicar los lugares para trabajar, se le dio la confianza para organizar a los comerciantes, entonces esa persona empieza a pedir cooperación a los comerciantes, y empezó a presionar, y varios 'compas' se quejaron en la organización, 'oye, éste se mandó para que organizara, no para que esté presionando o cobrando a los compañeros', entonces a esa persona se le llama para ver cómo está la situación, y él se aferró, él tenía gente, ya se dio a conocer como líder, Guillermo Trejos se llama, entonces él movió a la gente, 'la Unión nos está echando la delegación, la Unión nos quiere quitar', o sea prácticamente dio vuelta a la gente, entonces ese cuate cuando ya se sintió seguro dejó de ser de la Unión, y se decide ir al partido oficial, al PRI, y se lleva a los comerciantes y hasta la fecha sigue cobrando […] en el grupo de nosotros, los que no nos fuimos allá, no hay líderes, hay una comisión, y en esa comisión estamos varios 'compas' de la Unión y vemos que aquél no meta a su gente en los lugares de los 'compas' de nosotros, nosotros no tapamos avenidas principales, nosotros giramos nuestros documentos para el permiso, así trabajamos en el comercio, la necesidad misma, como no hay para rentar un local entonces preferimos en la calle".

La señora Eva (zapoteca, 58 años) y José (mixe, 60 años) trabajan los domingos en el tianguis de la sección La Cruz, el que también fue organizado en un principio por la UCSMT. Compran en Tepito, "el centro del zapato", como dice José: "por medias docenas, un poquito de cada modelo, de menudeo es un precio, de mayoreo es otro precio, de seis pares para arriba es mayoreo". Ellos, al ser participantes activos de la UCSMT, no pagan diariamente por el lugar donde instalan el puesto. Como dice la señora Eva: "yo ya tengo mi lugar":

"somos un grupo de comerciantes, no hay un líder, sí una persona que da los lugares, yo ya tengo mi lugar, establecido, yo llego, si está otra persona en mi lugar le digo que me dé permiso, que ése es mi lugar, ya pongo yo mis cosas, o al compañero que da los lugares voy y le digo 'compañero sabe qué?, la señora está en mi lugar', ya él va y le dice 'sabe qué señora, véngase para acá, deje el lugar de la compañera', la Unión lo puso como dirigente del tianguis […] Mi esposo es zapatero, está en un taller trabajando en Tepito, vendemos zapatos nada más un día a la semana, el domingo en el tianguis de La Cruz, vendemos zapatos de dama, caballero, niño, *tennis*, huarache, chancla de plástico, de todo un poco, cuando nos va bien pos ganamos unos cuatro mil pesos, mi esposo los compra en Tepito, porque ahí se hace un tianguis lo que es miércoles y sábado todo mundo tiene sus zapatos afuera, y ahí compramos nosotros, media docena que es para lo que nos alcanza".

El tianguis de la sección La Cruz

Todos los días hay tianguis en la colonia, sea en una u otra sección, en la parte alta, baja o media, o muy cerca de la colonia. Los días lunes en "las torres"[119], sección Mercado, en la parte baja de la colonia; los martes en la colindante colonia Lomas de Zaragoza; los miércoles en la sección Corrales, en la parte alta, aunque como es muy pequeño muchos vecinos prefieren ir al tianguis de la colonia Santa Marta, el que se destaca por ser muy grande, encontrándose ahí "hasta medicamentos del mercado negro"; los jueves en la sección Mercedes, en la parte baja; los viernes, en la sección Acorralado, en la parte media; los sábados en la colonia Lomas de Zaragoza nuevamente, y los domingos, en la sección La Cruz, en la parte media, y en la colonia Ampliación Santiago, adyacente a Lomas de Zaragoza. De modo que el calendario semanal de los tianguis, en las distintas secciones y colonias colindantes, es:

---

[119] Los vecinos denominan como el tianguis de "las torres" al que se ubica en la sección Mercado pues ahí se instalaron las primeras torres de alta tensión que generan electricidad, "luz y fuerza", a la colonia, sobre el eje 6.

Domingo	Lunes	Martes	Miércoles	Jueves	Viernes	Sábado
La Cruz	Mercado	Lomas de Zaragoza	Corrales	Mercedes	Acorralado	Lomas de Zaragoza
Ampliación Santiago			Santa Marta			

Esta alta disponibilidad de comercio favorece tanto a los clientes/consumidores como a los comerciantes/vendedores. Guillermo (mixteco, 66 años) trabaja en tres tianguis, dos en la colonia, y otro en Ampliación Santiago, "y ahí vamos dando la vuelta":

"Ahora me dedico a los tianguis, a vender *tennis*, tengo dos, tres tianguis, uno que está en [la colonia] Ampliación Santiago, voy los domingos, los lunes aquí en las Torres [sección Mercado], entre semana otro que está por acá adelante, el fin de semana otra vez regresamos a Ampliación Santiago y otro día que nos dedicamos a comprar para surtirnos y volver a trabajar, y ahí vamos dando la vuelta".

Guillermo es uno más de los vecinos que ven fragmentados sus ingresos entre una y otra fuente laboral. Guadalupe (mixteco, 58 años), lo hace de igual manera, complementando los ingresos del trabajo en obras viales del Gobierno del Distrito Federal (GDF) con su puesto de ropa en el tianguis de La Cruz:

"la ropa que yo vendo es nueva, el cliente lo valora, 'sabe qué, yo quiero para mi hijo los suéters que me hizo la vez pasada, de esa calidad los quiero', es ropa casera, que la hacemos en casa, entonces compramos materia prima, la ropa la hacemos en casa, terminamos y se lo entregamos, así es el trabajo que realizamos [...] con seguridad sábados y domingos, pero mi esposa baja uno, dos o tres días a la semana, si amanece bien inmediatamente baja a poner el puesto [...] Aparte de mi negocito estoy trabajando en obras viales, de lunes a viernes, para entrar hay horario, para salir no, dependiendo del material, normalmente el contrato es de siete a tres, pero si se atrasa el material ya salimos más tarde, trabajo para el gobierno del Distrito, eso lo conseguí por medio de unos 'compas' conocidos del rumbo que trabajaban ahí, entonces cuando ellos se jubilan, me invitan a entrar a trabajar, hay que hacer todo lo que concierne con banquetas, con asfalto, todo ese tipo de trabajo, cuando hay alguna fuga, es una emergencia, para cavar o para tapar [...] En el trabajo es el mínimo, 1200 a la quincena, son 2400, en la venta del tianguis, por más unos 600, 3000 pesos más o menos gano al mes".

Tres generaciones trabajando en el tianguis de La Cruz

Guadalupe marca un antes y un después en su trabajo de producción de ropa con el periodo presidencial de Salinas de Gortari (1988-1994), tanto en el taller de su casa como desde la condición de empleado en una empresa textil: "cuando entra el libre comercio, nos dio en toda la torre, porque vino la ropa de muy bajo costo"[120]. Los cambios, y las crisis, en la economía internacional, afectan a su vez los apoyos gubernamentales:

> "cuando yo inicié con mi negocio me iba bien, había crédito entonces, sería como en el ochenta, el gobierno daba crédito para hilo, para tela, hasta para maquinaria, la casa Díaz daba crédito para las maquinarias, 'llévatelo y cada mes es tanto', pero ya estaba uno trabajando, ésa era una ventaja, y a partir de ahí, cuando entra el libre comercio, nos dio en toda la torre, porque vino la ropa de muy bajo costo, mientras un suéter que

---

[120] Remontándose a los pioneros de la modernidad, Bauman ilustra la incidencia de esta circulación de las mercancías globales en los espacios locales (2005 [2004]: 96): "Allí donde la familia y los negocios comunitarios estaban antaño capacitados y dispuestos a absorber, emplear y mantener a todos los seres humanos recién nacidos y, en la mayoría de los casos, a garantizar su supervivencia, la rendición a las presiones globales y la apertura de su propio territorio a la circulación de capital y mercancías sin ataduras los hizo inviables. Sólo ahora experimentan los recién llegados a la compañía de los modernos esa separación del negocio con respecto al hogar, que los pioneros de la modernidad experimentaron hace cientos de años, con todas las convulsiones sociales y toda la miseria humana consiguientes, pero también con el lujo de las soluciones globales a los problemas producidos localmente: una abundancia de 'tierras vacías' y 'tierras de nadie' que podían usarse con facilidad para depositar el excedente de población que ya no absorbía una economía emancipada de las constricciones familiares y comunitarias; un lujo no disponible para los rezagados".

costaba 25 pesos en el centro, la que fabricábamos nosotros tenía un precio de 120, entonces ¿cuándo se iba a poder?, la gente prefería de 25 pesos pero ya a la primera lavada estaba chiquitita, yo tardé para recuperarme, yo tenía una lista grande de 'compas', de deudas, que nunca cobré, yo tengo esa costumbre, no cobro, no me gusta ir a sus casas, a tocarles, no, se supone que fue de palabra, esa es la costumbre que nosotros traemos de allá, de palabra a palabra, yo no he podido recuperarme, si tengo mis maquinitas bueno porque las tapé, las conservo, y ahí están, yo trabajé en una empresa grande, quebró, esa tenía máquinas motorizadas, automáticas y quebró, en una empresa textil que se llamaba Diamantes, S.A., ahí fue que empezamos a sentir que la situación estaba muy tremenda [...] la crisis fue del 85' como al 95', con el presidente Salinas, él fue el que abrió el libre comercio, nos afectó al comercio en general, pero más en lo de la ropa, ya no hubo crédito, ya todo era de contado, a usted le faltaban cincuenta centavos para completar los kilos que trae, no lo dejaban sacar, tronaron las empresas medianitas o las empresas que no estaban con el gobierno, y favorecieron a las empresas del gobierno, a partir del 95' nos fuimos adaptando más o menos".

Y junto con la liberalización del comercio entran a México grandes cantidades de ropas, ofreciendo los proveedores las mejores marcas, algunos de los cuales llegan a Iztapalapa y hasta a San Miguel Teotongo a vender sus productos, con quienes se abastecen algunos vecinos/tianguistas. Se trata de las denominadas "pacas": ropa de mayoreo, habiendo pacas de todas las clases, "premium", de "primera", de "segunda" y de "tercera". Como afirma Guadalupe:

"ahorita los precios están subiendo, día con día, y ahorita cuál es el pretexto, que por los decomisos de ropa que están haciendo, que toda la ropa va a elevar de precio [...] lo que pasa es que los tianguistas grandes compran 'pacas', y las 'pacas', las más grandes, cuestan ocho, diez y doce mil pesos, escogen lo mejorcito y eso lo venden a buen precio, le doblan o le triplican, y lo que viene más deteriorado lo venden a los tianguis y a precio barato, en los tianguis se encuentra ropa de cinco pesos, 10 pesos, pura ropa usada, viene ropa de Estados Unidos, de China, de Taiwán, toda la 'paca' es ilegal, viene *tennis*, zapatos, de todo, aquí ya hay gente que les compran al de las 'pacas' y lo traen para acá, así es, este tianguis está pequeño, pero sí ya entra todo tipo de ropa usada, hay gente que ya vende 'pacas' aquí, tráilers grandes llegan y entregan, y ya de aquí van estos pequeños a comprar de acuerdo a sus posibilidades".

Eva, José y Guadalupe mencionan distintas formas de venta a los clientes. Dadas las precarias condiciones económicas de los vecinos, el fiar o "prestar" productos a los consumidores solía conllevar problemas de no pago a los vendedores, por lo que actualmente se aplica un nuevo sistema de venta (además de la compra/venta inmediata): "el apartado". Entonces, de acuerdo a la confianza/desconfianza que se le tenga al comprador, se le vende "en confianza" (fiada o prestada) o se le "aparta" la mercancía[121], dos formas opuestas de pago en cuotas. Como explica José (mixe,

---

[121] Es de destacar que también en algunas de las grandes tiendas comerciales del D.F. se utiliza esta forma de venta, apartando el producto elegido por el cliente.

60 años):

"Un sistema es el apartado, viene, se mide el zapato, le gustó y todo, y dice 'me gustaron éstos, pero ¿sabe qué?, primero se lo voy a pagar y luego me los da', entonces lo único que tengo que hacer es apartarlo, ya no lo puedo vender, si la persona así me haya dejado 20 pesos yo ya no los puedo vender, entonces esa persona de aquí a ocho días viene y me deja otros 50 pesos, si se lo estoy vendiendo en 150 pesos, cuando venga con sus últimos 50, 'aquí está su par', ahí me está pagando y yo no le estoy dando el zapato hasta que acabe, la otra es la confianza, que nosotros tenemos clientes que ya les hemos fiado, o sea que dicen '150, bueno, le dejo 50 hoy y dentro de ocho días le traigo lo demás', pero ya se llevó el zapato, eso es de confianza, una es de apartado y otra de confianza, y tenemos clientes que ya ni les decimos nada, ya no más llegan y dicen, 'quiero un par de zapatos', 'ah sí, llévate lo que quieras', se llevan dos, tres pares, nos debe 500 pesos, ni le decimos cuándo nos va a pagar, la dejamos, porque ya sabemos que cuando ella tenga nos va a traer los 500 pesos, el sistema de apartado es más nuevo, hace muy poco tiempo se empezó a usar, y en cualquier comercio, empezó por eso de que la gente llegaba y decía '¿me fía?', entonces para no fiarle pero sí con la idea de que se le entrega lo que ella quiere, se decía 'bueno, apartado, me dejas tanto y cuando me acabes de pagar ya te doy los zapatos', es lo más nuevo, después de Salinas [de Gortari] para acá, yo soy muy práctico para todo, cuando nosotros fiábamos muchos nos quedaban a deber, entonces ya fue que le digo a mi esposa 'ya no le fíes a nadie, diles que te dejen algo, con 20 pesos que nos dejen'".

Guadalupe también describe este nuevo sistema de venta:

"el sistema ahorita es 'empiece a abonar y terminando ya se lo lleva', ese es el sistema después de darnos cuenta del error de prestar, salvo que sea a un compa' que uno sabe que paga, son contaditos los que cumplen".

A estos dos sistemas en cuotas o abonos, además de la compra/venta inmediata, Eva agrega un cuarto sistema, el que suele ser organizados por mujeres: la tanda[122]:

"En el apartado no se lleva el calzado y en el préstamo sí se lo lleva, apartado es que me va dejando, me va dejando, me va dejando usted, cuando termina de pagar yo le entrego su calzado a usted, y la tanda viene siendo lo mismo, si son 12 números, si a usted le toca el cinco yo le doy su calzado, entonces usted me sigue dando para que en el seis le toque a la otra, en el siete a la otra y así hasta el 12 […] Tenemos una lista de números, como yo estoy haciendo la tanda yo me quedo con el primer número, el segundo ya le toca a usted, usted se lleva su calzado, pero usted sigue dando hasta terminar los once números, ahí termina la tanda, si yo entro sí recibo, mi dinero o mi par de zapatos que yo quiero, también se hacen tandas con colchas, ollas, planchas, es un crédito familiar digamos, el que vende muebles, colchas, sábanas, todo eso, haga de cuenta que es un abono lo que usted está dando cada ocho días, cuando a usted le toca ya le dan su colcha y todo, y usted sigue dando hasta terminar la tanda".

La tanda se asocia a la obtención de productos que no se compran/consumen todos los días. Sea un par de zapatos, colchas, ollas, planchas, muebles, sábanas, etc., se trata de bienes que van más allá de la vida cotidiana: es una estrategia para poder

[122] La tanda ocupa un lugar importante en la vida económica de los vecinos de la colonia. Sobre ella me referiré con mayor detalle en el capítulo siguiente, al analizar las formas de ahorro y crédito de las familias mixtecas. Ver al respecto: Vélez, 1993 [1983]; Lewis, 1961 [1959]; Adler-Lomnitz, 2006 [1975]; Hernández, 2003; Campos, 2005 y Villarreal, 2004.

hacer regalos -"muchos objetos se ven envueltos en 'procesos de consumo', con el objetivo de crear y recrear vínculos sociales a través de transacciones continuas", escribe Narotzki (2004: 69)- o hacerse regalos de un orden cualitativo que trascienden la necesidad diaria, homogénea, y se inyecta de motivación/deseo, colmando todo el proceso cooperativo de tensión simbólica: me dan "mi par de zapatos que *yo quiero*", "cuando a usted *le toca*", pero *"usted sigue dando hasta terminar* los once números".

Como vemos, el ajuste estructural de fines de los ochenta y la actual crisis económica global han generando impactos negativos en la estabilidad laboral y calidad de vida de los vecinos de la colonia, situación que ha aumentado la necesidad de implementar tácticas que permitan tanto sobrevivir a la cotidianidad como celebrar los momentos de fiestas. Las estrategias que realizan los tianguistas (y los clientes) respecto de las formas de pago, así como de circular por las secciones y colonias de Iztapalapa trabajando en uno y otro tianguis en pro de combinar los recursos monetarios, son aun más requeridas en quienes ejercen el comercio ambulante calle por calle y casa por casa.

Venta informal fuera de la casa y comercio ambulante: "nada más da vuelta el dinero"

En las mismas calles a lo largo de las cuales se instalan los tianguis durante al menos un día a la semana, en las entradas de varias casas[123] se puede ver la comercialización de productos en pequeña cantidad, "changarritos", que llevan a cabo comercio minorista o "de menudeo". El caso de la señora Antonia (mixteca, 59 años), quien vive en la sección Campamento Francisco Villa en una calle en que se encuentran concentrados los mixtecos del pueblo oaxaqueño de San Cristóbal Montepec, es explícito sobre el manejo de un presupuesto diario y dependiente de los vecinos, pequeños montos de dinero que sólo alcanzan para la sobrevivencia: "nada más da vuelta el dinero":

---

[123] En algunas colonias del D.F. es usual también la denominada "venta de garage", vendiéndose ropa usada en la misma vivienda. En el caso de San Miguel Teotongo, sólo se realiza de vez en cuando en la parroquia, recibiéndose prendas como regalo de los vecinos para financiar viajes u otro tipo de actividades de algún grupo participante en las capillas o parroquia.

"yo la verdad no tengo trabajo no más que mi negocito, un puestecito de dulces, en la entrada de la casa, diario, mis hijos todos se casaron, no tengo a nadie, poquito que yo saco de eso vivo, vivo sola [...] Acá, como acá casi no vendo ahorita, está muy bajo, entonces yo en la mañana me paro, me voy a buscar mi plástico, cartón, lo que sea, entonces nos vamos con mi mamá [quien vive en la esquina de la misma calle con otra hija] a vender, ya ganamos de comer, lo vendo allá abajo a un señor que compra ahí, compra chacharitos, cartones y botellas, pero mi mamá sí tiene apoyo del gobierno, esa tarjeta para sacar su despensa, ella ya tiene 74 años [...] yo aquí estoy en mi puerta, abro mi puerta y ahí tengo [...] aquí tiene que echar ganas, o si no ¿a quién le pedimos?, tiene que ir a trabajar, 50, 70 pesos gano al día a veces, pero a veces 30, 40, y ahora mucha gente junta botellas, cartón, los dulces los compro en el mercado La Cruz, cada mes me voy a surtir si tengo, nada más da vuelta el dinero".

Su caso ejemplifica los análisis que ha hecho González de la Rocha (2006) respecto a las "desventajas acumuladas" de la población pobre en México. "No tengo lugar" dice Antonia:

"mi esposo era del mismo pueblo, estaba tomando, se cayó y se pegó en la cabeza [...] yo no fui a la escuela, no sé leer, no sé nada [...] en el pueblo si no tiene animales en qué trabaja usted, en nada, ni terreno, no hay tierra, por eso yo no regresé, se lo quedó mi suegra, yo no peleo nada, por eso yo no voy porque no tengo lugar".

Un local de comida en la calle Nicaragua, sección La Cruz

Los resultados de investigación de González de la Rocha (*op. cit.*) también dan cuenta de un "aislamiento social", fenómeno que estaría en aumento actualmente, pasando la población cada día más desde un estado de vulnerabilidad a uno de exclusión social (Castel, 2000 [2004]; Tezanos, 2002). El testimonio de Antonia no deja dudas sobre este aislamiento:

"mis hijos todos se casaron, no tengo a nadie [...] vivo sola [...] cada quien nos arreglamos como podemos, nada más 'buenos días y buenas tardes'".

La señora Maura (mixteca, 67 años) tiene junto a su esposo una papelería en su casa, "para que salga pa' la tortilla, para frijol":

"por lo mismo que mi esposo ya está grande, ya no aguanta trabajar, ya no oye, a veces no contesta porque no oye, pusimos un negocio para que esté, para que salga pa' la tortilla, para frijol, pero que se vende bien no, porque hay mucha papelería, pero algo saca, para medio kilo de tortilla, de frijol, a veces vende 50 pesos, 40 pesos, pero ahí está, mi esposo va a comprar las cosas, a veces lleva 100, 200 pesos porque no se vende muy bien, pero a él le dije 'ahí vas a estar, porque usted no va a salir a trabajar, ya estás grande'"

La situación de Paula (mixteca, 30 años) es de menor "riesgo social". Ella complementa la venta de tacos y pan oaxaqueño (el "pan blanco") fuera de su vivienda los fines de semana con la venta ambulante de pan casa por casa "entre semana", así como en las escuelas cercanas. El comercio de ambos productos es una tradición familiar que empezaron sus padres, quienes llegaron en un primer momento a la colonia, creando un enclave mixteco a lo largo de la calle Nicaragua, en la sección La Cruz. Paula describe su quehacer como un intercambio circular monetarizado:

"Después de estudiar empecé a trabajar ayudándole a mi papá en los tacos [...] lo vendemos aquí en la casa, trabajo familiar, mi papá, mi mamá, ya después mis papás se fueron al pueblo y ahora estamos encargadas mis hermanas y yo [...] cosas que son de allá nosotros tratamos de hacerlas aquí, por ejemplo el pan que nos enseñó mi papá a hacer es el de allá, luego empezamos a hacerlo y a venderlo acá, entonces el bolillo ese pan no es, sino se llama el pan blanco, así le dicen en Oaxaca, ese pan de harina de trigo que es el pan blanco, y harina de trigo que tiene fibra, entonces ahora sí luego llegamos a vender y a la gente que es de ahí pos le gusta y lo compra, y gente que no es de allá pero es de otras provincias también lo compra, yo voy casa por casa, hay unos que vienen y hay otros que yo llego a ir, pero en la mayor parte yo llego a entregar cada tercer día, por ejemplo el sábado que llegara a hacer, pos voy a una parte de [la sección] Avisadero [en la parte alta de la colonia], mañana domingo en el mercado de La Cruz, en otra parte, al otro día que es lunes, en las escuelas, ya de ahí me van recomendando más, gente que no conozco, pero gente que ya lo ha probado me dice 'sabes qué?, dice la otra persona que sí le gusta este pan', ya le doy a probar, entonces ya voy con más gente, el martes ya me regreso adonde empecé otra vez...siempre me lo pagan, y si no me lo llegan a pagar, y ya los conozco, me dicen 'no po', ¿sabes qué?, ahora no tengo, mañana te doy', 'si, no hay problema, se los dejo', ya los conozco, sé quienes son, mañana paso y ya, ya me pagan y seguimos trabajando".

También Paula, como Guillermo, describe la venta semanal como un ciclo continuo:

"el martes ya me regreso adonde empecé otra vez", lo que nos recuerda la reflexión de Derrida:

> "la economía implica la idea de intercambio, de circulación, de retorno. La figura del círculo está evidentemente *en el centro* [...] de toda la problemática de la *oiko-nomia*, así como en el de todo campo económico: intercambio circular, circulación de los bienes, de los productos, de los signos monetarios o de las mercancías, amortización de los gastos, ganancias, sustitución de los valores de uso y de los valores de cambio" (1995: 16).

Al vender "en confianza" Paula va "tejiendo" día a día una red de tratos interpersonales, pactos tácitos, generando relaciones comerciales de largo plazo (clientes regulares), que le permiten dar por supuesto que sus clientes la esperan en un lugar específico un determinado día de la semana. Tal intercambio cíclico de "nuestro pan oaxaqueño" por dinero constituye un eslabón crucial en la sintaxis de los vínculos comerciales de reconocimiento (Mayol, en De Certeau *et al.*, 2006 [1999]: 98). Se rutinizan así las relaciones comerciales transformándose en vínculos afectivos, de mutua fidelidad, forjándose nodos de lealtad cara a cara (sin intermediarios), los que se ven facilitados cuando hay lazos étnicos de por medio. Esta costumbre de comercializar productos originarios de Oaxaca es comentada por Reina (mestiza, 57 años), quien es una de las pocas vecinas de la sección Teotongo que no proviene de Oaxaca, sino que de Hidalgo:

> "ellos [los oaxaqueños] tienen otro modo de vida, ellos tienen la costumbre por ejemplo de comer en el suelo, en su casa, se hincan, ponen su metate y muelen ahí[124], y aquí la mayoría traen comida de su pueblo, por ejemplo aquí [en su calle] pasa una señora que anda vendiendo atole de granillo, eso no más lo hacen allá, es un atole blanco sin azúcar, comen un frijol tostado y molido, sus panes también son especiales, aquí en el mercado [de la sección Mercado] hay un puesto que trae puras cosas de Oaxaca [...] Yo tejo mucho hasta la fecha, y eso es lo que hacía y lo vendía, con los vecinos, vendía yo manteles, servilletas, vestiditos de Hidalgo".

Observamos que, como destaca Hannerz (1998 [1996], 252-253), la diversidad cultural se convierte en producto vendible. Aquí notamos más bien que es el origen

---

[124] Ésta fue más bien una costumbre que se mantuvo mientras los primeros colonos construían sus viviendas en la colonia. Efectivamente, Bonfil (*op. cit.*: 34) señala que en los espacios domésticos mesoamericanos "habrá, ocupando un sitio principal del hogar, el fogón y el metate para elaborar las tortillas, el alimento base, imprescindible: ahí pasan mucho tiempo las mujeres desde antes de que despunte el alba y ahí se reúne la familia para comer, charlar, discutir los trabajos y los días". Específicamente sobre las viviendas rurales de los mixtecos en Oaxaca, señalan Velasco *et al.* (2007: 12): "La construcción tradicional consiste en un cuarto largo edificado con adobe y techo de tejas o lámina, al que se agrega cocina de humo, construida con jarilla y lodo". Similar descripción realiza Butterworth (1990 [1969]).

cultural común el que deviene en un incentivo extra para las mercancías. Es así como el espacio del hábitat residencial se entrelaza con el espacio de la *urbs*, o, dicho en términos económicos, el ámbito de la producción se hace uno con el del consumo: convergen el espacio doméstico y el mercado monetarizado. Por su parte, Casilda (mixteca, 34 años) distribuye su tiempo entre un puesto de elotes fuera de su casa, la venta de manufacturas y el trabajo como docente en el Instituto Nacional para la Educación de los Adultos (INEA):

"Al principio yo trabajaba como secretaria en una constructora, hace como dos años me salí y empiezo un negocio de elotes, vendiendo elotes a la puerta de mi casa, por iniciativa de mi hija, los fines de semana, mi hija vendía dulces, paletas, chicles, tenía siete años[125], entonces de ahí empezamos a sacar para las tortillas, que para la comida [...] y hace un años entro en el INEA por invitación del técnico docente, y en vacaciones mi hija regresa con su changarrito, yo aparte vendo servilletas, fundas, porque bordo, hago recuerdos, vendo zapatos, cualquier cosita por pequeña que parezca se hace y de ahí sacamos para solventar todos los gastos [...] mi papá decía 'si quieres comer tienes que trabajar, y te va a costar, nadie te va a regalar nada, tienes que trabajar en lo que sea' [...] Actualmente soy asesora del INEA, les damos regularización a niños de primaria y secundaria, es un programa del gobierno de educación para los adultos, hay varios puntos en la colonia [...] en el INEA no nos pagan, nos dan apoyos, 50 pesos por examen, debe ser el examen aprobado, y en la escuela cobro diez pesos la clase a cada uno [...] y en el negocio es muy poquito, porque nada más es fin de semana, pero estamos pensando sacarlo toda la semana para que mi hija tenga en qué entretenerse y ella saque para comprar sus cosas".

Así como Paula intenta expandir diariamente sus redes clientelares y Casilda busca nuevas labores, también el matrimonio de Gregoria y Luis practican su comercio cotidiano en búsqueda de un capital líquido estable con el cual satisfacer sus gastos (y necesidades) básico/as. Ellos trabajan juntos vendiendo dulces preparados en su vivienda: "salimos con un carrito de mandado a gritar en la calle" por las colonias colindantes de Ixtlahuacan, Miravalle y Miguel de la Madrid, además de San Miguel Teotongo. Son, pues, "cambaceros", vendedores de productos de puerta en puerta. Gregoria (mixteca, 40 años) describe la preparación de las mercancías:

"Lo hacemos aquí en la casa y lo salimos a vender a la calle, a distribuir [...] las donas tres por cinco, y los buñuelos dos por cinco, hacemos las donas de chocolate, las empanadas de flan y las empanadas de arroz con leche, salimos con un carrito de mandado a gritar en la calle, y ya sale la gente a comprar, compran diez, compran cinco, depende de su economía, tenemos un horario, el procedimiento se empieza a la una de la tarde, se hace la mezcla, se bate la harina, se deja reforzar una hora y de ahí se empieza a cortar, se deja reposar, se cortan las donas y las empanadas con unos

---

[125] Es alta la participación de niños y pre-adolescentes en el trabajo de las familias indígenas en el D.F. Al respecto, Yanes señala: "En el grupo de edad de 12 a 14 años la diferencia entre indígenas y no indígenas en su participación en la PEA es de casi 24 puntos superior en los primeros [...] los indígenas se incorporan mucho más temprano a la generación de algún tipo de ingreso" (2008: 233).

moldes que mandamos a hacer para más o menos darles el precio a las donas y las empanadas, vaciamos el aceite, le ponemos las donas, empezamos a freír, ya de ahí dejamos que se enfríe un rato, las endulzamos y les damos la cobertura a las que son de chocolate, y las empanadas abrirlas y rellenarlas de flan y arroz con leche, ya que está preparado ir acomodando los canastos, una de flan, una de arroz, una de chocolate, y la de azúcar, ya yo me dejo enfriar un rato para que se me baje el calor, salgo a las cinco de la tarde a venderlas y regreso a su pobre casa, si están buenas las ventas regreso a las ocho, y si están más o menos regreso nueve a diez, hay un horario fijo, recorremos las calles y ya regreso bien cansada".

Como Gregoria trabaja también en el PRD aprovecha las salidas a reuniones partidistas en otras delegaciones del Distrito Federal para llevar sus productos de repostería y venderlos, ampliando los círculos de sus potenciales clientes. Además, las condiciones del (sistema de) mercado en las zonas más ricas de la ciudad favorecen el precio de los bienes:

"Aquí está económico, porque en el Distrito Federal hay zonas ricas y zonas de bajos recursos, aquí en la sierra de Santa Catarina damos las donas económicas porque hay mucha gente que no tiene recursos y es de familia numerosa, que tienen de cinco a siete niños, y rentan [...] en las zonas más ricas, en la colonia del Valle, Chapultepec, Lomas, Tacuba, Villacoapa, Coyoacán, Tlalpan, en esas zonas las cosas están más caras, ahí las donas están a cuatro pesos, va variando el precio, se transportan los productos en el vehículo, o en un pesero que se vaya uno, los llevamos en canasto, y salir a vender igual, en las calles, nada más que ahí sí tenemos que sacar permiso, todavía no tenemos, cuando tenemos eventos que hemos salido por el partido sí me llevo mis canastos, y allá saco más".

Encontramos en San Miguel Teotongo un abanico de posibilidades comerciales, que van desde lo informal a lo formal y desde las pequeñas escalas a las cantidades mayores de compra/ventas. Dos ejes devienen relevantes en la producción de los entramados sociales de las actividades económicas: el étnico y el político. Ambas dimensiones las veremos también en las transacciones al interior de los mercados de la colonia, aunque aquí se agrega otra lógica cooperativa: la unión, o mejor, la asociación, entre los compañeros del mercado.

Mercados y movimientos internos y externos: "el centro es La Cruz, aquí, el mercado, hay más ambiente [...] pos todo"

Así como el tianguis de "las torres" cuenta con la supremacía al interior de la colonia, los mercados de "las torres" (en la parte baja, al lado del cual se instala el tianguis los días lunes) y de La Cruz (en la parte media) se disputan el reconocimiento entre los vecinos como el mercado más importante de la colonia (mayor número de locales y gama de productos, más consumidores y transacciones comerciales). Además de éstos funcionan en la colonia los mercados de la sección Mercedes, en la parte baja, y de la sección Avisadero, en la parte alta. Junto a estos cuatro mercados, los vecinos también reconocen como parte de sus circuitos comerciales al mercado ubicado en la colonia Ampliación Emiliano Zapata (especialmente quienes viven en la sección Guadalupe, colindante con esta colonia), y al mercado de la colonia Miravalle, que prolonga la parte alta de San Miguel Teotongo, por lo que acuden a ese mercado los vecinos de la parte alta de la colonia. Los mercados funcionan como asociaciones civiles, contando con su propia mesa directiva, quienes representan a los vendedores ante la delegación y otros organismos estatales.

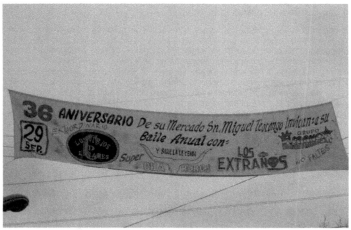

Difusión del aniversario del mercado de "las torres"

Nos detendremos en el caso de Justino, en cuya experiencia la red familiar y los contactos con los compañeros de trabajo han permitido una "carrera" comercial estable, siendo propietario de un local de tacos al interior del mercado de La Cruz. Sobre el "centro comercial" (Lefebvre, 1978 [1968]) de la colonia, dice Justino (mixteco, 38 años): "La Cruz, el corazón de San Miguel":

"A lo mejor soy un poco egoísta pero para mí el centro es La Cruz, aquí, el mercado, es la zona donde hay más gente, hay más ambiente, movimiento, pos todo, incluso algunos

clientes lo han dicho, 'La Cruz, el corazón de San Miguel', entonces pos yo lo repito nada
más, al principio era Las Torres, cambia la situación cuando en determinado lugar su
gente empieza a destacar, a avanzar, a crecer pos económicamente, porque eso es lo
que hace que cambien las cosas, si ahora nosotros nos atrasamos tantito híjole pos
empieza a cambiar aunque no queramos, que la misma gente empiece a echarle ganas
en sus trabajos, a estar más organizados [...] Son 154 locales, en locales probablemente
es más grande el de Torres, pero gracias a Dios éste está considerado el mejor del
rumbo, el mejor de San Miguel, entra más gente, está mejor en construcción, despúes
viene el de [la colonia Ampliación] Santiago, ése le sigue a éstos, ya de ahí para allá hay
muchísimos mercados aquí, pero son más pequeños".

Destaca Justino cómo se ha transformado colectivamente el mercado -"un lugar
[permanente, mientras los tianguis son periódicos] para obtener poder de compra y
hallar una larga serie de oportunidades para utilizar ese poder en la completa
satisfacción de las necesidades corrientes", en palabras de Malinowski (1957 [2005]:
116)- desde haber sido más bien un tianguis hace más de treinta años, cuando
recién empezaba a formarse la colonia:

"Debe haber una organización, apoyo entre nosotros, tenemos un representante al frente
de nosotros, es para estar protegido, para seguir avanzando, para buscar los medios de
que nuestro mercado siga siendo el mejor, apoyarlo con ideas, con nuestra persona si es
necesario, nosotros ponemos al representante para que él se encargue de llevar a cabo
los proyectos, pero hay que apoyarlo, la cosa es estar unidos, este mercado tiene 35
años, yo tengo aquí en el mercado 15 años, empezó con unos puestesitos ambulantes
en calles de tierra, que ni eran calles, empezó como tianguis porque eran puestos de
tubos movibles [...] el tres de mayo es la celebración del mercado, esa fue la fecha en
que se estableció aquí, porque este mercado inició en otras calles, unas tres calles hacia
arriba".

En esta sección La Cruz además se construyó la que suele ser considerada como la
primera capilla de la colonia (después de la instalada en la sección Teotongo), la
capilla San Miguel Arcángel. Años más tarde, a fines de los setenta, se construyó
una nueva capilla, la Corpus Christi, la que dada su mayor cercanía con el mercado
sería considerada como la parroquia. A esta relación entre el centro comercial y el
centro religioso se refiere también Justino:

"el Corpus Christi también cuenta muchísimo, las ganas que le han echado tanto la
iglesia como la comunidad y nosotros como trabajadores, ha sido un conjunto de
esfuerzos, la iglesia era una casita de lámina de cartón, dijeron que ahí se hacía misa
porque iba a ser una iglesia y la gente empezó a acudir y poco a poco fue levantando, en
1988 fue cuando empezó a construirse como parroquia [...] acá al lado tenemos un
centro de salud y atraviesa una ruta de microbuses al lado de nuestro mercado, eso ha
hecho también que haya más trabajo, más ingreso, más todo, aquí lo que importa es que
tú des un rendimiento a ti mismo, porque ya estoy de paso apoyando a mis compañeros,
y si ellos le echan ganas y yo aflojo, 'entonces para qué vamos con el taquero si siempre
nos atiende mal', aquí lo importante es dar un rendimiento personal y a través de eso
'bueno po' vamos a La Cruz porque ahí todos están activos, contentos, son amables'".

El mercado de la sección La Cruz

Otro factor relevante en que este mercado sea considerado como el "centro comercial" de la colonia es que está ubicado en un lugar estratégico, en la parte media de la colonia, constituyendo un paso casi obligado en las bajadas y subidas por el cerro/colonia: desde la plaza cívica en la parte baja -signada por una estatua de Emiliano Zapata- se accede al Eje 6, y al cruzarse este eje se llega a la sección La Cruz, de modo que por sus calles (especialmente por calle Nicaragua) hay una mayor circulación de personas, carros, peseros, taxis, bienes, etc. Más adelante Justino detalla el proceso, personal y familiar, a través del cual pudo hacerse propietario de uno de los locales: "Este local fue comprado a base de favores":

"salió la oportunidad de trabajar en una taquería en el centro, en calle Aztecas en el centro histórico, y ya me aventé diez años trabajando ahí, y cuando salió la oportunidad aquí ya nos pasamos para acá. Este local fue comprado a base de favores, le pedí a mis tíos, familiares, 'échenme la mano, están vendiendo un local y necesitamos comprarlo porque es una fuente de trabajo', se corrió con suerte, me apoyaron económicamente y ya lo compramos, fueron préstamos de familiares, tíos y primos, '¿sabes qué?, deja que me reponga y te lo pago', entonces fueron alrededor de dos, tres años en que les empecé a devolver, por partes, si alguien me prestó diez mil pesos, 'tengo tres mil pesos, te los doy de una vez porque la cosa es ir adelantando', he sido una persona afortunada que no me han cobrado cuotas, yo creo que por ser familiares, entonces han sido apoyos, han sido favores yo le llamaría [...] ahora saco unos diez mil pesos al mes, pero es familiar, porque está mi mujer y si yo le pagara ya es menos, están mis hijos, y si yo les pagara ya es menos, se va reduciendo".

La capilla Corpus Christi, junto al mercado de La Cruz

Y en su entusiasta relato surgen el rastro (un matadero de ganado y aves, donde se crían y venden los animales, ubicado en la colonia Los Reyes La Paz) y La Merced[126] como centros donde abastecerse/surtirse (con los proveedores) de las materias primas, las que son finalmente producidas por medio del trabajo familiar hasta convertirse en mercancías:

> "Vendemos tacos de suadero, longaniza, tripa, todo esto lo producimos aquí, hay que ir por la carne al Rastro, pero aquí se van separando sus piezas, las longanizas se surten en la central, en La Merced, pero aquí es donde se convierten en longanizas, lo mismo la tripa, hay que ir al Rastro y todo pero aquí es donde hay que cocerlo, prepararlo, para que se convierta en taco, toda la familia nos dedicamos a esto".

Finalmente, constata la cotidianeidad de los intercambios vendedor/cliente y vendedor/vendedor característica del mercado local minorista, en el cual se logran,

---

[126] De acuerdo a José (mixe, 60 años) La Merced fue fundada por zapotecos de Oaxaca: "la gente de Oaxaca aquí inclusive fundó La Merced, por eso se llama así, en Oaxaca hay un mercado que se llama La Merced, y entonces cuando llegaron aquí y como aquí estaba el poder, llegó un personaje de allá que estuvo viniendo, un líder, y que se plantó en La Merced con su negocio, porque él pidió a las autoridades en ese tiempo que él quería comercio, procesar aquí el comercio zapoteco de Oaxaca, y entonces fue que le dieron ese lugar y trajo a toda su gente, empezó a llegar gente de Oaxaca y llegaban a La Merced, y fue como se fundó La Merced". Para un estudio clásico sobre La Merced, ver Valencia (1965).

como señala Davis (1983 [1977]: 69): "pequeños beneficios a partir de una multitud de transacciones: [siendo algunos de los principios implícitos:] 'nunca perder un cliente'; 'hacer pocos beneficios, pero mucha veces'". Describe Justino:

"La gente que nos compra a nosotros son los mismos vecinos del mercado, la misma gente de la colonia, los mismos compañeros de trabajo, aquí nos vendemos unos con otros, yo compro quesadillas, ellas me compran tacos, yo compro carne, ellos me compran tacos, los de la verdura nos compran tacos y nosotros la verdura, o sea que es una combinación de negocios, los vecinos de alrededor del mercado son los que hacen posible que nosotros tengamos un empleo aquí más que nada, nosotros repartimos dentro del mercado nada más, a los mismos compañeros".

También en los mercados (como en los tianguis y el comercio ambulante) se realizan distintos tipos de compra/venta, de acuerdo a la confianza existente entre vendedores y clientes. Como describe Simeon (mixteco, 40 años):

"nosotros trabajamos un sistema que es apartado, si tú me dices '¿sabes qué?, me gusta el pantalón, pero no tengo el dinero completo, tengo veinte, ¿me la pasas?', pos sí, dejas tus veinte y ya te registramos, hacemos un papelito y ya lo pegamos, vas dejando tantito y al término, cuando ya terminaste tu pago pos sí te llevas tu prenda [...] somos [como clientes] algo abusivos al final de todo, porque te dan la mano y ya quieres agarrar los pies, luego dices 'no pos yo ya te di tanto, ya no te debo nada', o simplemente 'no tengo no más', pos ya se perdió ese dinerito, a no ser que, vamos a suponer que llegue un íntimo amigo mío, si yo creo que sí me va a responder, o si yo tengo la capacidad que si me falla pos yo cumpliré por ti, solamente de esa manera pos sí se puede soltar algo, ese sistema por buen amigo no diario lo vas a estar dando, porque si no a los treinta días ya se acabó el negocio".

Esta caracterización de los actores del mercado La Cruz y sus transacciones coincide con lo señalado por Malinowski en su libro -co-escrito con Julio de la Fuente- *La economía de un sistema de mercados en México* (*op. cit.*), donde dan cuenta de los resultados de la investigación realizada en Oaxaca. Escriben los autores que:

"La población urbana pobre se atiene a los mismos presupuestos de corto alcance característicos de los campesinos. Se estima que la parte más grande de las compras de esa gente se realiza en los mercados. Es decir, se hallaría que una proporción muy grande de sus ingresos son utilizados en comprar mercancías a los vendedores que se encuentran en los mercados (2005 [1957]: 116).

Se realiza entonces un intercambio de bienes entre los compañeros de trabajo mediado a través del dinero, el "poder de compra" (Polanyi, 2006 [1944])[127].

---

[127] M. Douglas destaca respecto a la ritualidad y al poder del dinero que: "La moneda provee un signo fijo, externo y reconocible para lo cual corre el riesgo de ser una operación confusa y contradictoria [...] el dinero mediatiza las transacciones [...] el dinero ofrece un canon para medir el valor [...] el dinero establece un vínculo entre el presente y el pasado [...] el dinero es tan sólo un tipo extremo y

Parecería un típico trueque más bien propio del mundo rural, sin embargo aquí es el dinero la unidad/medida *standard* de valor. En términos de Sahlins (1976), se lleva a cabo una reciprocidad equilibrada (en que el aspecto material de la transacción es tan importante como el social) sin que se altere la política de precios del (sistema) de mercado. Como ejemplifica Justino:

> "todo ha sido con dinero, solamente que tú me debes dos tacos, yo te debo un jugo, cuánto es y te doy lo que resta, suponiendo, de dos tacos son 16 pesos, pero yo me tomo un jugo de naranja y cuesta diez pesos, ah bueno tú me das seis pesos, porque eso es lo que falta, pero no así que 'me das un jugo, te doy un taco', no, se da el resto que falta".

El dinero cumple así al interior de las "plazas de mercado" sus diversas funciones de manera conjunta, y no solamente la de medio de pago: patrón y medida de valor, instrumento de cambio y medio de pago están unificadas, lo que es característico de la economía mercantil que crea los precios y las monedas que circulan, y no, en cambio, en las sociedades cuyo modelo de integración es la reciprocidad o la redistribución, como tampoco en determinados niveles y actividades de la organización social moderna donde predomine unos de estos otros dos modelos (Polanyi, 2006 [1944]; Godelier, 1989 [1984]). Simeon (mixteco, 40 años), quien es empleado en un puesto de ropa en este mercado La Cruz, coincide con lo planteado por Justino:

> "A lo mejor si me gusta lo que tiene ella pos 'préstamelo', pos me lo presta como somos vecinos, ya pasan unos días y llega ella y dice 'oye me gusta eso, ¿préstamelo verdad?', sale, entonces cómo le hacemos, 'oye, yo te debo, me pagas, te pago, cómo le hacemos', 'no pos yo te regreso porque éste es más caro', 'ah bueno perfecto', el resto lo cubre, para ir a la par, a veces tarda uno unos días".

De modo que así como anteriormente (en el punto dos) mostraba la convergencia del espacio doméstico/hábitat residencial/producción con el mercado monetarizado/*urbs*/consumo, aquí, en los mercados, vemos reunidos la reciprocidad, y su principio básico, el mutuo apoyo, con el intercambio de mercado, y su principio básico, el interés (o el beneficio) individual: es el resultado de las transacciones efectuadas por vecinos que comparten un origen común, el étnico/rural, en el ámbito

---

especializado del rito [...] el dinero sólo puede cumplir su papel de intensificar la interacción económica si el público cree en él. Si la fe en el dinero se quebranta, la moneda es inútil. En este sentido, todo dinero [...] depende de un artificio de confianza. La prueba del dinero está en si es aceptable o no" (1973 [1966]: 97-98).

megapolitano.

Trabajando en la Central de Abasto: "no he tenido seguro ni contrato, así no más"

La Merced y la Central de Abasto (ubicada entre Iztapalapa e Ixtacalco) no sólo son centros donde surtirse de las mercancías a vender en la colonia, sino que también representan el lugar de trabajo para muchos inmigrantes. Es el caso de Ambrosio (mixteco, 59 años) cargador y repartidor de productos alimenticios:

> "mi ramo es repartidor, cargador, trabajo en una empresa en los pedidos para los restaurantes, yo trabajo con el patrón pero yo preparo el pedido, me hago encargo de ir a entregar, entregar mercancías, frutas y legumbres, y toda clase de verduras, yerbas, entregamos en Restaurant *Palacio de Hierro*, es el negocio de mi patrón, o sea que nosotros llegamos a la Central de Abasto, nos dan una lista, dos o tres listas, y nosotros preparamos el pedido, vamos en su camioneta, *Lege frut* se llama la empresa, la empresa compra los productos en la Central de Abasto, y luego se distribuye a los restaurantes, centros comerciales y pastelerías, he recorrido bastante por Satélite, por el centro, por Santa Fe, por Las Palmas, mi ramo es eso, no con el mismo patrón [...] me gusta porque ya tengo experiencia, que qué mercancía se lleva, primera, segunda, hay mucha diferencia también, porque cuando dicen 'quiero de esta calidad' dice el dicho y dice bien, 'el precio lo dice todo', por ejemplo cuando te piden tomate para rebanar tiene que ser de buena calidad, y ya cuando te dicen 'yo lo quiero para moler, para hacer salsa', eso ya va de otra calidad".

Ambrosio llegó a Ciudad de México a los 20 años, a ciudad Neza, donde lo recibió un primo, quien le consiguió trabajo de cargador, "y ya después hubo oportunidad con los mismos compañeros de acá, por eso me vine aquí a vivir". Lleva ya 38 años trabajando en su oficio, empleo no le ha faltado, sin embargo no ha conseguido firmar un contrato que le dé seguridad:

> "Tengo del 74' para acá, 38 años, yo trabajo de domingo a domingo, mi día de descanso es entre semana. El 1949, estuve trabajando con un patrón, luego con el tiempo me salí, empecé a conocer con varios proveedores, y trabajando pa' cá y pa' llá, en la Central de Abasto me conocen, 'quieres chambear vente para acá' [...] ahorita no tengo seguro ni nada, no le he dicho nada al patrón como apenas estoy trabajando con él, no he tenido seguro ni contrato, así no más".

El caso de Ambrosio representa cómo los inmigrantes muchas veces logran *insertarse* a la sociedad urbana mercantil, sin embargo no logran *integrarse*. Permanece así en "una etapa necesaria, pero transitoria, puesto que el objetivo fundamental es la integración" como señala Roche (2004 [2000]: 113). Esta característica de las condiciones laborales de quienes se desempeñan como empleados de uno o varios patrones es típica de la flexibilidad del mercado de trabajo pos-ajuste estructural, generando lo que podríamos denominar como una "inserción de larga duración". Son estos lazos de redistribución -o de reciprocidad asimétrica negativa (Lomnitz, 2005), esto es, de coerción o explotación, por la rutinización de una relación de sujeción- entre patrones y empleados los que muchas veces los colonos intentan evitar a través de la compra de una tienda formal.

Locales/tiendas establecidas: "nosotros nos cubrimos con una garantía"

Mario (mixteco, 40 años) vende muebles en la calle Nicaragua, sección La Cruz, en una pequeña tienda establecida. El caso de su familia fue pasar desde el "cambaceo", la venta ambulante e informal que realizaban sus padres inmigrantes, a la venta en locales, establecida y formal, que realizan desde hace dos años:

> "La mayoría de la gente del pueblo [San Pedro Yucunama, Teposcolula] se dedica al comercio, inicialmente al cambaceo, entonces mis papás ya vendían cacerolas, baterías, licuadoras, cómodas y posteriormente un ropero, andábamos en la calle vendiendo baterías, vajillas, andábamos con diablitos, nos poníamos en la esquina del mercado, estabas, tres, cuatro horas, terminabas, recogías y te ibas, y así se fue dando el negocio, aquí, uno, dos, tres, tenemos tres locales, en San Miguel, los atienden los otros mi mamá y mi hermana, sobre esta calle [Nicaragua y su continuación]. Este negocio está empezando, tiene dos años, cuando un negocio comienza es poco el margen de ganancia porque todo lo que obtienes es para pagar, entonces me quedo con mil 500 pesos a la semana, ya posteriormente habrá un incremento y habrá una ganancia considerable".

Su familia es un caso de movilidad social en indígenas urbanos, opuesto al de Ambrosio, quien se encuentra relativamente en las mismas condiciones económicas que cuando llegó de Oaxaca. Mario, al independizarse a través de contar con su propia tienda, ha logrado acumular capital, transformándose en un pequeño empresario: "tengo una cartera de clientes":

> "Yo tengo mercancía aquí que viene de importación, viene Brasil pero la mayoría es de aquí en México, son proveedores, van, te ofrecen y les compras, te dan plazo para pagar, normalmente no voy a surtirme, ellos vienen conmigo, entonces si necesito un ropero les hablo por teléfono, 'sabes qué?, necesito tantos roperos', vienen y me los dejan aquí [...] yo abarco todo lo que es San Miguel Teotongo, parte de Potreros, San Pedro Acahualtepec, tres o cuatro colonias de Iztapalapa, vienen aquí, compran y yo ya les llevo la mercancía, o sea nosotros no andamos en la calle ahorita, voy en carro a cobrar sí, hago una ruta, trabajo con una empleada, es la que cuida cuando salgo, tengo una cartera de clientes, los que me pagan cada ocho días y posteriormente les pago a mis proveedores, y te quedas con una cantidad, o vas guardando".

El tipo de venta más común es en cuotas, pero más que referirse a "apartado" él prefiere referirse a la compra a crédito. Sin embargo, las interacciones en las tiendan también se ven influidas por las relaciones de confianza/desconfianza. Mario destaca que la mayor confianza que se tiene con los paisanos no se debe sólo al origen étnico y regional común sino que también a compartir un mismo oficio, el del comercio:

"Se paga a crédito, con pagos semanales, de 50, 100 pesos, depende del artículo que se quieran llevar, obviamente nosotros nos cubrimos con una garantía, un comprobante de domicilio, una credencial de elector o cualquier identificación que los acredite como tal, y que tengan un inmueble, donde estén viviendo, para poderles cobrar, sino, si le vendemos a una persona que está de paso, en la vida la volvemos a ver, en general la gente compra a crédito, hay un 50 por ciento de clientes que sí pagan muy bien, y un 50-30 por ciento o más que hay que estarlo buscando, hay un 20 por ciento que de plano no te paga, o es muy moroso, y ahí también tienes pérdidas, cambian de domicilio y no se encuentran, yo creo que la gente que viene de provincia, en este caso de Oaxaca sí es la gente más pagadora, la gente de aquí del Distrito Federal es un poquito más dejadita para dar los pagos, con la gente de Oaxaca hay un poquito más de química, el acento, la forma de hablar, te identifica, la pronunciación, hay confianza de que sí te van a pagar, porque la mayoría se dedica al comercio, si no es a esto es a otra cosa, les hago algún descuento en la forma de pago, o una rebaja".

Encontramos entonces una complementariedad entre el servicio de los mercados y las tiendas en los bienes que ponen a disposición para comprarse diariamente en el interior de la colonia. A esta complementariedad se refirió también Malinowski:

"los urbanos compran con mucha más frecuencia [que los campesinos] en las pequeñas tiendas que se hallan abiertas durante todo el día y a muy corta distancia de sus hogares [...] muchos artículos del mercado no pueden adquirirse en las tiendas, o bien, éstas los venden a precios mucho más elevados" (*op. cit.*: 116).

A este párrafo habría que agregar, para el caso de esta colonia, que muchos artículos de las tiendas no pueden adquirirse en los mercados, y que, al encontrarse los mismos productos en uno y otro negocio (mercado/tienda) los precios tienden a ser equivalentes.

Talleres y empresas: maquileros y costureras

El trabajo textil es una tradición de larga duración que proviene desde Oaxaca. Aquí también encontramos personas que trabajan haciendo ropa de manera independiente, como el caso de Guadalupe que revisamos, y la venden en tianguis o mercados locales, como personas que se emplean en maquilas, donde se hace la ropa que se vende en los grandes centros comerciales de ciudad de México. Las personas que crean este tipo de talleres son conocidos como maquileros; su negocio es más sensible a las fluctuaciones del mercado que el de los vendedores en tianguis o que son propietarios de un local en algún mercado. Juan Pablo (otomí, 65 años), maquilero, presenta su negocio, señalando que ellos son víctimas de los monopolios comerciales:

"Nosotros maquilamos, es maquila de manufacturación, cocemos ropa, hacemos blusa de dama, o a veces playeras, hay empresas que nos dan el corte y nosotros aquí lo cocemos, y nos pagan un precio por la prenda, por ejemplo hay blusas que nos pagan a 14 pesos, a 15, a 20, 25, entonces si nos mandan mil, nosotros cobramos 25 mil pesos, si lo sacamos en una semana, aquí nuestros gastos son de 20 mil pesos, o sea te vienen quedando como unos cinco mil pesos para gastos o para fondo, tenemos una camioneta y un chofer, al chofer hay que pagarle, hay que pagar gasolina, el negocio ahorita está muy mal pos ya no se puede hacer un negocio que digamos que en un mes queden 50 mil pesos, cuando un trabajo te sale bien, bien te llegan diez mil pesos a la semana, porque para que te queden diez mil tienes que mover 40, 50 mil pesos, para que te reditúe esa cantidad, porque somos maquileros, cuando uno es comerciante en venta de la prenda, sacas tu mercancía, la entregas a las tiendas y ya ellos te pagan, nada más que el mercado está muy monopolizado, o sea todos los grandes tienen abarrotadas las tiendas".

Y en un segundo momento su taller, el capital humano que lo compone y los sueldos de sus empleados:

"Aquí tenemos el taller, tenemos 27 máquinas [...] nosotros trabajamos de lunes a viernes, de ocho de la mañana a seis de la tarde, con una hora de comida, entonces supuestamente trabajamos nueve horas, la jornada es de ocho horas, pero una hora se está trabajando para pagar el día sábado, si el sábado trabajamos ese día ya se les paga aparte [...] ahorita en máquinas tenemos como nueve gentes, en el terminado como seis personas y nueve serían quince, y nosotros somos cinco, entonces somos 20, pero hay veces que somos 30 por ejemplo, cuando hay mucho trabajo [...] aquí todos ganan más del mínimo, porque el mínimo son 50 pesos, ¿quién vive con 50 pesos aquí en México?, 350 a la semana, las ayudantes, por ejemplo, las que limpian la ropa, cortan los hilos y eso, ganan 550, 600, 700 pesos, las que son operadoras de máquina su sueldo es de 700, 800, y algunas ganan mil o mil 200".

Patricia (mixteca, 55 años) da cuenta de la percepción sobre los talleres desde el ángulo de las empleadas, las costureras, uno de los empleos más comunes (junto al comercio y el trabajo como empleada doméstica) en las mujeres de la colonia:

"me metí de lleno a la costura, que es a lo que yo me dedico hasta ahorita, y en este trabajo pos es muy explotado porque aparte de que el salario es muy poquito, al principio empecé ganando 200 pesos semanales, ahí por el 2000, actualmente estamos ganando arriba de 750, 800, pesos, aparte nos pagan horas extras, el tiempo es mucho porque entramos a las 8 de la mañana, nos dan una hora de comida, regresamos y salimos hasta las 8 de la noche, y cuando el trabajo es urgente le seguimos unas dos o tres horas más, y pos la hora nos la pagan a diez pesos, trabajamos de todo, hacemos blusas, playeras, pantalones, short, de todo lo que la fábrica nos manda, trabajo en un taller, al principio yo empecé trabajando en una fábrica, donde hacían chamarras, era con coreanos, de ahí me fui a trabajar mejor en un taller, pos que pagaban un poquito más, es de diez mujeres, y sacamos 2000 o 1500 prendas a la semana".

De la casa/taller a la fábrica y de la fábrica se distribuye la ropa hacia reconocidas tiendas comerciales, donde se venden como mercancías. Es la cadena comercial desde abajo hacia arriba, o desde la producción hasta el consumo que describe Patricia (mixteca, 55 años):

> "La dueña del taller se llama Laura, es una persona que por sí misma decide y monta su taller, y ella nos paga, ella es la que tiene la relación con la empresa o con la fábrica de donde nos mandan el trabajo [...] la fábrica está ahí por el metro Chabacano, todo es para esa fábrica, ellos la distribuyen a las tiendas, las tiendas les pide el tipo de ropa que necesitan, está Bodega Urrea, Chedraui, también la Comercial mexicana, Walmart también, son las que vemos en las etiquetas que nosotros pegamos, ahí vemos a qué tiendas se van los trabajos [...] la dueña es maquilera y vive ahí mismo, en su casa, ella directamente se va a la fábrica a pedir el trabajo".

Ahora bien, Juan Pablo y la nombrada señora Laura, los dueños de los talleres, se enfrentan a problemas que ya fueron descritos por Alonso hace dos décadas:

> "corren con todos los gastos que se derivan de la adquisición y mantenimiento del equipo industrial mínimo (máquinas de coser, refacciones, reparaciones, aceite, electricidad); segundo, para las autoridades de Iztapalapa [...] son microempresarias por ser dueñas de las máquinas de coser, y por tanto, tienen que pagar impuestos. Este último dato es uno de los factores explicativos de la clandestinidad. La clandestinidad estructural originada por los "señores de la maquila" en el Distrito Federal se manifiesta y se padece en la zona urbana en la que están localizados los talleres domiciliarios" (1989: 440).

Además las maquiladoras deben garantizar que el trabajo "salga a tiempo", porque sino se genera un estancamiento y el trabajo del taller no resulta rentable. Este último problema es compartido por las empleadas, para quienes la inseguridad en el empleo es la principal debilidad del trabajo en talleres. Los riesgos que implica este empleo se agravan por el hecho de que no cuentan con seguro de salud. Como dice Patricia (mixteca, 55 años):

> "es un trabajo informal, para la gente que empieza luego en un descuido se pican los dedos con las agujas, es grave, pero si se atiende al momento...ahí lo que se tiene que prevenir es la vacuna contra el tétano, si la dueña del taller es consciente sí nos paga el servicio médico particular porque no nos dan ellos seguro".

El tema del tiempo es una y otra vez señalado por los distintos empleados como una característica del trabajo en la ciudad que lo diferencia de los trabajos rurales. Como dice Simeon (mixteco, 40 años), "aquí todo el tiempo con el reloj en la mano":

> "la libertad que tienes en el pueblo es que vas a tu trabajito pos no llevas un reloj en la mano, o no vas peleando con el horario, y no vas peleando con el conductor 'oye, písale un poco más porque se me está haciendo tarde', tú vas a adecuarte a tu horario y el tiempo que quieras trabajar, y vas a salir a la hora que quieres, no a la que te quieran sacar, y vas a salir a comer a la hora que quieres, no a la hora que te mande el patrón, 'ahora sí ya vete a comer', pos aquí todo el tiempo con el reloj en la mano, todo el tiempo".

O como lo manifiesta Casilda (mixteca, 34 años):

"A mí me fascina el rancho [...] comodidades no hay, pero sí hay menos presión de tiempo, aquí en el Distrito todo el mundo anda con el reloj en la mano, yo me quiero ir a vivir al pueblo donde está mi hermana".

Se trata de la cuantificación del tiempo, del cálculo de las ganancias monetarias que se pueden lograr en uno y otro momento, característica de los tiempos modernos. Como señalan Lash y Urry:

"el cálculo cada vez más refinado del tiempo en la fábrica y en el ocio. La violencia simbólica posmoderna y del capitalismo tardío adviene con el nihilismo último que destruye aun los cimientos temporales que persistían y reduce el tiempo a una serie de sucesos desconectados y contingentes, donde los espacios de atención son breves" (1998 [1994]: 34).

Patricia (mixteca, 55 años) agrega la precariedad de espacio. Tiempo y espacio propio escasean en la ciudad:

"Allá la vida es más relajada, más tranquila, no tiene que andar corriendo todas las mañanas, que ya se me hizo tarde, no, porque la vida que se tiene allá es la que uno se hace, me paro, desayuno, como, a la hora que yo quiero [...] allá hay mucho espacio, aquí lo único es que el espacio es pequeño, lo que uno cree que es su propiedad, la casa, y en un pueblo no porque ahí son parcelas grandes, mucho más espacio".

Un tercer elemento que se critica del trabajo urbano, son las relaciones jerárquicas al interior de los espacios laborales. Como señala Guadalupe (mixteca, 33 años):

"de costurera, trabajaba hasta Tláhuac, ese trabajo a mí me lo recomendó un amigo de mi hermana, que era el jefe del amigo, dos años, me fui porque las empleadas eran muy fastidiosas, muy encajosas, querían estar bien con el patrón, nos regañaban, se creían las jefas ellas, nos dejaban más tiempo trabajando, ellas ya estaban grandes, era chiquito es taller".

De igual manera opina Guadalupe (mixteco, 58 años), diferenciando los conceptos de "patrón" y de "encargado". Estos últimos "se le voltean a todo el mundo, se les sube":

"La mayoría de los paisanos somos chambeadores, nos gusta trabajar, el lema es 'no tener miedo al trabajo', si venimos para salirnos de pobres pos no hay que tener miedo al trabajo, 'que hay que hacer esto', 'órale hay que entrarle', porque esa es la costumbre que uno trae [...] aquí hay abuso, todo patrón abusa, todo el que tiene a la gente abusa porque no tiene ese criterio o esa idea de ser patrón, es muy difícil lidiar con la gente, y al que más se deja es al que más se le pega en la madre, el mixteco es patrón y es normal con su gente, conviven con sus trabajadores, sus eventos que hacen, el que llega a ser patrón ya de edad a ese no se le olvida su costumbre, si va a hacer algo es para todos, hay otros que no son patrones, son encargados, y esos se sienten un poquito más obligados, más duros, no comprenden, una cosa es que yo nací patrón, otra cosa es que me aventaron a mí para patrón, o para ser encargado, y todo encargado maneja más la presión, más movimiento, aquí se le llama 'barbería' o 'lambisconería', cuando alguien quiere quedar bien con el jefe, con el patrón, es capaz hasta de limpiarle los zapatos, se le llama 'ofrecido', se le voltean a todo el mundo, se les sube, ya se sienten que están muy arriba, 'sienten que ya pegan al cielo y muy lejos del suelo'".

Otro oficio que se ha caracterizado en la Ciudad de México por contar con patrones y encargados (aunque usualmente familiares) es la albañilería. Acerca de este trabajo, uno de los más tradicionales efectuados por los inmigrantes y sus hijos, señala Benito (mixteco, 23 años, quien estudia licenciatura en matemáticas durante el año escolar y en vacaciones trabaja):

"he estado trabajando con mis primos de ayudante de albañilería [...] varios trabajan en albañilería, por lo mismo que no piden muchos requisitos, que cartas de recomendación y todo eso, y no se paga mal, al mes pagan como tres mil 500, se cobra por lo que haces, construimos casas [...] mis tíos han estado en trabajo estable en lo que es la construcción, desde que llegaron aquí hasta ahorita se han mantenido en ese trabajo, ahorita el que lleva la obra es uno de mis primos, él es el que hace el contrato, él es ingeniero, diseña los planos, y nosotros con él nos dedicamos a construir".

Técnicos y profesionales: "yo me doy mi tiempo"

Pese a ser haber estudiado una carrera técnica, Juan mestizo (32 años) describe las mismas desventajas de los trabajos urbanos, mientras uno no sea su propio patrón:

"Al salir de la secundaria me hice una carrera técnica, estudié técnico en electrónica, mi trabajo es componer aparatos eléctricos como radio, cursé dos años mi carrera técnica, y tengo ya trece años con la experiencia de técnico, hace tres años que me salí de mi último empleo, puesto que yo trabajaba con un compañero, pero ahí ya era de patrón-empleado, duré alrededor de diez años con él, pero ahí sí era que a tales horas abríamos, a tales horas cerrábamos, de base no he tenido algún contrato, más que con Dios, puesto que yo conocía este señor y él me ofreció que trabajara con él, ahora trabajo en mi casa, por cuenta propia, sin patrón, no es un lujo tener patrón, la desventaja era que el patrón exigía y tenía que estar en el trabajo, y la ventaja de no tenerlo es que yo me doy mi tiempo para arreglar un aparato cuando a mí se me antoje, empiezo a trabajar a la hora que yo crea prudente, y dejo de trabajar de igual forma".

Isabel (mixteca, 29 años), destaca también la libertad individual que posibilita el tener una carrera técnica:

"Como mi carrera es en turismo, mi carrera abarca trabajo en hoteles, en agencias de viajes, en restaurantes, y donde yo más he trabajado es en agencias de viaje como agente de viajes, y yo voy más al Distrito Federal, al centro, en la zona de Polanco, en la zona de San Ángel, por la zona de Reforma, que es donde más hay agencias de viaje y hay más turismo entonces hay más posibilidades de trabajo [...] Hay una revista que se llama Boletín turístico y entonces ahí aparecen varias ofertas de trabajo y ya ahí escojo las opciones que más se adapten a lo que yo sé y a lo que yo puedo ofrecer o a través del periódico, El Universal es donde aparecen más ofertas de trabajo para profesionistas".

Taurino (zapoteco, 74 años) es profesor y dueño de una tienda de comida, por lo que complementa los recursos que provienen tanto del Estado como desde el mercado:

"yo trabajé en el magisterio federal, que hasta la vez me está pagando. Hasta ahorita lo que me está dando el gobierno federal son cerca de seis mil pesos mensuales, en efectivo, luego le sumamos los 750 pesos mensuales de despensa por ser mayor de 70 años, y luego las ganancias de la cocina [tienda de comida] que se está manejando aquí en la casa, ya llevamos como catorce años con este negocio, más o menos serán como unos cinco mil pesos mensuales, mi esposa [de origen étnico mixe] es la responsable de la cocina y empleados de confianza [...] y con los familiares y amigos que están fuera de la casa se gana la *guelaguetza*, la *guelaguetza* es 'te apoyo para que mañana tú me apoyes, es la reciprocidad, el apoyo mutuo', les decimos 'tenemos este evento para tal fecha', y ya llegan ellos 'aquí está esto', o les decimos 'queremos que seas padrino para esto', 'sí, cómo no', eso es, pero con dinero casi no, con bienes, ante una urgencia o compromiso les pedimos el apoyo, y por lo regular no lo niegan porque también cuando ellos necesitan, de nosotros también ahí está el apoyo, y de esa manera sacamos adelante el compromiso, salimos adelante".

De modo que Taurino recibe aproximadamente 11 mil pesos mensuales entre uno y otro recurso. Su situación, como la de Juan Pablo (otomí, 65 años), quien es maquilero, contrasta con los casos de Antonia y su familia, por ejemplo, quienes deben buscar y vender plástico, cartón y botellas día a día para poder comer. La heterogeneidad económica de las familias mixtecas en San Miguel Teotongo resulta entonces evidente. Sobre el origen de esta estratificación y desigualdad social, Casilda y Guadalupe esbozan una hipótesis similar. Como señala Casilda (mixteca, 34 años):

"los mixtecos son comerciantes, la diferencia está en la manera de trabajar y en la posición social que tenían cuando vivían en los pueblos, si eras campesino llegas y empiezas a trabajar siendo obrero, albañil, cosas manuales, pero si en el pueblo tenías las habilidades para el negocio, tenías un negocio, regresas y emprendes un negocio, porque no saben hacer otra cosa, y los que tienen los cargos más altos, las autoridades, tienen la posibilidad de hacer mejores negocios, por lo tanto tienen las mejores tierras, las posibilidades de adquirir mano de obra muchísimo más barata, o incluso hacer que el mismo pueblo trabaje para él, siendo cabeza, manejando a la gente, apoyando al pueblo, llegan acá y explotan a los otros sin que se den cuenta de que los están explotando, por ejemplo, hay un señor que maneja un grupo deportivo, de básquetbol, y los lleva a la fiesta a jugar, a competir con los de otros pueblos, algunos radican aquí en México y el día de la fiesta se los lleva, beneficios que obtiene, apoyo del pueblo, los muchachos le pagan, le pagan por llevarlos, cosa que el pueblo le paga a él para llevarlos, entonces de ese dinero una parte se la da al pueblo, como si de su bolsillo estuviera dando ese dinero, por lo tanto el pueblo, la autoridad le da beneficios en lo que él quiera, si él quiere comprar un terreno se lo dan más barato, puede escoger las mejores tierras, puede hacer escrituración sin pagar un centavo, o sea maneja a las personas".

Gudalupe (mixteco, 58 años) coincide con Casilda:

"unos ya tienen sus locales formales, otros estamos informal, pero todos tenemos una noción de un oficio, o sea venimos del pueblo pero no venimos así 'a ver qué sale', no, venimos ya con una noción y con los contactos, mi trabajo en tejido es de la familia, viene desde atrás, de mis abuelos, mis tíos, vendían en el pueblo".

De esta manera, vemos que las redes sociales, tanto como las experiencias y conocimientos individuales con los que inician su viaje desde los distintos pueblos de Oaxaca, influyen de manera considerable en la inserción socio-económica y situación laboral de los colonos en la ciudad. Esto es especialmente válido para quienes emigraron, pues sus hijos cuentan tanto con la transmisión de estos nuevos conocimientos generados en Ciudad de México como con las renovadas posibilidades que brinda el mundo urbano: nuevas conexiones y mayor acceso a la educación formal permiten entonces no sólo una "inserción de larga duración" sino que también integrarse económicamente a la urbe y a la sociedad nacional, logrando tener su propio espacio y administrando su propio tiempo.

Esta "ciudadanía laboral" lograda a veces por los hijos los suele liberar también de las obligaciones tradicionales. José Antonio (mixteco, 30 años), quien es economista titulado en la UNAM, y actualmente se desempeña como subdirector de presupuestos en la Secretaría de Finanzas del G.D.F., señala respecto a su participación en los eventos del pueblo oaxaqueño:

> "yo nunca he ido a una fiesta del pueblo, en diciembre y en vacaciones [...] en mi caso, por ejemplo, yo soy soltero, casi no tengo fiestas, mis fiestas son distintas, los viernes o sábados en las noches [...] sí hay respeto entre nosotros porque el hecho de que yo no comparta muchas ideas no me separa de ellos, y por ejemplo le platico a mi mamá y ella respeta lo que yo pienso y yo respeto lo que ella piensa o lo que ella cree".

Quienes tienen estudios técnicos o profesionales son los únicos que mencionaron los periódicos y otros medios de comunicación escritos para buscar trabajo, signo de la conformación de redes constituidas también por lazos débiles (versus fuertes), los que suelen proporcionar información de mejor calidad, abriendo un horizonte más amplio de oportunidades. Sin embargo, durante el trabajo de campo más de una vez algunos jóvenes me conversaron, ya sea por experiencia propia o por la de conocidos, que cuando se aspira a realizar estudios universitarios muchas veces no se obtienen buenos resultados en las pruebas de admisión[128], quedándose con la

---

[128] Ya en 1982 el maestro mixteco J. Caballero escribía al respecto que: "estos jóvenes [...] encuentran el primer tropiezo con las pruebas de admisión [...] Así comienza su vida entre tropiezos y fracasos, en medio de un ambiente ajeno [...] esto se debe a que [...] no logran comprender realmente lo que leyeron o describieron porque su enseñanza fue mecanizada [...] debido a que el

ilusión de ser profesionistas y debiéndose conformar con seguir ayudando a sus padres en las actividades laborales por ellos practicadas, viviendo un diario proceso de "enhabilitación" (Ingold, 2001 [1996]; Pálsson, 2001 [1996]) en tales oficios.

De esta manera, los nacidos en la ciudad acostumbran continuar con la tradición de realizar el trabajo en familias extensas, labor que suele ir acompañada por prácticas de ahorro y crédito (tema que aborda el próximo capítulo). Por otra parte, quienes sí realizan estudios técnicos o universitarios no logran necesariamente trabajos estables -como sí ocurría en las fábricas entre 1940 y 1970 (Molina y Hernández, 2006)- debido a la alta flexibilidad del actual mercado laboral: la independencia que se logra a través de los mayores grados de escolaridad tiende a ir acompañada de movilidad y transitoriedad[129]. Solamente la propiedad de negocios formales (tiendas o empresas) y más allá de si son indígenas o mestizos, hombres o mujeres (cuyo complemento y apoyo familiar resulta necesario en los locales de venta), está asociada a ganancias permanentes y a la escasez de riesgos, accediéndose a un estatus de clase media.

3. ESTRATEGIAS MICRO-FINANCIERAS: AHORRO, CRÉDITO E INVERSIÓN

La acostumbrada vulnerabilidad laboral que viven los vecinos de la colonia los insta a practicar los más diversos medios para ahorrar (y solicitar a través de créditos) "dineritos", ya sean éstos para cotidianas compras familiares o bien para compromisos sociales adquiridos, desmintiendo los lugares comunes que señalan que "los pobres no ahorran". Ahora bien, son varios los motivos que los alejan de la

---

tipo de educación que ofrecemos a las comunidades indígenas es deficiente" (2006 [1982]: 334). Caballero se refería, sin embargo, a las intenciones de los jóvenes rurales de continuar con estudios secundarios en centros urbanos de Oaxaca. La aspiración actual, en cambio, consiste muchas veces en realizar estudios técnicos o universitarios.

[129] La primera generación nacida en la ciudad tiene actualmente entre 25 y 35 años, por lo que están recién empezando su vida laboral como técnicos o profesionistas. Sería necesaria una nueva investigación en diez años más para poder conocer si el mayor grado de educación escolarizada les permitió una carrera laboral estable e integrarse a la clase media. Sobre la concepción flexible del trabajo en el neocapitalismo versus las empresas jerárquicas de trabajos rutinarios pero seguros de mediados del siglo XX, ver Sennett, 2006 (1998).

banca comercial[130]. En primer lugar, para los bancos es poco rentable llevar servicios financieros a colonias de bajos recursos cuyos habitantes se caracterizan por realizar operaciones de poco capital; segundo, los bancos existentes suelen no brindar la posibilidad de abrir una cuenta bancaria a quienes no cuentan con los dos requerimientos mínimos: ingresos suficientes y estables e historial crediticio, fijando también cargos por servicios prestados como una segunda barrera a la entrada (Hernández, 2003; Ruiz, 2004).

Al mismo tiempo, los vecinos consideran que hay otras modalidades por medio de las cuales se puede economizar más: los bancos "no dan", dicen. De modo que son los mecanismos informales de ahorro y crédito los más característicos entre los colonos, quienes han desarrollado su propio marco institucional. Así, nos aproximamos a las micro-finanzas, las que

> "se refieren a las transacciones financieras de pequeña escala realizadas principalmente por personas de ingresos medios y bajos. Estas transacciones incluyen el crédito y el ahorro popular, y de manera creciente servicios de remesas y seguros. Los distintos mecanismos financieros populares se encuentran tanto en los mercados financieros informales como en los formales" (Campos, 2005: 24).

Los servicios bancarios: "en el banco el ganón es el banco"

Para los vecinos mixtecos los bancos no son una institución confiable donde gardar y aumentar el dinero. En los bancos "a veces lejos de que el capital suba, disminuye". Al respecto señala Isabel (mixteca, 29 años):

> "nosotros a veces abrimos una cuenta bancaria y vamos depositando el dinero [...] en el banco como nos cobran por el manejo del dinero luego a veces lejos de que el capital suba, disminuye, porque el banco va deteniendo para el manejo, entonces pues no".

Esto es, las cuentas de ahorro bancarias muchas veces ofrecerían un rendimiento negativo. Sin embargo, suelen resultar atractivos para algunas personas pues les

---

[130] Se estima que casi el 70 por ciento de los habitantes del área metropolitana no tiene acceso a los servicios bancarios: las restricciones impuestas afectan severamente a la población abajo del percentil 50 y dificulta ciertas operaciones hasta el percentil 75. La respuesta de la población es articular redes de ahorro y crédito popular. En la Delegación Iztapalapa (cuya población ocupada tiene un ingreso medio de 3.998 pesos mensuales) un 34 por ciento cuenta con alguna forma de ahorro informal, mientras que un 17 por ciento dispone de ahorros formales (Ruiz, *op. cit.*: 330-338).

permite dar seguridad a sus recursos. La señora Gregoria (mixteca, 40 años) ha optado por depositar los ahorros en el banco dada la inseguridad existente en su calle:

"ahora que fallecieron mis padres, quince, veinte mil pesos que nos gastamos, más que pedimos ya juntamos, ese ahorro estaba en el banco, abrí mi cuenta, es del matrimonio, lo que pasa es que el banco no da, ahí es para guardarlo nada más, bien segurito, no da pero tampoco quita, es el banco Azteca, tarjeta de débito, ahí se guarda porque ya no se puede guardar en el colchón, hay mucha delincuencia y estamos muy inseguros, si deja aquí su mochilita en dos minutos desapareció, cambia de dueño, hay mucho narcotraficante también, aquí sí está pesado, el señor que vivía antes nos platicó que se metieron a robarle, abrieron las láminas y se metieron a robarle todo lo que tenía el señor acá, a nosotros nos respetan un poco porque andamos en el partido [PRD], y yo seguido mando a traer las patrullas, al frente es casa de puros vaguillos, una 'guarida', todos las noches llegan mariguanas, llegan de todas las categorías, de baja y de alta, narcos pesados y mariguanas corrientes, es su guarida que llegan a 'tronársela'".

Particularmente interesante resulta en este testimonio cómo una acción tradicionalmente tan íntima como guardar ahorros "en el hogar, debajo del colchón" es reemplazada por guardarla en los bancos, instituciones sentidas tan lejanas, que sin embargo se caracteriza por los dos principales atributos de este tipo de sistema de ahorro: "no da pero tampoco quita". Es decir, no genera retornos pero está a salvo de posibles robos. Otros, como Ramiro, quien forma parte de una familia extensa poco común al interior de la colonia dados sus altos niveles de estudio formal (mestizo, 35 años, ingeniero industrial, casado con Lizbeth, mixteca, quien se encuentra también terminado sus estudios de ingeniera industrial en la UNAM y cuyo hermano es economista, también titulado en la UNAM), utilizan la tarjeta de crédito para comprar cosas en momentos de urgencia:

"Tengo tarjeta de crédito para comprar cosas, bueno más bien para crédito, digamos ahorita que se no quemó la tele, ahí vamos".

José Antonio (mixteco, 30 años, economista) utiliza en cambio tarjeta de débito:

"Es que me pagan por nómina, por tarjeta, ahí lo voy dejando, por ejemplo un viernes que me dicen mis amigos 'vamos a tal lugar', ya no más saco lo necesario, es Banorte, tarjeta de débito".

Esos son algunos de los casos de profesionistas en la colonia, quienes suelen contar con sistemas de ahorro formales. El discurso más típico con respecto a los servicios bancarios, en cambio, es semejante al de Justino (mixteco, 38 años):

"Para no meterme en broncas con los bancos yo acudo a mi familia, que me presta mil pesos, que dos mil pesos, ya reúno la cantidad que necesito, no me gusta tener deuda en los bancos, con prestamistas tampoco".

O al de Patricia (mixteca, 55 años):

> "en el banco el ganón es el banco, porque los intereses que ellos cobran para manejar el dinero es mucho y lo que le dan al ahorrador es un peso al año, no, entonces eso no".

Ahora bien, los vecinos (especialmente los comerciantes) suelen distinguir a *Fin común* (Servicios financieros comunitarios, S.A.) de los bancos. Ésta es una institución que ofrece créditos o recibe inversiones desde mil pesos para mejorar los negocios. Juan (mestizo, 32 años), quien es técnico en electrónica, señala:

> "A mí me llama mucho la atención ahorrar, puesto que mi trabajo requiere de cierto capital, pos se vuelve a reinvertir, por ejemplo yo hago un trabajo y tengo que sacar cierta cantidad para invertir en otro trabajo que me llegue, fíjate que había tenido la experiencia de un banco pero ahora todo tipo de banco en lugar de beneficiarte te perjudica, están cobrando demasiadas comisiones, y tú tienes la idea de que tienes tu ahorro, que anteriormente sí se daba, ahora ya es todo lo contrario, de hecho hay ciertas casas particulares de ahorro que sí dan ventajas, por ejemplo hay un negocio que se llama Fin común, tú das tu dinero a plazo y ganas cierto porcentaje, en ese sentido lo ves rentable y te da por ahorrar".

José Antonio (mixteco, 30 años) especifica que *Fin Común* es una casa de ahorro exclusivamente para quienes cuentan o proyectan abrir un negocio:

> "Fin Común es una casa de ahorro, pero ésa no más les presta a los negocios, porque piden garantía, les hacen estudios, y les dicen 'te podemos prestar cinco mil pesos porque tu negocio no da para más', a microempresarios".

Los vecinos prestamistas, las "cajas" y las "pirámides": entre la confianza y la estafa

A falta de instituciones financieras accesibles o al disgusto con éstas, en la colonia hay vecinos que prestan dinero cobrando una tasa de interés del 10 ó 15 por ciento mensual. Son los llamados prestamistas, cuyos procedimientos nos recuerdan a los intercambios redistributivos. Como señala la señora Nicomedes (mixteca, 66 años):

> "hay unos que, como dice el refrán, 'no dan paso sin huarache', siempre algo esperando que a lo mejor venga doble, pero eso yo digo que no está bien pues, por ejemplo los que prestan su dinero a rédito, si ven a la persona que de plano no tiene, mire las están...cobre y cobre, y el dinero va creciendo, y la otra más pa' bajo, no eso es pesadísimo...esas personas están en su casa, por ejemplo, aunque sean dos mil pesos ya cobran 200, el diez por ciento les toca, porque yo escuché que una persona le prestaba a la otra y que así le cobraba, diez por ciento, imagínese, pues es como en el banco".

Los prestamistas no deben demostrar un interés excesivo, o sino pueden ser tildados de usureros y sufrir acciones de repudio por parte de los vecinos. Como rememora Taurino (zapoteco, 74 años):

> "Hace como cinco años por aquí cerca vivía una persona que era prestamista, nada más que cobraba muy caro de intereses, desde el 20 por ciento, tuvo problemas por eso y mejor optó por irse a su tierra".

Ahora bien, el riesgo es mutuo. Los prestamistas no le dan crédito a cualquier usuario. Deben contar con cierta información de quienes acuden a él para disminuir los riesgos de no pago. Como declara Lizbeth (mixteca, 27 años):

> "casi la mayoría presta a gente conocida, o digamos 'es que yo soy hija de tal señora', 'a pos sí, si viene tu mamá te lo presto', como aval [...] Sabe aquí en la colonia quién pidió prestado casi la mayoría de la gente".

La persona tiene que ser "de confianza, conocida, que no tenga mala fama" (Virginia), por lo que debe contar con la recomendación de algún cliente o vecino de prestigio. Pedir dinero a un prestamista tiene ventajas y desventajas respecto a solicitarlo a los bancos: no es extraño que las tasas de interés sean mayores a las del mercado formal, sin embargo implican menores costos de transacción (menos tiempo y pago en transporte) al estar ubicado en la misma colonia. Algunos prestamistas también organizan "cajas". En la literatura especializada se suele caracterizar una caja como una unión de crédito informalmente organizada o bien formalmente establecida en maquiladoras u otras firmas (Vélez-Ibáñez, 1993 [1983]). Esta modalidad de crédito informal es descrita por Casilda (chocholteca, 62 años):

> "a una caja le llamamos que usted va dando digamos de a 200 pesos semanales, al año vienen siendo creo que diez mil pesos, esos diez mil pesos tendrían que tener rédito, tiene que haber recibido algo de los diez mil pesos, porque como caja usted está prestando con rédito, entonces todos los que están en la caja tienen que darle un poquito a cada uno, usted va dando desde enero, termina antes de 24 de diciembre, usted recibe su dinero antes del 24, como el 16".

La motivación principal para participar en las cajas es ahorrar dinero para poder hacer regalos en las fiestas de fin de año. Estela (mixteca, 60 años) complementa:

> "Hay cajas que son al año, y cada mes te dan intereses, digamos empiezan en enero y terminan en diciembre, y hay otros prestamistas con que son a dos años, tres años, y puedes ir abonando".

Las cajas suelen ser una estrategia mixta de ahorro y crédito,[131] de modo que se

---

[131] Estas asociaciones rotativas de crédito (ARC) se han estudiado en varios estados de México y de Estados Unidos (Vélez-Ibáñez, *ibid*), y son denominadas como tandas, cundina, quiniela, vaca, ronda,

puede ahorrar a la vez que pedir un préstamo con su correspondiente interés. Como ilustra Araceli (mixteca, 28 años):

> "El sistema de ahorro de la caja se basa en un grupo de personas, éstas ahorran, ya sea de 100, 200, 300, lo que gusten ahorrar, cada ocho días, se termina al cumplir las 52 semanas, que sería el lapso de un año, al cumplir las 52 semanas te hacen la cuenta de cuánto fue lo que ahorraste, aparte si durante el transcurso del año tú pediste un préstamo te cobran un tanto por ciento, depende del que haga la caja, supongamos un 2%, el 2% de interés semanal, y al final te hacen la cuenta de cuánto ahorraste y en el grupo si hubo muchos préstamos pos lógico que hubo mucho interés, entonces te reparten un tanto por ciento de interés, supongamos, con mil que ahorrara a la semana, serían 52 mil pesos, a lo mejor hubo un 30% adicional del ahorro, entonces ese ahorro lo dividen entre los integrantes, que te toque un 5%, ya no recibes los 52, recibes 55, 57, depende de lo que hayan generado de interés, si tú no pides préstamos de todos modos te toca interés porque hay más integrantes, en eso se basa la caja de ahorro [...] tienes ventajas porque hay dinero extra, rédito".

En la sección Ranchito, donde vive Araceli, hay un colono que organiza las cajas. La presencia de este vecino durante años en la colonia da la suficiente confianza como para participar en tal forma de ahorro/crédito. Continúa Araceli:

> "hay un muchacho de allá arriba, mi mamá está en la caja, por eso sabemos cómo va el funcionamiento, pero tiene que ser con personas de confianza, porque como es tu ahorro de todo un año, este muchacho ahí vive, lo conocemos de mucho tiempo, mi mamá ya tiene más de diez años que está con él en caja, a ella él le puede prestar al inicio porque él también ya tiene la confianza con ella, pero si no, no, pero si tú eres nuevo, y has ahorrado 400 no te puede prestar mil, mi mamá ahorita está con 100 pesos a la semana, al año son 5.200, se los da el 12 de diciembre, porque él eligió cerrar su año ahí, ese mismo día empieza y ese mismo día termina para que sea un año justo, la mayoría lo elige en esas fechas porque es la fecha en que más gasta, es como un ahorro para fin de año, también puedes elegir el lapso, a lo mejor voy a hacer una caja de ahorro de medio año".

El problema de los mecanismos informales es que no garantizan plena seguridad. La señora Casilda (chocholteca, 62 años) lo experimentó personalmente:

> "Participé en una caja, pero cree que no me daban nada, más que mi puro dinero, pero no me daban digamos que haya ganado mi dinero, bueno pues a mí no me daban nada, lo realizaba una comerciante, entonces dije 'no pues, a mí no me conviene', nada más salvé mi compromiso de dos años, ya no me volví a meter".

Incluso las cajas de ahorro o modalidades semejantes pueden terminar en estafa o ser sencillamente un delito bien planeado. Éste último es el caso de las denominadas "pirámides", un muy buen ejemplo de reciprocidad negativa (en que uno de los

---

rifa, etc., concibiéndose las diversas categorías como prácticas idénticas o como modalidades diferentes dependiendo de cada localidad. Debe destacarse, como señala Hernández, que en estas asociaciones el crédito depende de un depósito personal constante, "el crédito está atado a depósitos" (*ibid*, 2003: 255). Al respecto, Long (2007 [2001]; y Villarreal, 2004) realizó un estudio en el mercado de California, Estados Unidos.

actores intenta maximizar su posición a expensas de otro). Al respecto, advierte José Manuel (mixteco, 30 años):

> "Hay otro sistema que es la pirámide, ahí tratas de localizar a personas que no conoces, porque es una estafa, tú la formas y el primer día que recolectas eso te lo llevas, y la gente va organizando más, el que sigue va a organizar otra para que él saque lo de abajo, y el otro va a hacer lo mismo, entonces el último, el que ya no quiso organizar nada, simplemente no va a recolectar nada, lo disfrazan de tanda, entonces cuando tú empiezas a buscar a la persona para dar tu siguiente número, ves que no la localizas, no sabes dónde está, cuando ya empiezas a darte cuenta que era una estafa, yo esto lo vi mucho en Estados Unidos, entre latinos se maneja mucho, mexicanos, guatemaltecos, hondureños, ya aquí en México es raro que pase eso porque primero es la confianza, y con otras personas no, para hacer una pirámide aquí en la colonia te linchan, pero aquí ya ha pasado, con un amigo de mi hermano, el mismo amigo le hizo una trampa, se llevó este muchacho como ochenta mil pesos, se desapareció".

Las "tandas": "tenemos así guardaditos"

Las "tandas" son la forma de ahorro y crédito informal que más sentimientos positivos genera entre los mixtecos de la colonia. Adler-Lomnitz las definió en la década de los setenta como:

> "una institución económica de crédito rotativo [...] la tanda es una especie de 'club', generalmente de cuatro a diez miembros, quienes contribuyen con cuotas de dinero a un fondo común. Por ejemplo, en una tanda mensual de seis miembros, cada miembro entregaba mensualmente cien pesos a la tanda. Esta cantidad se entregaba cada mes por turno a uno de los miembros; el turno se fijaba de una vez por todas, mediante sorteo [...] Esta institución es muy popular en México, no solamente entre los pobres sino también entre grupos de la clase media [...] las tandas surgen muy frecuentemente entre los miembros de una red de intercambio recíproco" (1975:94).

En San Miguel Teotongo mantiene idénticos principios hoy en día, con la particularidad de que predomina una constitución de diez miembros más quien la organiza. Como señala la señora Virginia (mixteca, 61 años):

> "Ahorro haciendo tandas, porque se ve uno obligada a alzar ese dinero, guardar...junto diez personas de mi confianza, que sé que no me van a fallar, entonces ya les digo que qué número quieren, uno del medio, al principio, al final, y ya así cobro, semanalmente junto digamos 300, cada ocho días se juntan tres mil pesos por diez personas, le toca tres mil a ella hoy, le toca tres mil a ella dentro de ocho días, y así [no fallan] para nada, ya tengo muchísimos años yo haciendo las tandas, vecinos, familiares, personas que conozco, mujeres y hombres, más mujeres, es que la mujer lleva la batuta de la casa [risas]".

Una segunda peculiaridad de las tandas practicadas por los vecinos es que no se acostumbra hacer un sorteo, sino que los números se entregan de acuerdo a las solicitudes de cada participante, llegándose a un consenso. Como se puede ver en la descripción que realiza Taurino (zapoteco, 74 años):

"últimamente nos estamos acostumbrando más haciendo tandas, hay una persona indicada, que dice 'yo los invito, vamos a hacer una tanda, hay diez números, cuál de los diez números quieres escoger, va a ser de a cien cada ocho días', según, entonces digo yo 'no pues, yo quiero el número ocho, 'bueno, el número ocho te toca en el mes de mayo', o 'yo quiero que me toque el nueve de mayo porque el diez de mayo voy a comprar un regalo a mi mamá', y entonces las personas se van acomodando de acuerdo a como ellos los van necesitando, y es muy bonito porque se ve uno obligado a cumplir dando la tanda, porque no se hace ningún papel por escrito ni nada, simplemente es la palabra, entonces cada ocho días ya pasa la persona, 'aquí está', 'aquí está', tenemos amistades, precisamente estos muchachos que están trabajando aquí con nosotros [en su tienda de comida] están haciendo su tandita, porque uno de ellos, ahora en el mes de marzo, en semana santa, piensa echarle losa a su casa allá en su pueblo, creo que le va a tocar como unos diez mil pesos en marzo".

Las tandas son un clásico ejemplo de reciprocidad equilibrada (en las que la retribución es inmediata y equivale en valor a los bienes recibidos). Felicitas (otomí, 50 años) destaca que las tandas no generan interés como los bancos:

"No tenemos tarjetas bancarias, en tandas sí porque es algo que si me atrasé no me genera interés, con mi familia hacemos entre todos una tanda, de doscientos, de cien, y participan diez, once, para que el día que le toca no pague".

Los motivos más recurrentes señalados para ahorrar cotidianamente recursos a través de la tanda son: pagar deudas, hacer arreglos en la vivienda (sea de la ciudad o del pueblo), enfrentar urgencias, comprar regalos en fechas de fiestas y comprar los materiales pedidos en las escuelas de los hijos[132]. Gregoria (mixteca, 40 años) indica:

"Eso yo lo ahorro para lo que surja, imprevistos que uno no sabe, si llegamos a chocar pos ya tenemos unos ahorritos, tener un carro es arma de dos filos, te dan o le damos, tenemos así guardaditos".

Ambrosio (mixteco, 59 años) menciona:

"sobre eso vamos viendo donde debe uno para pagar, o cualquier cosa que les piden a los chamacos de la escuela, ya cuento con ese dinero para comprarle algo, en una tanda está uno obligado de dárselo, cada ocho días".

Y al respecto aclara Sonia (mixteca, 51 años, esposa de Ambrosio):

"La tanda la hace mi hija, la organiza mi hija, busca vecinos que sean puntuales, porque con la gente que no cumple ella se desfalca porque no tiene para poner, a mí toda la

---

[132] Para el mundo andino, específicamnte de Potosí (Bolivia), ver Harris (1996 [1989]). Afirma la autora que los dos principales usos del dinero en la economía *laymi* son para el ganado y las festividades. De hecho, el gasto festivo sería el estímulo más importante para entrar en el mercado.

vida me ha gustado la tanda, cuando se requiera un dinero, cuando pintamos la casa, de ahí se agarró un poco y un poco conseguimos prestado, cuando viene lo de la escuela, este año no nos ayudó el gobierno [...] desgraciadamente el dinero que me da mi esposo no alcanza".

Guillermo (mixteco, 66 años) destaca que ocupa esos dineros "para irla pasando", lo que muestra lo cíclico de esta institución:

"tanditas ahí, 'vamos a entrarle a una tanda para juntar unos dos mil pesitos, a ver para qué nos sirve', eso es lo que hago yo, con el trabajo vamos sacando ahí casi, casi para irla pasando".

Cuando ya todos los miembros del grupo han recibido la totalidad de los fondos, se inicia un nuevo ciclo o se da por terminada la tanda hasta un nuevo aviso de quien la organice. Patricia (mixteca, 55 años), por su parte, revela que los utiliza fundamentalmente para casos de urgencia:

"Tandas, con amigas, con compañeras de trabajo, hemos hecho tandas de 200 pesos semanales, de 10, 11 números, ésa es nuestra manera, es la manera más rápida de hacerse un ahorrito para urgencias más que nada".

Las tandas se hacen tanto entre parientes y vecinos como entre compañeros de trabajo. La señora Nicomedes (mixteca, 66 años), quien atiende uno de sus locales en el mercado de Las Torres, sostiene:

"Yo ahora no, participa mi hija...un tiempo sí trabajé mucho en las tandas, luego yo las hacía, y el chiste es que el que lo hace trabaja primero el dinero, después ya no, se cansa uno, porque tiene uno que ir a pedir la tanda, entregarla y así, peor cuando es diario, mi hija no las hace pero ella sí entra a la tanda, ahí con las mismas compañeras, porque con otra gente no, buh, olvídese, luego ya ni se la dan, con los mismos compañeros del mercado, pos ahí estamos".

Lizbeth (mixteca, 27 años) señala que las tandas representan una estrategia ante el mayor consumo mercantil (y las expectativas de movilidad social) que tiende a generar el estilo de vida urbano:

"para pequeñas deudas o para comprar cosas, ya teniendo a un hijo, así como Noé, él ya elige su ropa, qué es lo que quiere, algo que a lo mejor a nosotros no nos tocó hacerlo, porque nada más 'ahora te pones eso porque te pones eso', entonces ya tiene más libertad de escoger, entonces ya no escoge algo de a veinte pesos, ya escoge algo mejorsito, entonces hay que tener dinero para comprarlo, digamos las provisiones que nosotros no tuvimos yo se las quiero dar a mi hijo, por eso las tandas, para ahorrar y comprárselo a él".

Del mismo modo, Guadalupe (mixteca, 33 años) destaca la utilidad de las tandas para comprarle ropa a sus hijos. Ella participa a través de su hermana que trabaja como cajera en el centro comercial *Suburbia*, donde la tanda la organiza el jefe:

> "ahora sí estoy en una tanda, ese dinero lo voy a invertir en mis hijos, en su ropa, ahorita la organiza un patrón de mi hermana, donde ella trabaja, ella es cajera en Suburbia, en el aeropuerto, de 500, con sus mismas empleadas, y ahí ella ya nos comenta, nosotras le damos y ella se lo da a su jefe, pero no le dice de quién son, sino ella le dice 'cuatro números míos', no tenemos que dejar de darle porque ella se comprometió con el jefe, entonces para que ella no quede mal tenemos que darle nosotros, porque apenas terminó una de 500, pero lo hace quincenal, yo voy a recibir hasta noviembre y mi hermana para el otro mes, dos mil 500 pesos va a recibir cada una, son trece".

Ahora bien, en las tandas, como en las otras formas informales de ahorro y crédito, hay un cierto margen de incetidumbre. Justino (mixteco, 38 años) apunta sobre estos problemas:

> "en una que otra ocasión sí he estado en tandas pero no es como para decir que es algo bueno, no, porque muchas veces le fallan a uno, y para no tener problemas con los compañeros, para no estar quebrándose uno la cabeza pues mejor evitar todo eso, si no me dan a mí cuando me toca ¿cómo le respondo al que debe recibir?, entonces mejor no".

Las tandas requieren de "una fuente de ingreso constante, lo cual excluye a muchos no asalariados" (Villarreal, 2004: 336), como también ingresan personas que después no pueden cumplir con sus compromisos. Juan (mestizo, 32 años) tuvo una experiencia similar a la de Justino:

> "hubo una ocasión con vecinos en que hice una, la primera y la última, puesto que me quedaron muy mal, me 'conejearon' [me engañaron] nunca más".

Finalmente, José Antonio (mixteco, 30 años) sostiene que él no participa en tandas, pues no lo requiere: es profesional, soltero y sin hijos, asociando esta institución informal más bien a las múltiples obligaciones económicas (y el poco dinero líquido) que tienen las madres. Como reflexiona José Antonio:

> "lo que pasa es que mi mamá, cuando yo estaba estudiando, ella decía 'voy a hacer una tanda, los útiles son el 30 de octubre', entonces programaba los números, así lo hacen todas, 'tengo una fiesta tal día', entonces se acomodan su número de tanda para que ese día reciban el dinero y lo tengan para poderlo usar, ésa es una, otra es que por ejemplo, su esposo le da mil pesos de gasto y ella para poder ahorrar, como tiene muchos gastos, así como que se siente con la obligación de cada ocho días apartar cien pesos para darlos, y ya tiene ese dinero para la fiesta por ejemplo, cosa que si no hace la tanda a lo mejor se lo va a gastar, y en mi caso por ejemplo yo soy soltero y no tengo la obligación de comprar útiles y eso, entonces no me veo en la obligación de 'ah, en tal fecha necesito tanto dinero', sino que más bien mis gastos son como más corrientes, para irme a comer diario, a trabajar, o para salir los viernes o sábados en las noches".

Estas estrategias colectivas practicadas en ambientes (laboralmente) inseguros son las que Thompson (2000 [1971]) y Scott (2000 [1990]) han denominado como "economía moral", pues se centra en el sector moderno pero está dominada por prácticas tradicionales. Por su parte, Hyden (1983, cit. por Friedman, 2001 [1994]) ha caracterizado a este tipo de procedimientos como "economía del afecto", en la cual la lógica cultural se apropia de los bienes de la modernidad -con el prestigio que éstos conllevan- conforme a premisas consuetudinarias.

La cría de animales: "el cochino era un ahorrito"

Una modalidad distinta es el ahorro informal en activos físicos: la compra/venta de animales, y mayormente de puercos. Como afirma Isabel (mixteca, 29 años):

"Lo que se da mucho acá es que tienen animales y después los venden, entonces hay otra persona que los compra, venden las carnitas, pero ya lo hacen un negocio propio, pero ahí ya es un negocio doble, porque el que vendió al puerco ya muerto entonces llega otra persona, lo compra y en su casa o afuera de su casa o en otro local renta el espacio y se pone a vender sus carnitas, los tacos, aquí sobre el eje venden muchos tacos, tacos al pastor, todo eso, es un negocio que hace la gente, pero que aquí alguien tenga un criadero de puercos así no, hay un lugar que se llama San Juan, ahí es donde están los rastros, ahí es donde venden la carne, matan a los animales, los lavan y venden la carne, y es donde la gente se surte para hacer su negocio de vender taquitos en cualquier parte, hay lugares donde venden a los puercos chiquitos y los van criando, crecen, crecen, y cuando están listos los matan y ya".

Taurino (zapoteco, 74 años) cría animales en el patio interior de su casa para venderlos a los clientes de su negocio:

"ahorramos criando animalitos para después venderlos [...] por lo regular aves, guajolotitos, pollos, luego salen de los mismos clientes, 'no tiene por ahí un guajolotito, un pollo', se le vende, un guajolote vale como 350 o 400 pesos, un pollo 50 pesos".

Sin embargo, el ahorro a través de la cría de animales es más bien una modalidad vinculada al mundo campesino, donde este tipo de ahorro puede ser usado también como insumo para la producción (Campos, *op. cit.*; Losada, 2006). En San Miguel Teotongo era una práctica común durante los primeros años de la colonia. Hoy, en cambio, no se puede pues la delegación no lo permite por razones de higiene. Como sostiene Felicitas (otomí, 50 años):

"aquí no se puede porque a la gente no le gusta percibir olor, por ejemplo de cochino, antes mucha gente tenía cochinos, pero después lo prohibieron porque el olor es tan fuerte, y el mosquero que se hace foco de infección entonces ya es poca gente que a lo mejor todavía tiene cerdos pero ya casi no, antes los vendían y volvían a comprar chiquitos, los tenían de cría y así, era un medio de cómo ahora un centavito, el cochino era un ahorrito, pues cada día menos se puede pos cada día está más higiénico, antes no había drenaje, el agua corría en la tierra, y ahora que hay drenaje pues se tapan los poros del drenaje, tiene mal olor o hay mucha mosca, antes había mucha mosca cuando había los puercos, mucha, pues por eso fueron prohibidos. Lo prohíbe la propia gente, se fue perdiendo esa cultura de tener animales, conejos, pollos y todo eso, una porque cada día la gente necesita menos aquí, antes era un medio de alimentación, de ayuda, ahora qué familia no tiene hijos en Estados Unidos, entonces tienen otra manera de subsistir diferente, va habiendo cambios".

Las señoras Maura (mixteca, 67 años) y Nicomedes (mixteca, 66 años) tuvieron animales cuando la colonia recién empezaba a poblarse y carecía de drenaje y otros servicios típicamente urbanos. Recuerda la señora Nicomedes:

"Un tiempo yo tuve puercos, así como ve aquí esta casa chiquita, en este mismo espacio, pero hay que lavarles muy bien, no y ya después se empezó a poner el drenaje, ya no, ya no se puede, porque es un holor muy fuerte, muy penetrante, venían los compradores, y bien, eso requiere que tenga uno menos edad para andar movida".

La señora Maura también crió los animales en el espacio de su vivienda, en la medida que la iban construyendo, en parte con la ayuda de la venta de los puercos:

"tenía yo gallinas, conejo, puercos, 15 años tuve puercos en esta casa, levanté mi casa, vendía yo mi puerco y un poco su dinero de mi señor, juntamos, hicimos la casa, o necesitaba yo su ropa de mis hijos, agarraba yo dinero de los puercos, ahora ya no puedo criar los animales [...] a mis hijas no les gusta, no tienen tiempo".

La inversión como ahorro: "no hay como un terreno"

Vemos entonces que las cajas, tandas y cría de animales tienden a ser una "estrategia de sobrevivencia", esto es, que implican la organización de la familia para obtener algún beneficio a corto o mediano plazo, generalmente durante el ciclo de un año. Sin embargo, a veces estas prácticas de ahorro son también usadas (especialmente por la generación que nació en la ciudad) como "estrategias de movilidad social" (Roberts, 1996), pues involucran decisiones de asignación o distribución de recursos, tales como la educación de los niños, la compra de un bien característico de la clase media (automóviles, un segundo local comercial, una vivienda, etc.), decisiones que verán frutos a largo plazo.

Algunos vecinos han optado por invertir su dinero en bienes inmuebles o bien estos artículos les han sido regalados por sus hijos que residen en Estados Unidos. Como señala la señora Nicomedes (mixteca, 66 años):

"Pues yo digo que el mejor sistema para ahorrar es comprar algo, bienes, porque si compra uno un terrenito por ejemplo, claro le tiene que dar uno mantenimiento, pero no es igual como los animales, porque al animal usted lo tiene que tener con el veterinario, tiene que darle más atenciones, el terreno va creciendo, pasa el tiempo pero él se va valorizando más, ése no pierde su valor, y en cambio compro un montón de animales, pero a lo mejor se me mueren cuatro, hay menos riesgo, yo primero compré un localito, después compré otro, lo arreglé de a poquito de a poquito, lo vendí, después compré el otro que lo vendimos también, con el dinero que vendí del otro, me quedó un poco y compré el otro, y lo levanté, lo arreglé, ese sistema es más mejor".

La señora Felicitas (otomí, 50 años) recibe envíos de parte de su hijo que vive y trabaja en Estados Unidos:

"Yo tengo a mi hijo allá, trabaja allá, él sufrió mucho porque apenas este año Dios lo bendijo, porque no encontraba trabajo […] ahora trabaja en un restaurant y en un club de golf, donde juegan los gringos en los parques, entonces mi hijo trae un tractor, un batimóvil le dice él, chiquito, dice que recorta el pasto, todo bien cómodo, es el trabajo más limpio que puede encontrar, le pagan a nueve dólares la hora, ahorita le compró a su papá una camioneta 'cherokee', de febrero para acá pudo comprar ya la camioneta, le compró a mi esposo las herramientas, y así ahí le va mandando, manda ropa, manda cualquier cosa, también manda dinero, pero ahorita apenas está saliendo del pago de la camioneta, como la sacó así de las agencias, salió muy cara, pero ya la pagó, le pagó el seguro, su tarjeta de circulación, todo ha podido hacer ahora que ya tiene dinero".

Juan Pablo (otomí, 65 años), quien trabaja como maquilero, recuerda a uno de sus hijos, quien siguió su mismo oficio, pero desde Estados Unidos:

"un hijo, el hijo más grande, está allá, tiene como ocho años en Estados Unidos, también trabaja en el ramo de la tela, del corte, él es diseñador […] les manda remesas a sus familiares, es que tiene aquí a sus hijos, se quedaron con su mamá, se fue solo […] sus hijos ya están grandes, a dos son casados, dos mujeres y dos hombres, uno está en la universidad estudiando Derecho, ya una vez con su título ya saben a lo que van, qué van a hacer, ya llega uno a pedir trabajo, puede ser ejecutivo en cualquier lado, y sin nada no se puede, aunque tenga todo el conocimiento".

Finalmente, Guadalupe (mixteca, 33 años), tuvo a su esposo varios años en Estados Unidos, quien le enviaba remesas para sus hijos y para la compra de un terreno. En su testimonio se ilustra uno de los fenómenos que viene creciendo hace algunos años: la colonia San Miguel Teotongo pasó de ser un territorio densamente poblado a ya no contar con espacio para nuevas construcciones, por lo que las nuevas familias nucleares están pensando cada día más en trasladarse a vivir al vecino Estado de México. Como señala Guadalupe:

"Por quincena mandaba mil, de ahí tenía para mis hijos y para ahorrar para el terreno, lo pagaba luego, luego, cada mes pagaba, creo que nos vamos a ir a vivir al Estado de México, ya casi no hay aquí, y son casas y luego no sabe uno como están construidas, no hay como un terreno y empieza a hacerlas uno desde el principio, desde abajo".

CONCLUSIONES

Las principales conclusiones del presente estudio tienen como propósito conocer las formas de inserción/integración socio-económicas de la población originaria de la región mixteca oaxaqueña residente en la colonia San Miguel Teotongo, Delegación Iztapalapa, en la Ciudad de México. Inicié esta investigación con las siguientes preguntas: ¿qué tipos de intercambios económicos predominan hoy día en las interacciones intra e inter-étnicas? ¿De qué manera los mixtecos y chocholtecos se vinculan (como individuos y como grupo étnico) con los organismos estatales mexicanos? ¿Cómo participan en el sistema de mercado?, a las que he agregado otras a lo largo del trabajo de campo: ¿Constituyen el interés individual y el beneficio social actitudes/elecciones necesariamente opuestas? ¿Se continúan "tejiendo" hoy redes sociales como formas de protección mutua? Finalmente ¿las calles y barrios "colonizados" por los mixtecos y chocholtecos conforman *guettos* o enclaves?

Para responder estas variadas interrogantes he sostenido en primer lugar que al centrarse la observación antropológica en los vínculos entre sujetos (esto es, visualizando la sociedad como una red o un conjunto de redes yuxtapuestas), y no en los individuos como entes separados, el modelo teórico del intercambio social y el enfoque de la exclusión social resultan relevantes ejes de análisis para comprender los procesos de exclusión/inserción/integración económica de los miembros de grupos étnicos en la sociedad nacional. Al presentar los resultados de la investigación, considero explícitamente los modelos señalados, priorizando -ante cualquier idea previa- los datos empíricos recabados a través del estudio en terreno y manteniendo la mirada siempre atenta a la posibilidad de que estas conclusiones puedan ser útiles en acciones de desarrollo social, entroncando así con la tradición antropológica mexicana. Enumero sintéticamente los principales resultados, y finalizo algunos de los puntos con una interrogante que me parece oportuno plantearse en futuras investigaciones.

I.

Inicio estas conclusiones diferenciando y a la vez vinculando los conceptos de exclusión social y de pobreza, de manera de intentar contribuir a una discusión teórica que se encuentra en su apogeo en este principio de siglo. La exclusión social se refiere a la falta de acceso, de vínculos, de comunicación (y por ende de información), de membrecía, a estar fuera, desafiliado, fuera de la convivencia, del intercambio social y el consumo, de los circuitos de participación y cooperación, "fuera de lugar", no reconocido, sin derechos y obligaciones, a estar, en fin, en mayor o menor grado, aislado, anónimo, desprotegido, y, por tanto, socialmente inútil y carente de un proyecto social o individual.

Este estar fuera de circulación es producto (al menos) de tres distintas circunstancias: 1) debido a que se ha sido desterrado, expulsado, despedido o rechazado -si es que en algún momento y lugar se estuvo incluido-; 2) dado a que una persona o familia no cumple los requisitos para ser parte de un grupo, institución o sociedad; y finalmente, 3) a que se deja fuera a las personas o grupos que presentan determinados rasgos físicos o culturales, se discrimina: "quien es discriminado [lo que implica un trato desfavorable e inferiorización] es de hecho excluido, aunque no necesariamente al revés" (Fuentes, 2008: 193).

Categoría, pues, paradójica: se está y no se está en la sociedad. Algunos autores exponen tal contrasentido señalando que estas personas están *en* la sociedad pero no son *de* la sociedad (Karsz, 2004 [2000]) y otros señalan que la idea de exclusión se basa en el supuesto de que la sociedad puede ser más pequeña que la suma de sus partes (Bauman, 2008 [1998]). La exclusión es así un concepto multidimensional, incluso pareciera una categoría excesiva (el modelo tripartito exclusión/vulnerabilidad/integración subsana este "exceso"), ubicua, de mil rostros, sin embargo paralelamente designa situaciones reales, concretas, sufridas y cognoscibles.

Cabe entonces la pregunta: ¿fuera de qué? Se puede estar individualmente excluido del sistema escolar, de los beneficiarios de vivienda y de las instituciones de salud, de la ciudadanía política, también de las redes étnicas o de la vida familiar, como asimismo de los circuitos laborales. Hay también exclusiones grupales/colectivas: la adscripción a un grupo étnico particular puede implicar ser confinado y/o discriminado por la sociedad dominante en un determinado Estado-nación. Las distintas formas y grados de exclusión pueden a su vez conducir a comportamientos individuales extremos, como las adicciones, patologías mentales y/o la delincuencia (Foucault, 1992 [1977]). Al mismo tiempo pueden generar reacciones/prácticas individuales o colectivas resilientes, movilizándose por el logro de nuevos propósitos. El enfoque con que he entendido aquí la exclusión no sólo se refiere a la falta de ciudadanía política (no contando con los derechos políticos, civiles, socioeconómicos y culturales), sino también al escaso acceso al consumo (mercado), y a la pérdida de pertenencia/participación en el propio grupo étnico (sociedad civil).

La pobreza, en cambio, se refiere a las carencias de bienes y servicios a que estas desconexiones conducen y por tanto conlleva la incapacidad de satisfacer las necesidades materiales y simbólicas, como paralelamente no poder cumplir con las demandas sociales en tanto que miembros de uno o varios colectivos. Se genera así un círculo vicioso: se es pobre (condición siempre relativa) como un producto, un efecto de las distintas formas de exclusión, y a su vez esta carencia de recursos provoca nuevas exclusiones. Al respecto resulta interesante recordar que Lewis (1973 [1961], 1961 [1959]) distinguió entre pobreza y "cultura de la pobreza". Como vimos a lo largo de la tesis, los vecinos mixtecos y chocholtecos no se suelen caracterizar por una (sub)cultura de la pobreza: al sentir las personas que pertenecen a un grupo étnico en el cual participan y se les reconoce un determinado lugar, al contar con un sentido histórico, al vivir tanto el presente como trabajar diariamente en pro de un proyecto de futuro (colectivo, familiar e individual) en búsqueda del "florecimiento humano" (Boltvinik, 2005 & 2007), al haber un buen nivel organizativo a partir de los poblados de origen, no se reconoce en ellos una (sub)cultura de la pobreza tal como la describió Lewis a principios de los años sesenta.

Ambas categorías (exclusión y pobreza) aluden a trayectorias, a dinámicas sociales y personales. Ambos conceptos se caracterizan de forma negativa: la exclusión implica estar "fuera de..." y la pobreza "carecer de...". Ahora bien, de todas las dimensiones particulares de la exclusión una de las más consideradas por los estudios sociales contemporáneos es la relegación del mercado laboral (Tezanos, 1999), debido a que tal privación durante un largo periodo de tiempo tiende a impedir tanto la supervivencia biológica (por la dificultad para acceder al consumo) como la social (porque además de complicar el acceso a la alimentación, salud, vivienda y educación, genera la pérdida de redes sociales de productores y empleadores): son los denominados "supernumerarios" (Castel, 1997 y 2004 [2000]), "superfluos" o "excedentes" (Bauman, 2005 [2004], 2008 [2005]), los desconectados, pues, de la "ciudadanía laboral" (Alonso, 2007).

II.

Podemos fácilmente concordar en que los habitantes rurales han sido, en un uno u otro momento, colectiva e individualmente, empujados a abandonar su tradicional hábitat, pues éste ya no les genera (dadas las políticas económicas globales/neoliberales de las últimas tres décadas) los recursos mínimos necesarios como para continuar su existencia en las localidades donde nacieron. Se enfrentan entonces al desafío de entrar en la ciudad, de insertarse en la sociedad urbana, buscando acceder así a una mejor vida. En este proceso de cambio de nicho ecológico, traen *ad portas* al menos dos desventajas y una ventaja. Primero, su nivel educativo formal suele ser muy bajo: más de la mitad de los sujetos entrevistados no supera la educación primaria (o incluso no asistió a la escuela). Segundo, suelen señalar los interlocutores que en la Ciudad de México sus identidades de mixteco o chocholteco, como también de oaxaqueño, son infravaloradas (no se les llama mixtecos o chocholtecos sino *indios*, no se les denomina oaxaqueños, sino *oaxacos*: ambas categorías provistas de prejuicios negativos).

Junto a estas desventajas, reconocemos en sus discursos y prácticas un activo que muchas veces no es considerado/reconocido en los estudios antropológicos: cada sujeto pertenece a un colectivo, a un entramado social paralelo y entrelazado a su condición de ciudadano mexicano, son miembros del pueblo mixteco o chocholteco (identidad que se fortalece en la gran ciudad, lejos de su contexto de origen), y por tanto (y en la medida en que cada uno dé sus contribuciones para los trabajos comunitarios) cuentan con un capital social y cultural que suele resultar muy útil ante el desafío de tener que continuar sus vidas en otro espacio geográfico y social, en otro estado y en un contexto que suele caracterizarse por un estilo de vida diferente al campesino y rural: el mundo urbano y megapolitano.

Hay también una segunda ventaja con la que han dispuesto los habitantes de esta colonia hasta hoy día. Es un recurso adquirido, que ha sido logrado a través de la "unión" entre todos los vecinos, más allá de sus particularidades: es la Unión de Colonos San Miguel Teotongo. En esta institución civil los colonos han encontrado un gobierno local *de facto* al cual acudir y demandar (junto con participar y solidarizar en sus propósitos), un lugar en el cual se les brinda apoyo y gestión, otorgándoles un piso/base mínimo de seguridad.

III.

Ahora bien, los estudios urbanos suelen señalar que los lazos sociales en las ciudades se diluyen y que la mayoría de las interacciones son individuales, insignificantes y anónimas. El sujeto urbano, que vive en ámbitos sociales modernos y complejos, constituiría parte de una muchedumbre solitaria; el contexto citadino, más aun el megapolitano, actuaría como un disolvente de las prácticas tradicionales y de las identidades étnicas. Esto lo ha advertido la sociología urbana desde sus inicios (Wirth, 1988 [1938]). Por su parte, la antropología sociocultural ha señalado (Redfield, *op. cit.*; Gellner, *op. cit.*) que cuando los sujetos pertenecientes a grupos étnicos migran desde el campo a la ciudad, o desde el pueblo a la capital nacional, tienden a desorganizarse y atomizarse -recordándonos el concepto de anomia (Durkheim, 1972 [1893])-: cada uno busca encontrar su propio acomodo en la "selva de cemento". Parte de la reciente antropología ha afirmado también que la presentación del sujeto indígena como tal ante la sociedad urbana y nacional suele ser sólo una estrategia, una acción (elección) racional, una apariencia que se actúa con el propósito de ser aceptado y de este modo poder insertarse en las nuevas redes de la modernidad citadina.

Los hechos observados a lo largo de este estudio, la información y los testimonios recopilados permiten complejizar y trascender lo afirmado por estos y otros modelos teóricos. Más que optar por uno u otro esquema, los datos nos llaman a des-purificar tales enfoques, intentando dar cuenta de la realidad empírica observada. Esta idea de lo que podríamos denominar como "lazos urbanos laxos" es claramente desmentida en el caso de los vínculos entre los inmigrantes oaxaqueños, también -aunque en menor medida- en la primera generación nacida en la ciudad, y ha de estudiarse, en futuras investigaciones, para el caso de la segunda generación nacida en la ciudad (esto es, la que suele llamarse "tercera generación"), que parece tender hacia un estilo de vida más cercano a lo advertido por los sociólogos urbanos.

Pese a vivir en el contexto predominante de un sistema capitalista de mercado, que sólo concibe a los seres humanos como individuos/ciudadanos, los mixtecos y chocholtecos muestran, a través de su vida cotidiana, que también pertenecen a determinados pueblos/grupos étnicos, a concretos "mundos de la vida" (Habermas, 1999 [1987]). De este modo, nos recuerdan la condición social de las personas, por lo que junto con ser parte de una sociedad común, la mexicana (el ámbito mayor de coexistencia social), también son miembros de dominios culturales específicos (Martínez & De la Peña, 2004), los que, pese a su diversidad, comparten una matriz cultural mesoamericana, que se caracteriza por sus propias instituciones. Como señalara Bonfil Batalla, paralelamente a ser un sector del "México imaginario", los nativos de la región mixteca oaxaqueña son actores del "México profundo", interactuando en dos civilizaciones distintas, la occidental y la mesoamericana.

En este sentido, cabe destacar la continuidad de los planteamientos de L. Adler Lomnitz (1975) respecto a la relevancia de las redes de intercambio recíproco de bienes y servicios en la sobrevivencia de los sectores económicamente menos favorecidos de la población de Ciudad de México (en gran parte válidos para toda América Latina). Estas redes representan un sistema de seguro cooperativo informal que suplen mediante la ayuda mutua los efectos de la inseguridad laboral y la carencia de seguros sociales en los empleos flexibles, de manera que la estructura social de las colonias y barriadas se asemejan a un conjunto de redes.

IV.

Dicho esto, no se trata sólo de afirmar que los mixtecos y chocholtecos cuentan con una modalidad de protección social que les brinda su red de parentesco, dada la confianza existente entre sus miembros. Debemos hoy en día especificar cuáles son los principios y prácticas que posibilitan tales conexiones y cómo éstas se encuentran entretejidas al interior de redes más amplias y posiblemente más ajenas.

Un principio básico compartido de este capital cultural mesoamericano/mixteca/chocholteca es la *guetza*, esto es, la norma por medio de la cual se apoyan unos a otros más allá de si viven en asentamientos concentrados o dispersos en la colonia y ciudad. Este principio (de acuerdo a lo planteado por los diversos sujetos) es tanto un derecho como un deber, o, más bien, es un compromiso cuanto que un valor, deviniendo una norma que se continúa practicando al interior de la urbe por medio de la práctica del *tequio* (entre otras acciones) y en la interrelación campo-ciudad, como también con quienes residen en el extranjero. Encontramos aquí lo que Thompson (2000 [1971]) y Scott (2000 [1990]) denominaron como "economía moral", la que proviene de una ética de la subsistencia que intermedia entre los individuos y un grupo social determinado en un ambiente de alto riesgo.

Las expresiones de dos de los entrevistados de: "te apoyo para que mañana tú me apoyes..." y "dando y dando, pajarito volando...", son explícitas acerca de la conveniencia colectiva de estas prácticas[133] -recordándonos al respecto los análisis sobre el don de Mauss (1971 [1925]) y Lévi-Strauss (1988 [1969])-, transgrediéndose así la frontera de la dicotomía entre tradición y modernidad que se suele usar aún hoy en los estudios socioculturales, como también la oposición de la antropología entre la corriente económica formal y la substantiva.

Ambas explicaciones del comportamiento económico son necesariamente complementarias (como ha señalado el enfoque de la economía cultural) para dar cuenta de las sociedades indígenas contemporáneas. Los hechos muestran, especialmente en los inmigrantes (en menor grado en los nacidos en la ciudad), que la explicación formal depende de la substantiva (o bien debe substantivizarse), pues un requisito previo para cualquier comportamiento de cálculo es la pertenencia a una sociedad/cultura con que se identifican los individuos. Se trata, así, de "elecciones significativas" (Kymlicka, 1996). La *guetza*, por ende, es una "regla práctica" (Ingold, 2001 [1996]) o bien una "opción colectiva racional" (Sen, 2002) y las instituciones/acciones cotidianas a las que conduce permiten obtener la mejor posición posible, satisfaciendo a la vez necesidades biológicas y sociales.

Diría -recordando a Giddens (1994 [1990]) y Bourdieu (2007 [1994]), respectivamente-, que estas interacciones sociales son producto de una "conciencia" o "razón práctica" que anula la oposición clásica entre interés y altruismo, o

---

[133] No se trata propiamente de "economía simbólica", en el sentido de Bourdieu (2007 [1994]), pues no se basa en la represión o la censura del interés económico (el "desconocimiento compartido").

remontándonos a Weber (1964 [1922]): ambos aspectos de la racionalidad humana, el cuantitativo (formal) y el cualitativo (substantivo) se presentan al unísono. Es más, este hecho nos confronta a una paradoja económica. De acuerdo a la economía formal, es en el sistema de mercado, cuando los seres humanos se dejan llevar por su egoísmo, que se obtienen beneficios para todos. Al trabajar y competir -se señala- se consigue el propio provecho y también el de los otros.

Aquí, en cambio, lo que encontramos es que, a través de la realización cotidiana del principio de la *guetza*, del dar hoy y recibir mañana, los mixtecos y chocholtecos logran muchas veces satisfacer sus necesidades individuales y colectivas. Nadie está forzado a participar en tal o cual asociación, en tal o cual red de vecinos (consanguíneos o afines), sin embargo todos se sienten obligados a hacerlo. Es que la auto-exclusión de tales círculos sociales implicaría una actitud hostil, y con ella la pérdida de estimación y de prestigio, provocando aislamiento, y tal aislamiento conduciría paulatinamente a vivir en condiciones de privación, en fin, de pobreza. Parafraseando a Lévi-Strauss (*op. cit.*), diría que el tabú de la pobreza (material y social) es el origen del intercambio de bienes y servicios. Queda pues esta paradoja como una segunda interrogante para futuras investigaciones: ¿no es que los valores empiezan donde termina la eficiencia y que la eficiencia (el comportamiento óptimo) es un asunto del sistema de mercado?

V.

El re-unirse territorialmente de acuerdo a sus adscripciones étnicas facilita estas formas de cooperación, cuya "domesticidad" (cercanía física y sentido de lugar) tiende a generar el hábito del vínculo entre unos hogares y varios otros, construyéndose un complejo círculo de intercambios que no solamente conecta a distintas familias en el espacio sino que también liga a diversos momentos en el tiempo (por medio de la tanda, de la venta de "pan oaxaqueño", etc.), reduciendo las incertidumbres de los gastos del "mañana". No corresponde aquí referirme a estas concentraciones étnicas como a *guettos* urbanos, pues son espacios que disponen de un buen acceso a los bienes de consumo colectivo (equipamiento y transporte) y que no se caracterizan por una estable homogeneidad económica (como tampoco por la degradación social). Nos enfrentamos entonces a enclaves étnicos, esto es, a aglomeraciones residenciales y laborales de mixtecos y/o chocholtecos con una permanente heterogeneidad intrasocial así como de continuos intercambios con otros espacios de la colonia y ciudad.

Por su parte, la dispersión/fragmentación típica de las megalópolis contemporáneas se subsana parcialmente a través de la organización de los inmigrantes y sus hijos en asociaciones étnicas cuyo eje es la raíz común de sus respectivos pueblos/lugares de origen -la "comunidad moral" (Anthony Cohen, *op. cit.*), o lo que ya en 1940 Evans-Pritchard denominó como el "espacio [y la distancia] estructural" versus la distancia ecológica o física-. Ambas "comunidades", la barrial (de vecinos) y la asociacional (de paisanos), son proclives a generar rutinas que disminuyen el/los riesgo/s y otorgan "seguridad ontológica" a las personas (Giddens, *op. cit.*).

Entonces, se observa una cierta similitud entre el "viejo" orden étnico (rural) y el nuevo orden posindustrial (urbano) que construyen estratégicamente los inmigrantes y sus hijos en la colonia: estratificación social (local y permeable), concentración étnica, cultura diversificada y discontinua (de acuerdo a las identidades comunitarias, mas con un sustrato común), transmitida principalmente por los grupos locales y el trabajo familiar. Sin embargo, en la ciudad aumenta la conciencia de la propia cultura, de la propia distintividad colectiva, siendo cotidianos los encuentros entre miembros de un mismo grupo étnico ya sea por motivos políticos (no partidistas), festivos o deportivos, especialmente los días domingo. Los mixtecos y chocholtecos, entonces, viven hoy (sobre todo los inmigrantes) entre dos escalas territoriales y morales: una con base rural, segmentada, basada en la creencia (y prácticas festivas) en los santos locales; y otra con base urbana, tan segmentada como articulada (una "anarquía ordenada") y cada día más secularizada[134]. Se produce así un nuevo orden

---

[134] Bartolomé (2006 [1997]) y Barabás (1996) relevan el primer nivel identitario por sobre el último, sin embargo -dada la actual situación urbana y transnacional- más bien habría que empezar a relevar el segundo (lo étnico o etnolingüístico) por sobre el primero (lo comunitario o residencial), aunque en el espacio comunitario el sentimiento de pertenencia sea más intenso. Quizá haya que recordar a Barth (1976), en quien se basan los autores recién referidos, que al caracterizar a un grupo étnico como un tipo de organización social (basado en la interacción), no se refiere en su texto necesariamente a una interacción cotidiana y presencial, típica de las comunidades rurales, sino a una cohesión interna más allá de las distancias físicas existentes entre sus miembros, esto es, a una "comunidad moral" o bien a una "ciudadanía moral". Las fronteras étnicas, más que territoriales, son normativas. Esta articulación étnica no se basa (como condición) en los encuentros cara a cara, sino en el mantener la comunicación (más o menos fluida) y cumplir con los compromisos entre quienes se adscriben a uno u otro grupo étnico. Los pueblos (grupos étnicos) -tal como las naciones- son comunidades imaginadas,

étnico, que se desarrolla de abajo hacia arriba, por fusión, intercomunicativamente. Este nuevo orden se genera como respuesta a los nuevos riesgos/vulnerabilidades a los que se ven enfrentados sus miembros al tener que reubicarse ya sea en ciudades mexicanas o estadounidenses, entre distintos estados y Estados-naciones. El peligro de la mayor exposición al exterior (nacional y global) tiende a cohesionar, la hostilidad del mercado urbano contemporáneo (y de la sociedad dominante) recaracteriza holísticamente a ambos grupos étnicos.

VI.

Ahora bien, pese a esta continuidad cultural multi-situada basada en la "ciudadanía étnica" e identidad residencial de cada "rumbo" o poblado oaxaqueño, el principio cooperativo de la *guetza* se ve debilitado, erosionado por el *ethos* circundante en la Ciudad de México y el mundo urbano occidental (y especialmente estadounidense en este caso), basado en la competencia y la ganancia individual. De este modo, al pasar de la generación inmigrante a la de sus hijos (los nacidos en la ciudad) se revela el paso de redes internas y compactas a contactos externos y fluidos, adquiriendo más importancia en la vida cotidiana las trayectorias y vínculos individuales, egocéntricos, que las mallas densas -a veces "sobrecomunicadas", como señalara Goffman (cit. por Martínez, 2007)- basadas en el parentesco, la contigüidad territorial y el paisanazgo. Podríamos decir que cambian de nudo en la red social, adquiriendo ahora también un lugar (o un mejor lugar) en las (sub) redes mercantiles y estatales.

Dicho de otro modo, en la generación nacida en la megalópolis (después de los años setenta, e hijos, por tanto, de la época que se suele denominar como modernidad tardía/alta o pos-modernidad) se suma, al capital cultural y social recibido, el capital humano generado al participar en las instituciones urbano/nacionales/transnacionales, dada la relevancia que tienen los estudios

---

pues suelen no conocerse entre sí todos sus miembros. Finalmente, es de destacar que la distinción efectuada por estos autores entre grupo étnico y grupo etnolingüístico, de acuerdo a las diferencias dialectales entre los hablantes de una lengua, no resulta relevante en el mundo urbano, pues lo distintivo es el ser, por ejemplo, mixteco o chocholteco u otomí, etc., y no las distinciones internas (culturales) existentes en cada pueblo (grupo étnico). Esto es, el criterio que prima en la pertenencia étnica no es el territorial como tampoco el de las diferencias objetivas intraculturales, sino que la conciencia y el cosentimiento (la autoadscripción y heteroadscripción) de pertenecer a un mismo pueblo (grupo étnico).

secundarios, técnicos o universitarios, así como las experiencias laborales en las distintas urbes mexicanas y de Estados Unidos (especialmente California), en la ampliación de las comunicaciones (e informaciones) y en la apertura de nuevas posibilidades de trabajo remunerado. De modo que el (nuevo) conocimiento técnico y social posibilita la obtención de mayor manejo de dinero y crédito -y por tanto un superior poder de compra y uso/acumulación/ostentación de cosas, lo que genera en unos la distribución e inversión en tanto que en otros el derroche individual y/o colectivo de la riqueza momentánea- propendiendo a un desarraigo que sin embargo suele devenir en un re-arraigo; esto es, hay una continuidad en el sentimiento de pertenencia a la familia/poblado/etnia, pero desde un yo ampliado. La obtención de mayor riqueza de parte de algunos no se evalúa en la colonia como una falta si es que tales personas o familias siguen cumpliendo con sus obligaciones comunitarias. Por tanto, la "economía moral" (Thompson, *op.cit* y Scott, *op. cit.*) no se restringe al principio de igualdad, sino que se abre en el escenario urbano a la riqueza de quienes la consigan mediante el trabajo.

Esto no significa que esta parcial cosmopolitización de los inmigrantes y sus hijos (debido al aumento de su movilidad y flexibilidad) así como la estratificación económica que se genera en su interior, no implique un riesgo (así como sentimientos de envidia en algunos) para la cohesión social étnico/comunitaria, pues así como la escasez entre semejantes tiende a impulsar la reciprocidad, la fragmentación y diferenciación tienden a aumentar el sentimiento de distancia social y por tanto las actitudes egoístas -lo que han advertido Adler-Lomnitz (1975) y Sahlins (1976) en otros contextos socio-históricos-; es el control de estas actitudes individualistas lo que se exige, y no ya el permanecer al interior de ciertos límites de prosperidad.

Los mixtecos y chocholtecos transitan poco a poco desde personas a individuos (Da Matta, *op. cit.*), viviéndose una tensa complementariedad entre las tramas corporativas del entorno familiar y las cada vez mayores interacciones con extraños/compañeros de trabajo/amigos que permiten la extensión de las oportunidades laborales/vitales y con ello los deseos de mayor ganancia y prestigio, mas desde estas conexiones ampliadas se suele ayudar -desde una nueva situación/estatus individual- a la reproducción material y social "del rumbo" oaxaqueño. Los paradójicos testimonios explicitan esta complejidad: "se turnan para irse a Estados Unidos, se van diez, regresan diez [al poblado], de esos diez que ya estuvieron dos años por allá, les hablan a los de acá, 'ya ahorita se pueden venir', vienen a estar con su familia un tiempo, en lo que ven que se va acabando el dinero se van ellos y regresan los otros" (Francisca, chocholteca), pero paralelamente: "aquí a la gente ya se le olvidó vivir con armonía, juntos con su gente [...] entonces tú ibas y venías de una mesa a otra, y a todo dar, ahora no, ahora cada quien por su lado" (Jesús, chocholteco).

De manera que más que de individualización, en el sentido que Dumont (1987) da a este término (el individuo todopoderoso opuesto a los colectivos holísticos), lo que encontramos en los inmigrantes y sus hijos residentes en la colonia San Miguel Teotongo, es un paulatino proceso de individuación (Jung, 1981), esto es, unas circunstancias por las que el sujeto deviene un ser auto-percibido como disponiendo de una mayor autonomía (con mayores capacidades/habilidades/competencias: con mayor capital humano) como también de ciudanización. La pregunta que aquí surge, entonces, se refiere a la "tercera generación" de mixtecos y chocholtecos en la ciudad: ¿Encontraremos en ellos sujetos individualizados (en la acepción de Dumont), esto es, impersonalizados, típicos de la cultura de masas de las sociedades tardo-modernas?

VII.

Siguiendo el modelo socio-espacial aquí propuesto a partir de Lefebvre y Delgado (*polis*/hábitat residencial/*urbs*), el "centro político" o *polis* local (la UCSMT) -que fuera creado en 1975 y que hasta fines de esa década se organiza de manera jerárquica, dirigida por caciques, democratizándose a partir de los años ochenta- pierde autonomía ante la entrada "del partido" (PRD, triunfante en el Distrito Federal desde 1997), pues muchas de las decisiones a partir de ese momento se realizan en otro lugar/ámbito: esto es, ya no se toman en el espacio de la sociedad civil, sino que desde diversas instituciones estatales que "se acercan" (a través de los intermediarios: diputados PRD surgidos en la UCSMT) a la periférica colonia. En el mismo recinto donde se generó la composición de lo colectivo -a partir de la multitud de inmigrantes- se decidió ser representados, introduciéndose el fantasma de la división y la duda en la fidelidad de la traducción de los intereses compartidos. Sin embargo, esta pérdida gradual de potestad de la asociación civil se vio recompensada por los beneficios logrados a través de las nuevas redes jerárquicas que conectan a los colonos con los organismos gubernamentales (en sus distintos niveles): el Estado (estatal y federal) y sus dones "llegan" a la colonia.

Estos procesos implican un paso desde los intercambios típicamente recíprocos, fundados en redes horizontales (igualitarias) -los que se mantienen en los distintos hábitat residenciales, y especialmente en los enclaves étnicos-, hacia una forma de integración social en el espacio público mayoritariamente re-distributiva, fundada en redes verticales (jerárquicas), en el contexto del predominio nacional y mundial de las interacciones de mercado (Polanyi, 2006 [1944]; Harvey, 1979 [1973]). De modo que la hegemonía de la economía mercantil-capitalista -o de la "economía urbana", como escribiera Weber (1987 [1904])- y su tendencia a la exclusión social ha sido apaciguado/"dulcificado" en San Miguel Teotongo durante ya más de tres décadas tanto por los espacios/prácticas (favores) producidos por los vecinos en cada hábitat residencial (la "economía privada") como por la labor conjunta de los colonos en la UCSMT y a través de los vínculos/lealtades de ésta con el PRD y los servicios obtenidos por medio de las instituciones estatales (la "economía política"): Fonhapo e Invi (vivienda); Conasupo y Liconsa (productos básicos); pensión a los adultos mayores y protección médica a quienes no disponen de seguro.

Ahora bien, esta pérdida de protagonismo y de representatividad de la UCSMT acontecida a lo largo de la década de 1990 fue acompañada paralelamente por un repliegue de las personas al ámbito de la vida cotidiana, de la reproducción familiar, en pro de asegurar las condiciones de existencia. El mundo de la vida (la acción comunicativa) fue opacado por el sistema (la acción instrumental) (Habermas, *op. cit.*), la economía mercantil se impuso sobre la *polis*, reduciéndose la dinámica de la cotidianidad al ámbito de lo doméstico y del barrio, pero ya no de la colonia como un todo. Más que nunca en la historia de la colonia se impuso, pues, el criterio pragmático del "mínimo costo/máximo beneficio". De modo que, a lo largo de estas ya casi cuatro décadas, han existido en la colonia cuatro tipos diferentes de dinámica política: (1) el movimiento vecinal por oposición al partido/gobierno (PRI) y a toda instancia partidaria, (2) las políticas públicas (federales y estatales) clientelísticas, (3) el cobijo de la organización vecinal bajo el PRD y, (4) el funcionamiento paralelo, desde los inicios de la colonia, de las distintas asociaciones étnicas vinculadas a sus poblados de origen.

VIII.

Se identifican hoy entre los mixtecos y chocholtecos de la colonia cuatro factores que influyen (aunque no de manera determinante) en el acceso diferencial a la estructura de trabajo y por ende en la inserción/integración social de los vecinos: 1) Grado de escolaridad: vendedores ambulantes, cargadores, tianguistas, albañiles, trabajadoras de la maquila en domicilios/empresas de la colonia y empleadas domésticas (fuera de la colonia) son quienes cuentan con un nivel más bajo de escolaridad, no superando sexto año de primaria, y a su vez quienes reciben los ingresos más bajos. Las dos últimas ocupaciones (en la maquila y como empleadas domésticas, desempañadas por mujeres) se distinguen por contar con un salario estable (aunque sin ningún tipo de seguridad laboral). Los ingresos más altos en cambio los perciben aquellos que desempeñan labores relacionadas con el comercio (siendo propietarios de locales), los obreros especializados y los técnicos/profesionistas. Ahora bien, sólo en estos últimos es clara la diferencia en el grado de educación formal; 2) Tiempo de estancia en la ciudad: quienes han vivido durante más tiempo en la Ciudad de México suelen contar con una mayor especialización en un determinado oficio, así como redes sociales más extensas, lo que repercute positivamente en su estabilidad laboral y permite cambiarse de lugar de trabajo (a otro similar al anterior) cuando se es despedido o se siente individualmente la necesidad de hacerlo. De manera que un largo período de residencia en la urbe tiende a evitar prolongados espacios de tiempo sin empleo; 3) Pertenencia política: participar en la UCSMT y/o en el PRD facilita el acceso a empleos y a contar con protección; 4) Origen de clase rural: quienes ya desempeñaban un oficio en sus localidades rurales de origen suelen desempeñar idénticas ocupaciones en la ciudad, por lo cual este "punto de partida" condiciona el grado de integración sociolaboral y las posibilidades de movilidad social en la urbe.

Con respecto a este último punto, se destaca en la colonia que los mercados laborales continúan socialmente segmentados y que esta fragmentación (especialmente en quienes inmigraron) se basa a menudo en diferentes especialidades. En los testimonios se revela que la "producción para el uso" o "para el consumo" de los campesinos (aprovisionamiento) -la élite económica rural oaxaqueña suele comercializar ganado y otros bienes-, en la colonia periférica deviene "producción para el cambio" o "para el intercambio [de mercado]" (el lucro característico de las actividades comerciales). Ahora bien, la capa social de comerciantes y artesanos, que en el mundo rural de la mixteca suele representar el estrato intermedio (entre la base campesina dedicada a la producción de autosubsistencia y la élite política-clerical) se extiende hacia arriba y hacia abajo de la escala social, no habiendo ya grandes propietarios con suficiente poder como para ejercer la coacción sobre los otros (los caciques se vinculan más bien a ámbitos político-partidistas).

IX.

La destreza en los oficios es transmitida a los más jóvenes por sus parientes durante la misma práctica del trabajo, en la forma de maestro/aprendiz. Sobre esta base tradicional, se introduce con más énfasis en la Ciudad de México la monetarización y el valor de la ganancia en las interacciones cotidianas, por lo cual los empleadores mantienen, aunque generalmente sin seguros sociales, económicamente a sus empleados -familiares, sanguíneos y políticos, aunque también vecinos-, generándose lazos de patronazgo. Es en la medida que estos pequeños empresarios crecen comercialmente que devienen en *grandes hombres* o *big men* de acuerdo a la terminología antropológica (Sahlins, 1976; Godelier, 2000), quienes logran un pequeño poder a partir de su capacidad para acumular riqueza e invertirla en más empleados y/o locales y/o tecnología. Este comerciante deviene así en un jefe cuyo nombre es reconocido en cierto sector de la colonia, pero que no tiene más influencia directa que sobre su mano de obra. Esta parcial capacidad de influir sobre los demás no se basa entonces en la coacción sino en el acuerdo entre los trabajadores y el jefe en que éste desempeña (al menos temporalmente) un papel fundamental en la reproducción de sus familiares y vecinos -es la denominada "dominación simbólica", producto del capital simbólico del jefe (Bourdieu, 2007 [1994])-.

Estas representaciones compartidas se sustentan en los intercambios redistributivos: empleo y estabilidad económica a cambio de lealtad y prosperidad. Se desarrollan así relaciones asimétricas de patronazgo diádico que suelen proyectarse, en los casos en que residen empleadores y empleados en la misma vivienda (aunque en distintos pisos: en el de abajo los empleadores, en los de arriba los empleados), a la vida de la casa, obstaculizando la formación de una privacidad y tiempo de ocio en los empleados. De modo que las relaciones intrafamiliares e intraétnicas se mercantilizan, facilitando el surgimiento de tensiones en las relaciones personales y familiares.

X.

Como vemos, entre los mixtecos y chocholtecos de San Miguel Teotongo se encuentran actualmente al menos dos niveles económicos, dos "velocidades" (Donzelot, en Mongin, *op. cit.*) de vida urbana, no siendo pertinente la categoría de "inmovilizados" (excluidos) para gran parte de su población, aunque observándose una particular vulnerabilidad en la tercera edad, la que no siempre es apoyada por sus familiares[135]. Ambos estratos son permeables, siendo la formación en un oficio y la participación en sus respectivas redes un aspecto prioritario para poder ascender socioeconómicamente. Estas dos capas sociales se retroalimentan día a día a través de la llegada de nuevos inmigrantes a la colonia, así como con los jóvenes (nacidos en la ciudad) que se incorporan a la vida laboral, constituyendo el nivel inferior. Algunos de ellos logran alcanzar una vida económicamente independiente (el nivel superior) al adquirir propiedades y crear sus propios negocios.

En ambos estratos se pueden distinguir (como plantea Roberts, 1996) diferentes estrategias familiares: en el primero (nivel inferior) se encuentran orientadas fundamentalmente a la sobrevivencia, caracterizándose por un horizonte temporal de un año, plazo durante el cual se logran los beneficios para satisfacer las necesidades

---

[135] Las actividades comerciales, los negocios, se basan en el trabajo diario de venta al público, por lo que no se suele contar con la seguridad social que brindan los trabajos con contrato laboral. Esto hace que así como los hijos suelen depender económicamente de sus padres/jefes, cuando éstos llegan a la tercera edad dependen a su vez de sus hijos. Entonces, cuando los hijos no apoyan a sus envejecidos padres es cuando más notorio deviene el grado de exclusión social y por ende de pobreza. Esta situación es visible en la colonia, y es explicada por la presencia de conflictos interpersonales al interior de las familias.

(materiales y simbólicas) más inmediatas. El segundo estrato (nivel superior), en cambio, se caracteriza más bien por estrategias de movilidad social, las que involucran mecanismos de distribución, tales como la educación de los niños, la compra de un terreno o local, decisiones que verán resultados a largo plazo.

La colonia se caracteriza laboralmente entonces por agrupaciones familiares que desarrollan una actividad en la que los asalariados (típicos de la época del Estado de bienestar) son minoritarios en las prestaciones laborales, por lo que las ganancias mensuales suelen variar de mes a mes, salvo en los empleados. Se trata de unidades de convivencia, trabajo y consumo en las que el precio de las mercancías es el regulador de la producción y del intercambio. No son unidades económicas precapitalistas ni anticapitalistas, sino paracapitalistas: pequeños empresarios y trabajadores por cuenta propia que gozan de cierta autonomía (destacándose una permanente "lucha por los lugares") pero en cuya (muchas veces) informalidad se hallan al mismo tiempo los riesgos de mantener lo ya logrado; o bien empleados o jóvenes técnicos/profesionistas que buscan estabilidad laboral (no sólo empleos flexibles) a través de un trabajo más individualizado, proyectándose a una futura integración social.

BIBLIOGRAFÍA

Aboites, Luis (2006 [2004]) "El último tramo, 1929-2000", en *Nueva historia mínima de México*, México, El Colegio de México.

Adams, Richard (1994) "Las etnias en una época de globalización", en *De lo local a lo global. Perspectivas desde la antropología*, México, UAM-Iztapalapa.

Adler-Lomnitz, Larissa (2006 [1975]) *Cómo sobreviven los marginados*, México, Siglo XXI.
_____ (2001 [1994]) *Redes sociales, cultura y poder. Ensayos de Antropología Latinoamericana*, México, FLACSO & M. A. Porrúa.
_____ (2001) "Redes sociales y estructura urbana de América Latina", en M. León-Portilla (coord.) *Motivos de la antropología americanista. Indagaciones en la diferencia*, México, FCE.
_____ Salazar, Rodrigo & Adler, Ilya (2004), *Simbolismo y ritual en la política mexicana*, México, Siglo XXI.

Agar, Michael (1991) "Hacia un lenguaje etnográfico", en C. Reynoso (comp.), *El surgimiento de la Antropología posmoderna*, México, Gedisa.

Aguilar, Encarnación (1996) "Campesinos", en J. Prat y A. Martínez (editores), *Ensayos de antropología cultural. Homenaje a Claudio Esteva-Fabregat*, Barcelona, Ariel.

Aguilar, Jesús (2003) "Introducción a una memoria argumental de estudios antropológicos sobre ciudades iberoamericanas", en *Cuicuilco*, Vol. 10, N° 2 8, México, ENAH.

Aguilar, Miguel Ángel (2003) "La megaurbanización en la Región Centro de México. Hacia un modelo de configuración territorial", en A. Aguilar (Coord.), *Urbanización, cambio tecnológico y costo social. El caso de la región centro de México*, México, UNAM, CONACYT & Miguel Ángel Porrúa.

Aguirre Beltrán, Gonzalo (1978 [1957]) "El problema humano de las mixtecas", en A. Marroquín, *La Ciudad Mercado (Tlaxiaco)*, México, Instituto Nacional Indigenista (INI), Clásicos de la antropología mexicana.

Alarcón, Sandra (2008) *El tianguis global*, México, Universidad Iberoamericana.

Alba, Santiago (1995) *Las reglas del caos. Apuntes para una antropología del mercado*, Barcelona, Anagrama.

Alonso, José (1989) "Marginalidad urbana y clandestinidad laboral femenina", en J.

Cooper, T. de Barbieri, T. Rendón, E. Suárez & E. Muñón, *Fuerza de trabajo femenina urbana en México. Volumen segundo. Participación económica y política*, México, UNAM & Miguel Ángel Porrúa.

Alonso, Luis (2007) *La crisis de la ciudadanía laboral*, Barcelona, Anthropos.

Althabe, Gérard (2003) "Antropología del mundo contemporáneo y trabajo de campo", en *Alteridades*, Vol. 13, N°25, M éxico, UAM-I.

Alvarez, Sonia (2005) "Los discursos minimistas sobre las necesidades básicas y los umbrales de ciudadanía como reproductores de la pobreza", en S. Alvarez (Comp.), *Trabajo y producción de la pobreza en Latinoamérica y el Caribe. Estructuras, discursos y actores*, Buenos Aires, CLACSO.

Anderson, Benedict (2007 [1983]) *Comunidades imaginadas. Reflexiones sobre el origen y la difusión del nacionalismo*, México, FCE.

Appadurai, Arjun (1991 [1986]) "Introducción: las mercancías y la política del valor", en A. Appadurai (editor), *La vida social de las cosas: perspectiva cultural de las mercancías*, México, CONACULTA & Grijalbo.

Arizpe, Lourdes (1975) *Indígenas en la Ciudad de México. El caso de las 'Marías'*, México, SEP-Setentas.
_____ (1979) *Migración, etnicismo y cambio económico*, México, El Colegio de México.

Arnau, Luis (2008) "El estómago de la ciudad", en Revista *Mexicanísimo*, año 1, N°3, México, Ed. Paralelo 21.

Augé, Marc (2005 [1992]) *Los "no lugares". Espacios del anonimato. Una antropología de la sobremodernidad*, Barcelona, Gedisa.
_____ (1995) *Antropología de los mundos contemporáneos*, Barcelona, Gedisa.
_____ (2007) *Por una antropología de la movilidad*, Barcelona, Gedisa.

Autés, Michel (2004 [2000]) "Tres formas de desligadura", en S. Karsz, *La exclusión: bordeando sus fronteras. Definiciones y matices*, Barcelona, Gedisa.

Balazote, Alejandro (1998) "El debate entre formalistas y sustantivistas y sus proyecciones en la Antropología Económica", en H. Trinchero (Comp.), *Antropología Económica. Ficciones y producciones del hombre económico*, Buenos Aires, Eudeba.

Barabas, Alicia (1996) "Renunciando al pasado: migración, cultura e identidad entre los chochos", en M. Bartolomé & A. Barabás, *La pluralidad en peligro*, México, INAH & INI.
_____ (1999) "Los *rru ngigua* o gente de idioma. El grupo etnolingüístico chocholteco", en A. Barabas & M. Bartolomé (coords.), *Configuraciones étnicas en Oaxaca. Perspectivas etnográficas para las autonomías. Vol. III: Microetnias*, México,

INI, CONACULTA & INAH.

Barth, Fredrik (1976) *Los grupos étnicos y sus fronteras*, México, FCE.

Bartolomé, Miguel (1993) "El derecho a la existencia cultural alterna", en A. Colombres (compilador), *América Latina: el desafío del tercer milenio*, Buenos Aires, Ediciones del sol.
_____ (2006 [1997]) *Gente de costumbre y gente de razón. Las identidades étnicas en México*, México, Siglo XXI.
_____ (1999) "El pueblo de la lluvia. El grupo etnolingüístico *ñuu savi* (mixtecos)", en A. Barabas y M. Bartolomé (coords.), *Configuraciones étnicas en Oaxaca. Perspectivas etnográficas para las autonomías*, México, INI-CONACULTA & INAH.
_____ (2006) *Procesos interculturales. Antropología política del pluralismo cultural en América Latina*, México, Siglo XXI.

Bartra, Armando (2008) *El hombre de hierro. Los límites sociales y naturales del capital*, México, UACM, Itaca & UAM-Xochimilco.

Bartra, Roger (1978) "Campesinado y poder político en México", en *Caciquismo y poder político en el México rural*, México, UNAM & Siglo XXI.

Bataillon, Claude & Riviére D'Arc, Héléne (1973) *La Ciudad de México*, México, Sep-Setentas.

Batista, José (2003) "Economía cultural: elementos para un análisis cultural de lo económico y para una crítica de la economía (ortodoxa)", en *Revista Porik An*, Universidad del Cauca, Popayán, en sitio web: http://www.ucm.es/info/ec/jec9/pdf/A09%20-%20Batista%20Medina,%20Jos%E9%20Antonio.pdf

Baudrillard, Jean (1991 [1972]) *Crítica de la economía política del signo*, México, Siglo XXI.
_____ (2000 [1973]) *El espejo de la producción o la ilusión crítica del materialismo histórico*, Barcelona, Gedisa.

Bauman, Zygmunt (2008 [1998]) *Trabajo, consumismo y nuevos pobres*, Barcelona, Gedisa.
_____ (2003) *Comunidad. En busca de seguridad en un mundo hostil*, Madrid, Siglo XXI.
_____ (2005 [2004]) *Vidas desperdiciadas. La modernidad y sus parias*, Barcelona, Paidós.
_____ (2008 [2005]) *Confianza y temor en la ciudad. Vivir con extranjeros*, Barcelona, Arcadia.
_____ (2007) *Vida de consumo*, México, FCE.

Bayón, María Cristina (2008) "Desigualdad y procesos de exclusión social.

212

Concentración socioespacial de desventajas en el Gran Buenos Aires y la Ciudad de México", en Revista *Estudios demográficos y urbanos*, Vol. 23, N°1, México, El Colegio de México.

Bazán, Lucía & Estrada, Margarita (1999) "Apuntes para leer espacios urbanos: una propuesta antropológica" en *Cuicuilco*, Vol. 6, N°15, M éxico, ENAH.

Besserer, Federico (1999) "Lugares paradójicos de la Mixteca", en *Alteridades*, 9 (17), México, UAM-Iztapalapa.

Bird-David, Nurit (1997) "Las economías: una perspectiva económico cultural", *Revista Internacional de Ciencias Sociales*, N°154, en sitio web: www.unesco.org/issj/rics154/birdspa.html#bdart

Bohannan, Paul (1962) "Some principles of exchange and investment among the tiv", en *Economic Anthropology. Reading in theory and analysis*, E. Leclair & H. Schneider (eds.), Holt, Rinehart and Winston, Inc., New York.

Boisier, Sergio (1999) "Desarrollo (local): ¿de qué estamos hablando?", Bogotá, en sitio web: http://www.agro.uba.ar/carreras/leaa/materias/geografia/boisier_desarrollo_local.pdf

Boltvinik, Julio (1993) "Indicadores alternativos del desarrollo y mediciones de pobreza", en *Estudios sociológicos* N°11 (33), México, El Colegio de México.
_____ (1998) "Amartya Sen y la pobreza", en *La Jornada*, 28-29 de octubre, México.
_____ (2003) "Conceptos y medición de la pobreza. La necesidad de ampliar la mirada", en *Papeles de población*, N°038, México, UAEM.
_____ (2005) "Florecimiento humano, pobreza y política de población. La necesidad de ampliar la mirada", en *Demos*, N°16, Méx ico, IIS-UNAM.
_____ (2007a) "De la pobreza al florecimiento humano: ¿teoría crítica o utopía?", en *Desacatos. Revista de Antropología Social*, N°23, Mé xico, CIESAS.
_____ (2007b) "Elementos para la crítica de la economía política de la pobreza", en *Desacatos. Revista de Antropología Social*, N°23, Mé xico, CIESAS.

Bonfil Batalla, Guillermo (2006 [1987]) *México profundo. Una civilización negada*, México, Mondadori.
_____ (1991) "La teoría del control cultural en el estudio de procesos étnicos", *Estudios sobre las culturas contemporáneas*, N°12, Méx ico, Programa Cultura Universidad de Colima, en sitio web: http://ccdoc.iteso.mx//cat.aspx?cmn=browse&id=4264

Bourdieu, Pierre (2007 [1994]) *Razones prácticas. Sobre la teoría de la acción*, Barcelona, Anagrama.
_____ (1997) *Capital cultural, escuela y espacio social*, México, Siglo XXI.
_____ (1998) *La distinción: criterio y bases sociales del gusto*, México, Taurus.

_____ (2003) *Las estructuras sociales de la economía*, Barcelona, Anagrama.

Bravo, Carlos (1993) "Reelaboración de identidades indígenas en la Ciudad de México", en M. Estrada, R. Nieto, E. Nivón, M. Rodríguez (coords.), *Antropología y ciudad*, México, CIESAS & UAM-Iztapalapa.

Breuilly, John (2008) "Introducción", en E. Gellner, *Naciones y nacionalismo*, Madrid, Alianza.

Bueno, Carmen (1993) "Los estudios del sector informal en México", en M. Estrada *et al.* (coords.), *Antropología y ciudad*, México, CIESAS & UAM-Iztapalapa.

Burling, Robbins (1976) "Teorías de maximización y el estudio de la antropología económica", en M. Godelier (Comp.), *Antropología Económica*, Barcelona, Anagrama.

Butterworth, Douglas (1962) "A study of the urbanization process among Mixtec migrants from Tilantongo in Mexico City", en América Indígena, Vol. 22, México.
_____ (1990 [1969]) *Tilantongo*, México, Instituto Nacional Indigenista (INI) & Consejo Nacional para la Cultura y las Artes.
_____ (1971) "Migración rural-urbana en América Latina: el estado de nuestro conocimiento", en América Indígena, Vol. 31, México.

Caballero, Julián (1996 [1982]) "La escuela, la cultura mixteca y el etnocidio", en F. Báez (comp.), *Memorial del etnocidio*, México, Universidad Veracruzana.

Caldeira, Teresa (2007 [2000]) *Ciudad de muros*, Barcelona, Gedisa.

Calderón, Fernando (2003) "El desarrollo humano como búsqueda de una sociedad mejor", Revista Latinoamericana de Desarrollo Humano, PNUD, en sitio web: www.revistadesarrollohumano.org

Caltzontzin, Teresa (2004 [2000]) *Recetario chocholteco de Oaxaca*, México, CONACULTA.

Camacho, Daniel (2002 [1990]) "Los movimientos populares", en P. González Casanova (coord.), *América Latina, hoy*, México, Siglo XXI.

Campos, Pilar (2005) *El ahorro popular en México: Acumulando activos para superar la pobreza*, México, CIDAC & Miguel Angel Porrúa.

Camus, Manuela (2002) *Ser indígena en Ciudad de Guatemala*, Flacso, Guatemala.

Castel, Robert (1997) *La metamorfosis de la cuestión social*, Buenos Aires, Paidós.
_____ (2004 [2000]) "Encuadre de la exclusión", en S. Karsz, *La exclusión: bordeando sus fronteras. Definiciones y matices*, Barcelona, Gedisa.

Castells, Manuel (1976 [1972]) *La cuestión urbana*, México, Siglo XXI.
_____ (1995 [1991]) *La ciudad informacional. Tecnologías de la información, estructuración económica y el proceso urbano-regional*, Madrid, Alianza.
_____ (1996) *La era de la información. La sociedad red*, México, Siglo XXI.

Clastres, Pierre (1996) *Investigaciones en Antropología Política*, Barcelona, Gedisa.

Clifford, James (1999 [1997]) *Itinerarios transculturales*, Barcelona, Gedisa.

Cohen, Abner (1974) "Introduction. The Lesson of Ethnicity", en A. Cohen (ed.), *Urban Ethnicity*, London, Tavistock Publications.

Cook, Scott (1962) "The obsolete 'anti-market' mentality: a critique of the substantive approach to economy anthropology", en *Economic Anthropology. Readings in Theory and Analysis*, E. Leclair & H. Schneider (eds.), Holt, Rinehart and Winston, Inc., New York.

Comaroff, John & Comaroff, Jean (2006 [1992]) "Sobre totemismo y etnicidad", en M. Camus (comp.) *Las ideas detrás de la etnicidad. Una selección de textos para el debate*, Cirma, Guatemala.

Comas D'argemir, Dolors (1998) *Antropología Económica*, Barcelona, Ariel.

Comisión nacional para el desarrollo de los pueblos indígenas (CDI) (2002) *Sistema de Indicadores sobre la población indígena de México*, CDI-PNUD, en sitio web: http://www.cdi.gob.mx/index.php?id_seccion=660   & http://www.cdi.gob.mx/index.php?id_seccion=90

Connolly, Priscilla & Cruz, María Soledad (2004) "Nuevos y viejos procesos en la periferia de la Ciudad de México", en A. Aguilar (coord.), *Procesos metropolitanos y grandes ciudades. Dinámicas recientes en México y otros países*, México, UNAM, CONACYT & Miguel Ángel Porrúa.

Contreras, Jesús (1981) "La Antropología económica: entre el materialismo y el culturalismo", en J. R. Llobera (Comp.), *Antropología Económica. Estudios etnográficos*, Barcelona, Anagrama.

Cornelius, Wayne (1986 [1975]) *Los inmigrantes pobres en la Ciudad de México y la política*, México, FCE.

Cortés, Fernando (1990) "De marginal a informal: el desarrollo de la discusión en América Latina", en F. Cortés & O. Cuellar (coords.), *Crisis y reproducción social. Los comerciantes del sector informal*, México, FLACSO & Miguel Ángel Porrúa.
_____ (2000) "La metamorfosis de los marginales: la polémica sobre el sector informal en América Latina", en E. de la Garza (Coord.), *Tratado latinoamericano de sociología del trabajo*, México, El Colegio de México, FLACSO, UAM & FCE.

Cruz, María Soledad (2001) *Propiedad, poblamiento y periferia rural en la Zona Metropolitana de la Ciudad de México*, México, UAM-Azcapotzalco.

Cucó, Josepa (1996) "Amigos y vecinos", en J. Prat & A. Martínez (editores), *Ensayos de antropología cultural. Homenaje a Claudio Esteva-Fabregat*, Barcelona, Ariel.

Cueli, José (1997) "Las familias marginadas en la Ciudad de México", en L. Solís (coord.), *La familia en la ciudad de México. Presente, pasado y devenir*, México, Miguel Ángel Porrúa.

Chao, Yuen (1970) "Some aspects of the relation between theory and method", en Garvin, P., *Method and theory in Linguistics*, The Hague, Paris, Ed. Mouton.
Dalton, George (1976) "Teoría económica y sociedad primitiva", en M. Godelier (Comp.), *Antropología y Economía*, Barcelona, Anagrama.

Damián, Araceli (2007) "El tiempo necesario para el florecimiento humano. La gran utopía", en *Desacatos. Revista de Antropología Social*, N°23, Méxic o, CIESAS.

Da Matta, Roberto (2002 [1997]) *Carnavales, malandros y héroes. Hacia una sociología del dilema brasileño*, México, FCE.

Davis, John (1983 [1970]) *Antropología de las sociedades mediterráneas*, Barcelona, Anagrama.

Davis, Mike (2007) *Planeta de ciudades miseria*, Madrid, Foca.

Descola, Philippe (2001 [1996]) "Construyendo naturalezas. Ecología simbólica y práctica social", en P. Descola & G. Pálsson (coords.), *Naturaleza y sociedad. Perspectivas antropológicas*, México, Siglo XXI.

De Certeau, Michel (2004 [1974]) *La cultura en plural*, Buenos Aires, Nueva Visión.
_____ (2000 [1990]) *La invención de lo cotidiano. 1. Artes de hacer*, México, Universidad Iberoamericana & Instituto Tecnológico y de estudios superiores de Occidente.
_____ Giard, Luce & Mayol, Pierre (2006 [1994]) *La invención de lo cotidiano. 2. Habitar, cocinar*, México, Universidad Iberoamericana & Instituto Tecnológico y de Estudios Superiores de Occidente.

DECA Equipo Pueblo (1996) *La sierra de Santa Catarina. Radiografía del oriente de la Ciudad de México*, Serie Desarrollo Regional, México.

De la Peña, Guillermo (2000) "¿Un concepto operativo de 'lo indio'?", en *Estado del desarrollo económico y social de los pueblos indígenas de México, 1996-1997*, Tomo I, México, INI & PNUD.
_____(2005) "Identidades étnicas, participación ciudadana e interculturalidad en el México de la transición democrática", en L. Reina, F. Lartigue,

D. Dehouve & C. Gros (coords.), *Identidades en juego, Identidades en guerra*, México, CIESAS, CONACULTA & INAH.
_____ & Martínez, Regina (2005) "Pobreza, exclusión social y procesos culturales: perspectivas antropológicas", en M. Gendreau (coord.), *Los rostros de la pobreza. El debate*, Tomo IV, México, Universidad Iberoamericana.

De la Pradelle, Michelle (2007) "La ciudad de los antropólogos", N°4, Santiago, en sitio web: http://cultura-urbana.cl/la_ciudad_de_los_antroplogos.pdf

Delgado, Javier (2003) "La urbanización difusa, arquetipo territorial de la ciudad-región", en Revista *Sociológica*, año 18, N°51, *Nuevos enfoques de la relación campo-ciudad*, México, UAM-Azcapotzalco.
_____, Galindo, Carlos & Ricárdez, Mauricio (2008) "La difusión de la urbanización o cómo superar la dicotomía rural-urbana", en J. Delgado (coord.), *La urbanización difusa de la Ciudad de México. Otras miradas sobre un espacio antiguo*, México, UNAM-IG.

Delgado, Manuel (1999) *El animal público. Hacia una antropología de los espacios urbanos*, Barcelona, Anagrama.
_____ (2007) *Sociedades movedizas. Pasos hacia una antropología de las calles*, Barcelona, Anagrama.

Desai, Meghnad (2003) "Pobreza y capacidades: hacia una medición empíricamente aplicable", en *Comercio exterior*, Vol. 53, N°5, México.

De Queiroz, Luiz (2005) "Segregación residencial y segmentación social: el 'efecto vecindario' en la reproducción de la pobreza en las metrópolis brasileñas", en S. Alvarez (Comp.), *Trabajo y producción de la pobreza en Latinoamérica y el Caribe. Estructuras, discursos y actores*, Buenos Aires, CLACSO.

Derrida, Jacques (1995 [1991]) *Dar (el) tiempo. I. La moneda falsa*, Barcelona, Paidós.

Douglas, Mary (1973 [1966]) *Pureza y peligro. Un análisis de los conceptos de contaminación y tabú*, Madrid, Siglo XXI.
_____ (1981) "Los lele: resistencia al cambio", en J. R. Llobera (Comp.), *Antropología Económica. Estudios etnográficos*, Barcelona, Anagrama.
_____ & Isherwood, Baron (1990 [1979]) *El mundo de los bienes. Hacia una antropología del consumo*, México, Grijalbo & CONACULTA.

Duhau, Emilio & Giglia, Ángela (2004) "Espacio público y nuevas centralidades. Dimensión local y urbanidad en las colonias populares de la Ciudad de México", en Revista *Papeles de población*, N°41, México, UAEM.
_____ (2008) *Las reglas del desorden: habitar la metrópoli*, México, UAM-Azcapotzalco & Siglo XXI.

Dumont, Louis (1970 [1967]) *Homo Hierarchicus. Ensayo sobre el sistema de castas*,

Madrid, Aguilar.

_____ (1982 [1977]) *Homo Aequalis. Génesis y apogeo de la ideología económica*, Madrid, Taurus.

_____ (1995 [1987]) *Ensayos sobre el individualismo*, Madrid, Alianza.

Durand, Víctor (2008) "Nueva exclusión social", en R. Cordera, P. Ramírez & A. Ziccardi (coords.), *Pobreza, desigualdad y exclusión social en la ciudad del siglo XXI*, México, UNAM-IIS & Siglo XXI.

Durin, Séverine (2004) "Acordarse de sus deudas o cumplir con 'el' costumbre entre los wixaritari", en M. Villarreal (Coord.), *Antropología de la deuda. Crédito, ahorro, fiado y prestado en las finanzas cotidianas*, México, CIESAS & Miguel Ángel Porrúa.

Durkheim, Emile (1972 [1893]) *La división del trabajo social*, Madrid, Akal.

Durston, John (2002) *El capital social campesino en la gestión del desarrollo rural: díadas, equipos, puentes y escaleras*, Naciones Unidas, Santiago, Comisión económica para América Latina y el Caribe (CEPAL).

Entrena, María (2001) *Pobreza. El clamor silencioso de los pobres*, Madrid, San Pablo.

Epstein, Arnold (2006 [1978]) "Etnicidad e identidad", en M. Camus (Comp.), *Las ideas detrás de la etnicidad. Una selección de textos para el debate*, Guatemala.

Escobar, Agustín (1993) "Antropología urbana y economía de los servicios", en M. Estrada, R. Nieto, E. Nivón, M. Rodríguez (coords.), *Antropología y ciudad*, México, CIESAS & UAM-Iztapalapa.

Evans-Pritchard, Edward (1977 [1940]) *Los nuer*, Barcelona, Anagrama.

Fernández-Martorell, Mercedes (1997) *Antropología de la convivencia. Manifiesto de antropología urbana*, Madrid, Cátedra.

Ferullo, Hugo (2006) "El concepto de pobreza en Amartya Sen", *Revista Valores en la Sociedad Industrial*, N°66, Año XX IV, México.

Figueroa, Adolfo (2000) "La exclusión social como una teoría de la distribución", en E. Gacitúa, C. Sojo & S. Davis (Eds.), *Exclusión social y reducción de la pobreza en América Latina y el Caribe*, Costa Rica, Banco Mundial & FLACSO.

Figueroa, Alejandro (1994) *Por la tierra y por los santos. Identidad y persistencia cultural entre yaquis y mayos*, México, CONACULTA.

Firth, Raymond (1974 [1967]) *Temas de antropología económica*, México, FCE.

_____ (1971) *Elementos de antropología social*, Buenos Aires, Amorrortu.

Foster, James & Sen, Amartya (2002) "'La desigualdad económica' después de un cuarto de siglo", en A. Sen, *La desigualdad económica*, México, FCE.

Foucault, Michel (1992 [1977]) *Microfísica del poder*, Madrid, La Piqueta.

Fraser, Nancy (2000) "Nuevas reflexiones sobre el reconocimiento", en *New left review*, N°4, Madrid, Akal.

Friedman, Jonathan (2001 [1994]) *Identidad cultural y proceso global*, Buenos Aires, Amorrortu.

Fuentes, Mario (2008) "Complejidad y exclusión social", en R. Cordera, P. Ramírez & A. Ziccardi (coords.), *Pobreza, desigualdad y exclusión social en la ciudad del siglo XXI*, México, UNAM-IIS & Siglo XXI.

Gacitúa, Estanislao & Davis, Shelton (2000) "Introducción. Pobreza y exclusión social en América Latina y el Caribe", en E. Gacitúa, C. Sojo y S. Davis (Eds.), *Exclusión social y reducción de la pobreza en América Latina y el Caribe*, Costa Rica, Banco Mundial y FLACSO.

Galindo, Luis (1997) *Sabor a ti. Metodología cualitativa en investigación social*, México, Universidad Veracruzana.

García, Carlos (2006 [2004]) *Ciudad hojaldre. Visiones urbanas del siglo XXI*, Barcelona, Gustavo Gili.

García, Julio (2006) "El trabajo de campo y la investigación antropológica", en A. Higuera (coord.), *Trabajo de campo. La antropología en acción*, México, Universidad de Quintana Roo & Plaza y Valdés.

García Canclini, Néstor (2007 [2002]) *Culturas populares en el capitalismo*, México, Grijalbo.
_____ (2008 [2004]) *Diferentes, desiguales y desconectados. Mapas de la interculturalidad*, Barcelona, Gedisa.
_____ (2005) "La antropología en México y la cuestión urbana", en N. García Canclini (coord.), *La antropología urbana en México*, México, CONACULTA, UAM & FCE.

García-Morán, Juan (2001) "Al norte del liberalismo: el contexto canadiense de un debate filosófico", en F. Colom (ed.), *El espejo, el mosaico y el crisol. Modelos políticos para el multiculturalismo*, Barcelona, Anthropos & UAM-Iztapalapa.

Garreta, Jordi (2003) *La integración sociocultural de las minorías étnicas (gitanos e inmigrantes)*, Barcelona, Anthropos.

Geertz, Clifford (2005 [1973]) *La interpretación de las culturas*, Barcelona, Gedisa.
_____ (1994) *Conocimiento local. Ensayos sobre la interpretación de las culturas*, Barcelona, Paidós.

Geffroy, Céline (2005) "Relaciones de reciprocidad en el trabajo: una estrategia para los más pobres", en S. Alvarez (Comp.), *Trabajo y producción de la pobreza en Latinoamérica y el Caribe. Estructuras, discursos y actores*, Buenos Aires, CLACSO.

Gellner, Ernest (2008 [1983]) *Naciones y nacionalismo*, Madrid, Alianza.
_____ (2003 [1987]) *Cultura, identidad y política. El nacionalismo y los nuevos cambios sociales*, Barcelona, Gedisa.

Giddens, Anthony (1994 [1990]) *Consecuencias de la modernidad*, Madrid, Alianza.

Giglia, Angela (2007) "La antropología y el estudio de las metrópolis", en A. Giglia, C. Garma & A. de Teresa (comps.), *¿Adónde va la antropología?*, México, UAM-Iztapalapa.

Gil, Fernando (2002) *La exclusión social*, Barcelona, Ariel.

Giménez, Gilberto (2000) "Identidades étnicas: estado de la cuestión", en L. Reyna (coord.), *Los retos de la etnicidad en los Estados-nación del siglo XXI*, México, M.Á. Porrúa, CIESAS & INI.
_____ (2007) *Estudios sobre la cultura y las identidades sociales*, México, Consejo Nacional para la Cultura y las Artes & Instituto Tecnológico y de Estudios Superiores de Occidente.

Gladwin, Christina (1991 [1989]) "Acerca de la división del trabajo entre la economía y la antropología económica", en S. Plattner (editor), *Antropología económica*, México, CONACULTA & Alianza.

Gledhill, John (2000 [1999]) *El poder y sus disfraces. Perspectivas antropológicas de la política*, Barcelona, Bellaterra.

Godbout, Jacques (en colaboración con Alain Caillé) (1997) *El espíritu del don*, México, Siglo XXI.

Godelier, Maurice (1967) *Racionalidad e irracionalidad en economía*, México, Siglo XXI.
_____ (1976) "Prólogo. Un terreno discutido: la antropología económica", en M. Godelier (Comp.), *Antropología y Economía*, Barcelona, Anagrama.
_____ (1980 [1974]) *Economía, fetichismo y religión en las sociedades primitivas*, México, Siglo XXI.
_____ (1981) *Instituciones económicas*, Barcelona, Anagrama.
_____ (1989 [1984]) *Lo ideal y lo material. Pensamiento, economías, sociedades*, Madrid, Taurus.
_____ (1998) *El enigma del don*, Barcelona, Paidós.
_____ (2000) *Cuerpo, parentesco y poder. Perspectivas antropológicas y críticas*, Quito, Pontificia Universidad Católica del Ecuador.

Goffman, Erving (1979 [1971]) *Relaciones en público. Microestudios del orden público*, Madrid, Alianza.

_____ (1986) *Estigma. La identidad deteriorada*, Buenos Aires, Amorrortu.

González, Aurora (2003) *Crítica de la singularidad cultural*, México, Anthropos & UAM-Iztapalapa.

González, Martha, González, Alejandro, Ortiz, María Cristina & Romero, Jesús (1994) *San Miguel Teotongo. En el fuego de nuestro origen una raíz indígena*, México, UAM-Iztapalapa.

González Casanova, Pablo (1978 [1969]) *Sociología de la explotación*, México, Siglo XXI.

González de la Rocha, Mercedes (2007) "Espirales de desventajas: pobreza, ciclo vital y aislamiento social", en G. Saraví (editor), *De la pobreza a la exclusión. Continuidades y rupturas de la cuestión social en América Latina*, CIESAS & Prometeo, Buenos Aires.

_____ & Villagómez, Paloma (2008) "¿Encuesta o etnografía? Avances y tropiezos en el estudio del intercambio social", en Cortés, F., Escobar, A., González de la Rocha, M. (editores), *Método científico y política social. A propósito de las evaluaciones cualitativas de programas sociales*, México, El Colegio de México.

Gordon, Sara (2008) "Pobreza urbana y capital social", en R. Cordera, P. Ramírez & A. Ziccardi (coords.), *Pobreza, desigualdad y exclusión social en la ciudad del siglo XXI*, México, UNAM-IIS & Siglo XXI.

Gravano, Ariel (2003) *Antropología de lo barrial. Estudios sobre producción simbólica de la vida urbana*, Buenos Aires, Espacio Editorial.

Gros, Christian (2000) "Ser diferente para ser moderno, o las paradojas de la identidad. Algunas reflexiones sobre la construcción de una nueva frontera étnica en América Latina", en L. Reina (coord.), *Los retos de la etnicidad en los Estados-nación del siglo XXI*, México, CIESAS, INI & M.Á. Porrúa.

Grosser, Eva (s/a) "Tének y ngigua: dos experiencias", en sitio web: www.bibliojuridica.org/libros/2/740/9.pdf

Grupo Internacional de Trabajo sobre Asuntos Indígenas (IWGIA) (2008) *El mundo indígena 2008*, Copenhague.

Gudeman, Stephen (1981) "Antropología económica: el problema de la distribución", en J. R. Llobera (comp.), *Antropología Económica. Estudios etnográficos*, Barcelona, Anagrama.

Güemes, Lina (1983) "Enclaves étnicos en la Ciudad de México y área metropolitana", en Anales de Casa Chata, México, CIESAS.

Gutiérrez, Natividad (2001) *Mitos nacionalistas e identidades étnicas: los intelectuales indígenas y el Estado mexicano*, Consejo Nacional para la Cultura y las Artes, IIS/UNAM, Plaza y Valdés, México.

Gutmann, Matthew (2000) *Ser hombre de verdad en la Ciudad de México: ni macho ni mandilón*, México, El Colegio de México.

H. Ayuntamiento de Teotongo (2005) "Teotongo", *Enciclopedia de los municipios de México*, en sitio web: http://www.e-local.gob.mx/wb2/ELOCAL/EMM_oaxaca

Habermas, Jurgen (1999 [1987]) *Teoría de la acción comunicativa*, México, Taurus.

Hammersley, Martyn & Atkinson, Paul (1994) *Etnografía. Métodos de investigación*, Barcelona, Paidós.

Hannerz, Ulf (1986 [1980]) *Exploración de la ciudad. Hacia una antropología urbana*, México, FCE.
_____ (1998 [1996]) *Conexiones transnacionales. Cultura, gente, lugares*, Frónesis, Madrid, Cátedra Universitat de Valencia.

Harris, Marvin (2003) *Desarrollo de la teoría antropológica: una historia de las teorías de la cultura*, Madrid, Siglo XXI.

Harris, Olivia (1996 [1989]) "The earth and the state: the sources and meanings of money in Northern Potosí, Bolivia", en J. Parry & M. Bloch (eds.), *Money and the morality of exchange*, Cambridge, Cambridge University Press.

Harvey, David (1979 [1973]) *Urbanismo y desigualdad social*, México, Siglo XXI.
_____ (2006 [2004]) "La acumulación por desposesión", en C. Bueno & M. Pérez (coords.), *Espacios globales*, México, Universidad Iberoamericana & Plaza y Valdés.

Herkovits, Melville (1954) *Antropología económica,* México, FCE.

Hernández, Fausto (2003) *La economía de la deuda. Lecciones desde México*, México, FCE.

Hiernaux-Nicolas, Daniel (2000) *Metrópoli y etnicidad. Los indígenas en el Valle de Chalco*, México, FONCA.

Hirabayashi, Lane (1984) "Formación de asociaciones de pueblos migrantes a México: mixtecos y zapotecos", en *América Indígena*, Vol. XLV, núm. 3, México.

Hobsbawm, Eric (2004 [1971]) "Introducción", en K. Marx & E. Hobsbawm, *Formaciones económicas precapitalistas*, México, Siglo XXI.
_____ & Ranger, Terence (2002 [1983]) *La invención de la tradición*, Barcelona, Crítica.

Horowitz, Donald (1985) *Ethnic Groups in Conflict*, Berkeley, Los Ángeles & London, University of California Press.

Ingold, Tim (1996) "Key debates in Anthropology", en T. Ingold, *Debate Human worlds are culturally constructed*, London.

_____ (2001 [1996]) "El forrajero óptimo y el hombre económico", en P. Descola & G. Pálsson (coords.), *Naturaleza y sociedad. Perspectivas antropológicas*, México, Siglo XXI.

Instituto Nacional de Estadística, Geografía e Informática (INEGI) (2004) *La población hablante de lengua indígena del D.F.*, México.

Instituto Nacional Indigenista, Consejo Nacional de Población & Programa de las Naciones Unidas para el desarrollo (2003) *Indicadores socioeconómicos de los pueblos indígenas de México*, México, INI, CONAPO & PNUD, en sitio web: http://www.cdi.gob.mx/index.php?option=com_content&task=view&id=206&Itemid=54

Jacobs, Jane (1973 [1961]) *Muerte y vida de las grandes ciudades*, Madrid, Península.

Jacorzynski, Witold (2004) *Crepúsculos de los ídolos en la antropología social: más allá de Malinowski y los posmodernistas*, México, CIESAS & M. Á. Porrúa.

Joseph, Isaac (2002 [1984]) *El transeúnte y el espacio urbano. Sobre la dispersión y el espacio urbano*, Barcelona, Gedisa.

Jung, Carl (1981) *Arquetipos e inconsciente colectivo*, Barcelona, Paidós.

Kaplan, David (1975) "La controversia formalistas-sustantivistas de la Antropología Económica: reflexiones sobre sus amplias implicaciones", en M. Godelier (Comp.), *Antropología y Economía*, Barcelona, Anagrama.

Kaztman, Rubén (2001) "Seducidos y abandonados: pobres urbanos, aislamiento social y políticas públicas", ponencia presentada al Seminario Internacional *Las diferentes expresiones de la vulnerabilidad social en América Latina y el Caribe*, Santiago, CEPAL.

Kemper, Robert (1976) *Campesinos en la ciudad. Gente de Tzintzuntzan*, México, Sep-Setentas.

Kopytoff, Igor (1991 [1986]) "La biografía cultural de las cosas: la mercantilización como proceso", en A. Appadurai (ed.), *La vida social de las cosas: perspectiva cultural de las mercancías*, México, CONACULTA & Grijalbo.

Korsbaek, Leif & Barrios, Marcela (2004) "La Antropología y la Economía", en *Ciencia ergo sum*, año/vol. 11, Toluca, México, UAEM.

Kymlicka, Will (1996) *Ciudadanía multicultural*, Barcelona, Paidós.

Labourthe-Tolra, Philippe & Warnier, Jean-Pierre (1998) *Etnología y antropología*, Madrid, Akal.

Lacarrieu, Mónica (2007) "Una antropología de las ciudades y la ciudad de los antropólogos", en *Nueva Antropología*, Vol. XX, N°67, Méx ico, UNAM-IIJ.

Lajugie, Joseph (1994 [1963]) *Los sistemas económicos*, Buenos Aires, Eudeba.

Lanzagorta, María del Rosario (1983) *Variante mixteca del fenómeno migratorio en la Ciudad de México: componentes y correlaciones*, Tesis de maestría en ciencias antropológicas, México, ENAH.

Lash, Scott & Urry, John (1998 [1994]) *Economías de signos y espacios. Sobre el capitalismo de la posorganización*, Buenos Aires, Amorrortu.

Latour, Bruno (2007 [1991]) *Nunca fuimos modernos. Ensayo de antropología simétrica*, Buenos Aires, Siglo XXI.

Leclair, Edward (1976) "Teoría económica y antropología económica", en M. Godelier (Comp.), *Antropología y Economía*, Barcelona, Anagrama.

Leeds, Anthony (1975) "La sociedad urbana engloba a la rural: especializaciones, nucleamientos, campo y redes; metateoría, teoría y método", en J. Hardoy & R. Schaedel, *Las ciudades de América Latina*, Buenos Aires, SIAP.

Lefebvre, Henri (1973 [1970]) *De lo rural a lo urbano*, Barcelona, Península.
_____ (1978 [1968]) *El derecho a la ciudad*, Barcelona, Península.
_____ (1976 [1972]) *Espacio y política. El derecho a la ciudad, II*, Barcelona, Península.
_____ (1983 [1970]) *La revolución urbana*, Madrid, Alianza.

León-Portilla, Miguel (1976) *Culturas en peligro*, México, Alianza.

Lévi-Strauss, Claude (1988 [1969]) *Las estructuras elementales del parentesco*, Buenos Aires, Paidós.

Lewis, Óscar (1973 [1961]) *Los hijos de Sánchez*, México, Joaquín Mortiz.
_____ (1961 [1959]) *Antropología de la pobreza. Cinco familias*, México, FCE.

Lomnitz, Claudio (2005) "Sobre reciprocidad negativa", en *Revista de Antropología Social*, N°14, Madrid, UCM.

Long, Norman (2007 [2001]) *Sociología del desarrollo: una perspectiva centrada en el actor*, México, El Colegio de San Luis & CIESAS.

López, Juana (2004) *Vocabulario Ngiba de Xadeduxö (pueblo del sol), Teotongo*, México, Comité de Cultura, H. Ayuntamiento Constitucional, CONACULTA.

López, Felipe & Runsten, David (2004) "El trabajo de los mixtecos y los zapotecos en California: experiencia rural y urbana", en J. Fox & G. Rivera (coords.), *Indígenas mexicanos migrantes en los Estados Unidos*, México, Miguel Ángel Porrúa.

Losada, Hermenegildo, *et al.* (2006) "La tradición de tener animales en los pueblos originarios de Iztapalapa", en *Iztapalapa. Revista de Ciencias Sociales y Humanidades*, Año 27, N°60, México, UAM-Iztapalapa.

Lotman, Iuri (1996) *La semiosfera I. Semiótica de la cultura y del texto*, Madrid, Cátedra.

Maffesoli, Michel (2004 [2000]) *El tiempo de las tribus. El ocaso del individualismo en las sociedades posmodernas*, México, Siglo XXI.

Máiz, Ramón (2003) "Nacionalismo y movilización política", en *Nacionalismos y movilización política*, Buenos Aires, Prometeo.

Malinowski, Bronislaw (1973 [1922]) *Los argonautas del pacífico occidental*, Barcelona, Península.
_____ (1976 [1920]) "La economía primitiva de los isleños de Trobriand", en M. Godelier (Comp.), *Antropología y Economía*, Barcelona, Anagrama.
_____ & De la Fuente, Julio (2005 [1957]) *La economía de un sistema de mercado en México. Un ensayo de etnografía contemporánea y cambio social en un valle mexicano*, México, Universidad Iberoamericana.

Marcus, George (2001) "Etnografía en/del sistema mundo. El surgimiento de la etnografía multilocal", en *Alteridades*, Vol. 11, N°22, México, UAM-Iztapalapa.
_____ (2005) "Del *rapport* en camino a borrarse a los teatros de reflexividad cómplice", en *Potlatch, Cuaderno de antropología semiótica*, año II, N°2, Buenos Aires, UN editora, en sitio web: http://www.potlatch.com.ar/pdf/potlatch%2002/POTLATCH_VOLUMEN_II.pdf
_____ & Fisher, Michael (2000 [1986]) *La antropología como crítica cultural. Un momento experimental en las ciencias humanas*, Buenos Aires, Amorrortu.

Marcuse, Peter (2001) "Enclaves sí, ghettos no: la segregación y el Estado", ponencia presentada al Seminario Internacional *Las diferentes expresiones de la vulnerabilidad social en América Latina y el Caribe*, Santiago (traducción de F. Sabatini).

Marroquín, Alejandro (1978 [1957]) *La ciudad mercado (Tlaxiaco)*, México, Instituto Nacional Indigenista (INI).

Martínez, Regina (2007) *Vivir invisibles. La resignificación cultural entre los otomíes urbanos de Guadalajara*, México, CIESAS.
_____ & De la Peña, Guillermo (2004) "Migrantes y comunidades morales:

resignificación, etnicidad y redes sociales en Guadalajara", en P. Yanes, V. Molina & O. González, *Ciudad, pueblos indígenas y etnicidad*, México, UCM & Dirección General de Equidad y Desarrollo Social.
_____ & Saldívar, Emiko & Muller, Lara (2007) *Infancia indígena en la Ciudad de México: educación, trabajo y familia en la socialización para la vida*, Documento de trabajo UNICEF, Fundación Ford, CIESAS & UIA, México.

Martínez, Ubaldo (1990) *Antropología Económica. Conceptos, teoría y debates*, Barcelona, Icaria.

Marx, Karl (1971 [1858]) *Elementos fundamentales para la crítica de la economía política (borrador) 1857-1858. Grundisse, Volumen I*, Buenos Aires, Siglo XXI.

Mauss, Marcel (1971 [1925]) "Ensayo sobre el don", en *Sociología y Antropología*, Madrid, Tecnos.

Max Neef, Manfred, Elizalde, Antonio & Hopenhayn, Martín (1986) *Desarrollo a escala humana. Una opción para el futuro*, Fundación Daghammarskjold y Cepaur, Número especial, Santiago, en sitio web: www.dhf.uu.se/pdffiler/86_especial.pdf

Messmacher, Miguel (1987) *México: Megalópolis*, México, SEP.

Mingione, Enzo (1994) "Sector informal y estrategias de sobrevivencia: hipótesis para el desarrollo de un campo de indagación", en R. Millán (comp.), *Solidaridad y producción informal de recursos*, México, UNAM.

Mintz, Sydney (1982) "Sistemas de mercado interno como mecanismos de articulación social", *Nueva Antropología. Revista de Ciencias Sociales*, Año VI, N°19, México, UNAM.

Mitchell, Clyde (1980 [1966]) "Orientaciones teóricas de los estudios urbanos en África", en M. Banton (comp.), *Antropología social de las sociedades complejas*, Madrid, Alianza.
_____ (1969) "The concept and use of social networks", en C. Mitchell (comp.), *Social networks in urban situations*, Manchester, Manchester University Press.

Moctezuma, Pedro (1999) *Despertares. Comunidad y organización urbano popular en México 1970-1994*, México, Universidad Iberoamericana & UAM-Iztapalapa.
_____ (2001) "Community-based organization and participatory planning in south-east Mexico City", *Environment & Urbanization*, Vol. 13, N°2, en sitio web: http://eau.sagepub.com/cgi/content/abstract/13/2/117

Molina, Virginia (2007) "Población de cinco años y más hablante de lenguas indígenas en la ZMVM según lengua indígena, área de la ZMVM y preponderancia de género" (con base en INEGI, XII Censo General de Población y Vivienda, 2000), comunicación personal.

_____ & Hernández, Juan (2006) "Perfil sociodemográfico de la población indígena en la Zona Metropolitana de la Ciudad de México, 2000. Los retos para la política pública", en P. Yanes, V. Molina & O. González (coords.), *El triple desafío. Derechos, instituciones y políticas para la ciudad pluricultural*, México, Gobierno del Distrito Federal-Secretaría de Desarrollo Social & UACM.

Mongin, Olivier (2006 [2005]) *La condición urbana. La ciudad a la hora de la mundialización*, Buenos Aires, Paidós.

Montemayor, Carlos (2008 [2000]) *Los pueblos indios en México. Evolución histórica de su concepto y realidad social*, México, Mondadori.
_____ (coordinador) (2007) *Diccionario del náhuatl en el español de México*, México, UNAM.

Narotzky, Susana (2004) *Antropología económica. Nuevas tendencias*, Barcelona, Melusina.

Navarro, Bernardo (1994) "San Miguel Teotongo, ¿barrio en transición?", en J. L. Lee & C. Valdez, *La ciudad y sus barrios*, México, UAM-Xochimilco.
_____ & Moctezuma, Pedro (1989) *La urbanización popular en la Ciudad de México*, México, UNAM-IIE.

Nolasco, Margarita (1981) *Cuatro ciudades. El proceso de urbanización dependiente*, México, INAH.

Nussbaum, Martha (2003) "Pobreza: desarrollos conceptuales y metodológicos", en *Comercio Exterior*, Vol. 53, N°5, México.
_____ & Sen, Amartya (Comps.) (1996) *La calidad de vida*, México, FCE.

Oehmichen, Cristina (2001) "Espacio urbano y segregación étnica en la Ciudad de México", en Papeles de población, N°28, México, UAEM.
_____ (2005) *Identidad, género y relaciones interétnicas. Mazahuas en la ciudad de México*, México, UNAM-IIA-PUEG.
_____ (2005) "La multiculturalidad de la Ciudad de México y los derechos indígenas", en P. Yanes, V. Molina & O. González (coords.), *Urbi indiano. La larga marcha a la ciudad diversa*, México, UACM, GDF, Secretaría de desarrollo social, equidad y desarrollo.

Orellana, Carlos (1973) "Mixtec migrants in Mexico City: a case study of urbanization", en *Human Organization*, Vol. 32, N°3.

Pacheco, Guadalupe (1993) "La ciudad, un nuevo espacio electoral", en M. Estrada, R. Nieto, E. Nivón, M. Rodríguez (coords.), *Antropología y ciudad*, México, CIESAS & UAM-Iztapalapa.

Palacios, Agustín (1997) "Migración: procesos transculturales e identidad en la familia citadina", en L. Solís (coord.), *La familia en la Ciudad de México. Presente, pasado y devenir*, México, Miguel Ángel Porrúa.

Palerm, Ángel (2008 [1980]) *Antropología y marxismo*, CIESAS, UAM & México, Universidad Iberoamericana.

Pálsson, Gísli (2001 [1996]) "Relaciones humano-ambientales. Orientalismo, paternalismo y comunalismo", en P. Descola & G. Pálsson (coords.), *Naturaleza y sociedad. Perspectivas antropológicas*, México, Siglo XXI.

Paré, Luisa (1978) "Caciquismo y estructura de poder en la sierra norte de Puebla", en *Caciquismo y poder político en el México rural*, México, UNAM & Siglo XXI.

Park, Robert (1999) *La ciudad y otros ensayos de ecología urbana*, Estudio preliminar y traducción de Emilio Martínez, Barcelona, Ediciones del Serbal.

Parry, Jonathan & Bloch, Maurice (1996 [1989]) "Introduction: Money and the morality of Exchange", en J. Parry & M. Bloch (eds.), *Money and the morality of exchange*, Cambridge, Cambridge University Press.

Peach, Ceri (2001) "The ghetto and the ethnic enclave", J. Doomernik & H. Knippenberg (editors), *Migration and immigrants: between policy and reality*, Aksant, en sitio web: http://books.google.es/books?hl=es&lr=&id=MZjhAFxMWd0C&oi=fnd&pg=PA99&dq= Peach+ethnic+enclave&ots=ub4lo3l8x9&sig=4HOCAd1s7VeA73doTEijTFHOOSc#PP P1,M1

Pérez, Margarita (2004) "México: ciudad global en la diversidad", en C. Bueno & M. Pérez (coords.), *Espacios globales*, México, Universidad Iberoamericana & Plaza y Valdés.

Pérez, Maya (2002) "Del comunalismo a las megaciudades: el nuevo rostro de los indígenas urbanos", en G. de la Peña & L. Vásquez (coords.), *La antropología sociocultural en el México del milenio. Búsquedas, encuentros y transiciones*, México, INI, CONACULTA & FCE.
_____ (2005) "Indígenas y relaciones interétnicas en la Ciudad de México. Un panorama general", en M. A. Bartolomé (coord.), *Visiones de la diversidad. Relaciones interétnicas e identidades indígenas en el México actual*, Vol. III, México, INAH.

Perrusquía, Arturo (2006) "Iztapalapa, la otra cara de la moneda: sus pueblos originarios", en P. Yanes, V. Molina & O. González, *El triple desafío. Derechos, instituciones y políticas para la ciudad pluricultural*, México, Gobierno del Distrito Federal-Secretaría de Desarrollo Social & UACM.

Plattner, Stuart (1991 [1989]) "Mercados y centros mercantiles", en S. Plattner (editor), *Antropología económica*, México, CONACULTA & Alianza.
_____ (1991 [1989]) "El comportamiento económico en los mercados", en S.

Plattner (editor), *Antropología económica*, México, CONACULTA & Alianza.

Polanyi, Karl (1976) "El sistema económico como proceso institucionalizado", en M. Godelier (Comp.), *Antropología y Economía*, Barcelona, Anagrama.
_____ (2006 [1944]) *La gran transformación. Los orígenes políticos y económicos de nuestro tiempo*, México, FCE.

Portal, María Ana & Safa, Patricia (2005) "De la fragmentación urbana al estudio de la diversidad en las grandes ciudades", en N. García Canclini (coord.), *La antropología urbana en México*, México, CONACULTA, UAM-Iztapalapa & FCE.

Portes, Alejandro (1995) *En torno a la informalidad: ensayos sobre teoría y medición de la economía no regulada*, México, FLACSO.

Pozas, Ricardo (1959 [1948]) *Juan Pérez Jolote. Biografía de un tzotzil*, México, FCE.

Pozas, María (2006) "La nueva sociología económica: debates y contradicciones en la construcción de su objeto de estudio", en E. de la Garza (Coord.), *Tratado latinoamericano de Sociología*, México, Anthropos, UAM-Iztapalapa.

Pradilla, Emilio & Sodi, Demetrio (2006) *La ciudad incluyente. Un proyecto democrático para el Distrito Federal*, México, Océano.

Pujadas, Joan (1996) "Antropología urbana", en J. Prat & A. Martínez (editores), *Ensayos de antropología cultural. Homenaje a Claudio Esteva-Fabregat*, Barcelona, Ariel.

Queiroz, Luiz (2005) "Segregación residencial y segmentación social: el 'efecto vecindario' en la reproducción de la pobreza en las metrópolis brasileñas", en S. Alvarez (Comp.), *Trabajo y producción de la pobreza en Latinoamérica y el Caribe. Estructuras, discursos y actores*, Buenos Aires, CLACSO.

Quintal, Ella (1988) "La cuestión urbana", en C. García & M. Villalobos (coords.) *La antropología en México. Panorama histórico. 4. Las cuestiones medulares (etnología y antropología social)*, México, INAH.

Ramírez, Esteban *et al.* (2005) "Los Reyes La Paz", *Enciclopedia de los municipios de México*, en sitio web: http://www.e-local.gob.mx/wb2/ELOCAL/EMM_mexico

Redfield, Robert (1941) *Tepoztlan, a mexican village: a study of folk life*, Chicago, University of Chicago Press.

Reguillo, Rossana (2005 [1996]) *La construcción simbólica de la ciudad. Sociedad, desastre y comunicación*, México, ITESO & Universidad Iberoamericana.

Repetto, Fabián (2007) "Nueva matriz socio-política, problemas sociales y políticas públicas. América Latina a inicios del siglo XXI", en G. Saraví (editor), *De la pobreza a la exclusión. Continuidades y rupturas de la cuestión social en América Latina*, Buenos Aires, CIESAS & Prometeo.

Reygadas, Luis (2008) *La apropiación. Destejiendo las redes de la desigualdad*, Barcelona/México, Anthropos/UAM-Iztapalapa.

Reynoso, Carlos (2008) *Corrientes teóricas en Antropología: perspectivas desde el siglo XXI*, Buenos Aires, SB.

Río, Manuel (2002) "Visiones de la etnicidad", Reis, 98/02, Madrid, Universidad Complutense de Madrid, en sitio web: www.reis.cis.es/REISWeb/PDF/REIS_098_07.pdf

Roberts, Bryan (1996) "Estrategias familiares, pobreza urbana y prácticas ciudadanas. Un análisis comparativo", en *Anuario de estudios urbanos*, N°3, México, UAM-Azcapotzalco.
_____ (2007) "La estructuración de la pobreza", en G. Saraví (editor), *De la pobreza a la exclusión. Continuidades y rupturas de la cuestión social en América Latina*, Buenos Aires, CIESAS & Prometeo.

Romaní, Oriol (1996) "Antropología de la marginación. Una cierta incertidumbre", en J. Prat & A. Martínez (Eds.), *Ensayos de Antropología cultural. Homenaje a C. Esteva-Fabregat*, Barcelona, Ariel.

Romer, Marta (2003) ¿Quién soy? *La identidad étnica en la generación de los hijos de migrantes indígenas en la Zona Metropolitana de la Ciudad de México*, Tesis para optar por el título de doctora en Antropología, México, ENAH.

Romero, Jesús, Ortiz, Cristina, González, Alejandro & González, Leticia (1994) *San Miguel Teotongo, la dignidad de nuestro presente*, México, UAM-Iztapalapa.

Rosaldo, Renato (1994) "Ciudadanía cultural en San José, California", en *De lo local a lo global. Perspectivas desde la antropología*, México, UAM-Iztapalapa.

Roseberry, William (1991 [1989]) "Los campesinos y el mundo", en S. Plattner (editor), *Antropología económica*, México, CONACULTA & Alianza.

Ruiz, José (2003) *Metodología de la investigación cualitativa*, Bilbao, Universidad de Deusto.

Sabatini, Francisco & Cáceres, Gonzalo (2006) "¿Es posible la mezcla social en el espacio?: la inclusión residencial y la nueva conflictividad urbana en Latinoamérica", (ms).
_____, Campos, D., Cáceres, G. & Blonda, L. (2007) "Nuevas formas de pobreza y movilización popular en Santiago de Chile", en G. Saraví (editor), *De la pobreza a la exclusión. Continuidades y rupturas de la cuestión social en América Latina*, Buenos Aires, CIESAS & Prometeo.

Sahlins, Marshall (1976) "Economía tribal", en M. Godelier (Comp.), *Antropología y Economía*, Barcelona, Anagrama.
_____ (1977 [1972]) *La economía de la edad de piedra,* Madrid, Akal.
_____ (1997 [1976]) *Cultura y razón práctica*, Barcelona, Gedisa.
_____ (1997 [1985]) *Islas de historia: la muerte del capitán Cook. Metáfora, antropología e historia*, Barcelona, Gedisa.
_____ (2001) "Dos o tres cosas que sé sobre el concepto de cultura", en *Revista Colombiana de Antropología*, Vol. 37, Bogotá, Instituto Colombiano de Antropología e Historia.

Salas, Hernán (2000) "Antropología y estudios rurales", en R. Pérez Taylor (Comp.), *Aprender-Comprender la Antropología*, México, Compañía Editorial Continental.
_____ (2005) "El desarrollo: crítica a un modelo cultural", en R. Cassigoli & J. Turner, *Tradición y emancipación cultural en América Latina*, México, Siglo XXI.

Santos, B. de Sousa (2005) *El milenio huérfano. Ensayos para una nueva cultura política*, Madrid, Trotta.

Saraví, Gonzalo (2007) "Nuevas realidades y nuevos enfoques: exclusión social en América Latina", en G. Saraví (editor), *De la pobreza a la exclusión. Continuidades y rupturas de la cuestión social en América Latina*, Buenos Aires, CIESAS & Prometeo.

Sassen, Saskia (2004) "Ciudades en la economía global: enfoques teóricos y metodológicos", en P. Navia & M. Zimmerman, *Las ciudades latinoamericanas en el nuevo [des]orden mundial*, México, Siglo XXI.

Schteingart, Martha (2001) "La división social del espacio en las ciudades", *Perfiles Latinoamericanos*, Revista de la sede académica de México de la FLACSO, Año 9, núm. 19, México.

SCINCE por colonias, 2000, México.

Scott, James (2000 [1990]) *Los dominados y el arte de la resistencia*, México, ERA.

Sebeok, Thomas (1986) "A semiotic perspective on the sciences", en *I think I am a verb. More contributions to the doctrine of signs*, Indiana University, Bloomington, Indiana, Plenum Press, New York and London.

Seligmann, Márcio (2008) "San Pablo: dos fotógrafos que revelan el inconsciente óptico de la ciudad", en R. Buchenhorst & M. Vedda (eds.), *Observaciones urbanas: Walter Benjamín y las nuevas ciudades*, Buenos Aires, Gorla.

Sen, Amartya (2002) *La desigualdad económica*, México, FCE.
_____ (2003) "Pobre, en términos relativos", en *Comercio Exterior*, Vol. 53, N°5, Méx ico.

Sennett, Richard (1975 [1970]) *Vida urbana e identidad personal. Los usos del desorden*, Península, Barcelona.
_____ (2006 [1998]) *La corrosión del carácter. Las consecuencias personales del trabajo en el nuevo capitalismo*, Barcelona, Anagrama.

Sevilla, Amparo (1993) "Las expresiones culturales de la CONAMUP, o identidades colectivas y lucha urbana", en M. Estrada, R. Nieto, E. Nivón, M. Rodríguez (coords.), *Antropología y ciudad*, México, CIESAS & UAM-Iztapalapa.

Sierra, Ligia (2006) "Los estudios urbanos y las visiones antropológicas sobre el trabajo de campo. Un acercamiento personal", en A. Higuera (coord.), *Trabajo de campo. La antropología en acción*, México, Universidad de Quintana Roo & Plaza y Valdés.

Signorelli, Amalia (1999 [1996]) *Antropología urbana*, Barcelona, Anthropos & UAM-Iztapalapa.

Simmel, George (1977 [1907]) *Filosofía del dinero*, Madrid, Instituto de Estudios Políticos.

Smith, Anthony (1997 [1991]) *La identidad nacional*, Madrid, Trama.

Smith, Carol (1982) "El estudio económico de los sistemas de mercadeo: modelos de la geografía económica", *Nueva Antropología. Revista de Ciencias Sociales*, Año VI, N°19, México, UNAM.

Smith, Estellie (1991 [1989]) "La economía informal", en S. Plattner (Comp.), *Antropología económica*, México, CONACULTA y Alianza.

Soriano, Teófilo (2002) *Teotongo. 50 años de historia gráfica*, México, Consejo indígena municipal chocholteco, Teotongo, Oaxaca & INI-CCI Nochixtlán.

Stavenhagen, Rodolfo (1998) "Consideraciones sobre la pobreza en América Latina", en *Estudios sociológicos*, Vol. XVI, N°46, México, El Colegio de México.
_____ (2000) "Introducción al derecho indígena", en *Derechos humanos de los pueblos indígenas*. México, Comisión Nacional de los Derechos Humanos.
_____ (2001) *La cuestión étnica*, México, El Colegio de México.

Stephen, Lynn (2004) "Campesinos mixtecos en Oregon: trabajo y etnicidad en sindicatos agrícolas y asociaciones de pueblos", en J. Fox & G. Rivera (coords.), *Indígenas mexicanos migrantes en los Estados Unidos*, México, Miguel Ángel Porrúa.

Subirats, Joan (director) (2004) "Pobreza y exclusión social. Un análisis de la realidad española y europea", *Estudios Sociales*, N°16, Fundación La Caixa, Barcelona, en sitio web: www.estudios.lacaixa.es
_____ (2005) "¿Es el territorio urbano una variable significativa en los

procesos de exclusión e inclusión social?", X Congreso Internacional del CLAD sobre la Reforma del Estado y de la Administración Pública, Santiago, en sitio web: www.clad.org.ve/fulltext/0053001.pdf
_____ (2008) "Desarrollo urbano y política social. El valor de la proximidad", en E. Cabrero & A. Carrera (Coords.), *Innovación Local en América Latina*, México, Centro de Investigación y Docencia Económicas (CIDE).

Supervielle, Marcos & Quiñones, Mariela (2005) "De la marginalidad a la exclusión social: cuando el empleo desaparece", en S. Alvarez (Comp.), *Trabajo y producción de la pobreza en Latinoamérica y el Caribe. Estructuras, discursos y actores*, Buenos Aires, CLACSO.

Taussig, Michael (1993 [1980]) *El diablo y el fetichismo de la mercancía en Sudamérica*, México, Nueva Imagen.

Taylor, Charles (1993) *El multiculturalismo y "la política del reconocimiento"*, México, FCE.

Tedlock, Dennos (1991) "Preguntas concernientes a la antropología dialógica", en C. Reynoso (comp.), *El surgimiento de la antropología posmoderna*, México, Gedisa.

Tezanos, José (1999) "Introducción. Tendencias de dualización y exclusión social en las sociedades tecnológicas avanzadas. Un marco para el análisis", en J. Tezanos (ed.), *Tendencias en desigualdad y exclusión social. Tercer foro sobre tendencias sociales*, Madrid, Editorial Sistema.
_____ (2002) "Desigualdad y exclusión social en las sociedades tecnológicas", *Revista del Ministerio del Trabajo y Asuntos Sociales*, N°35, Madrid, en sitio web: http://www.mtas.es/es/publica/revista/numeros/35/estudio2.pdf

Thacker, Marjorie & Bazúa, Silvia (1992) *Indígenas urbanos de la Ciudad de México: proyectos de vida y estrategias*, México, INI.

Thompson, Edward (2000 [1971]) *Costumbres en común*, Barcelona, Crítica.

Thompson, John (1993) *Ideología y cultura moderna. Teoría crítica social en la era de la comunicación de masas*, México, UAM-Xochimilco.

Tosoni, María (2007) "Notas sobre el clientelismo político en la Ciudad de México", en *Perfiles latinoamericanos*, N°29, México.

Trinchero, Hugo (1992) "De la economía y antropología clásicas a la antropología económica", en H. Trinchero (Comp.), *Antropología económica I*, Buenos Aires, CEAL.

Uexküll, Thure von (1989) "Jacob von Uexküll's Umwelt-Theory", en A. Sebeok y J. Umiker-Sebeok, *The semiotic web*, Berlin, New York, Mounton de Gruyter.

Unikel, Luis (1976) *El desarrollo urbano de México*, México, El Colegio de México.

Valencia, Enrique (1965) *La Merced. Estudio ecológico y social de una zona de la Ciudad de México*, México, INAH.

Valencia, Alberto (2000) *La migración indígena a las ciudades*, México, INI/PNUD.

Valenzuela, Blas (2007) *Economías étnicas en metrópolis multiculturales. Empresarialidad sinaloense en el sur de California*, México, Plaza & Valdés.

Van den Berghe, Peter (2002 [1978]) "Fundamentos sociobiológicos de la etnicidad", en E. Terrén (ed.), *Razas en conflicto. Perspectivas sociológicas*, Anthropos, Barcelona.

Vargas, Patricia & Flores, Julia (2002) "Los indígenas en ciudades de México: el caso de los mazahuas, otomíes, triquis, zapotecos y mayas", en *Papeles de Población*, N°34, CIEAP/UAEM, Toluca.

Vasilachis de Gialdino, Irene (1992) *Métodos cualitativos I. Los problemas teórico-epistemológicos*, Buenos Aires, Centro Editor de América Latina.

Veblen, Thorstein (1963 [1899]) *Teoría de la clase ociosa*, México, FCE.

Veerkamp, Verónica (1982) "Productos agrícolas y el tianguis en Ciudad Guzmán", *Nueva Antropología. Revista de Ciencias Sociales*, Año VI, N°19, México, UNAM.

Velasco, Laura (2007) "Migraciones indígenas a las ciudades de México y Tijuana", en *Papeles de población*, N°52, México.

Velasco, Griselle, Chávez, José Luis & Cruz, Antonio (2007) "La migración de mixtecos oaxaqueños como estrategia de desarrollo familiar", en sitio web: http://www.sicbasa.com/tuto/AMECIDER2007/Parte%207%5CGriselle%20J.%20Vela sco%20Rodr%C3%ADguez%20et%20al.pdf

Vélez-Ibáñez, Carlos (1993 [1983]) *Lazos de confianza. Los sistemas culturales y económicos de crédito en las poblaciones de los Estados Unidos y México*, México, FCE.

Verhaar, John (1970) "Method, theory and phenomenology", en P. Garvin, *Method and theory in Linguistics*, Paris, Ed. Mouton, The Hague.

Villavicencio, Daniel (2000) "Economía y sociología: historia reciente de una relación conflictiva, discontinua y recurrente", en E. de la Garza (Coord.), *Tratado latinoamericano de sociología del trabajo*, México, El Colegio de México, FLACSO, UAM, FCE.

Villarreal, Magdalena (2004) "Divisas intangibles en las relaciones de ahorro y endeudamiento: a manera de conclusión", en M. Villarreal (Coord.), *Antropología de la deuda. Crédito, ahorro, fiado y prestado en las finanzas cotidianas*, México, CIESAS & Miguel Ángel Porrúa.

Villela, Samuel & Vitoria, Don (1988) "La antropología económica" en C. García & M. Villalobos (coords.) *La antropología en México. Panorama histórico. 4. Las cuestiones medulares (etnología y antropología social)*, México, INAH.

Vite, Miguel Ángel (2007) *La nueva desigualdad social mexicana*, México, Miguel Ángel Porrúa.
_____ & Rico, Roberto (2001) *Qué solos están los pobres. Neoliberalismo y urbanización popular en la Zona Metropolitana de la Ciudad de México*, México, Plaza y Valdés.

Wacquant, Loic (2001) *Parias urbanos: marginalidad en la ciudad a comienzos del milenio*, Buenos Aires, Manantial.
_____ (2006) "El regreso del reprimido: violencia, 'raza' y dualismo en tres sociedades avanzadas", en S. Ciappi (editor), *Periferias del imperio. Poderes globales y control social*, Bogotá, Pontificia Universidad Javeriana.

Wallerstein, Immanuel (1988 [1983]) *El capitalismo histórico*, México, Siglo XXI.

Warman, Arturo (2003) *Los indios mexicanos en el umbral del milenio*, México, FCE.

Wartofsky, Marx (1986 [1968]) *Introducción a la filosofía de la ciencia*, Madrid, Alianza.

Weber, Max (1964 [1922]) *Economía y sociedad. I. Teoría de la organización social*, México, FCE.
_____ (1987 [1904]) *La ciudad*, Madrid, La Piqueta.

Wieviorka, Michel (1992) *El espacio del racismo*, Barcelona, Paidós.

Williams, Raymond (2001 [1973]) *El campo y la ciudad*, México, Paidós.

Wirth, Louis (1988 [1938]) "El urbanismo como forma de vida", en *Leer la ciudad*, M. Fernández-Martorell (ed.), Barcelona, Icaria.
_____ (2002 [1928]) "El gueto", en *Razas en conflicto. Perspectivas sociológicas*, E. Terrén (ed.), Barcelona, Anthropos.

Wolf, Eric (1971) *Los campesinos*, Barcelona, Nueva Colección Labor.
_____ (2001 [1998]) *Figurar el poder: ideologías de dominación y crisis*, México, CIESAS.
_____ (1994 [1982]) *Europa y la gente sin historia*, México, FCE.

Yanes, Pablo (2008) "Diferentes y desiguales: los indígenas urbanos en el Distrito Federal", en R. Cordera, P. Ramírez & A. Ziccardi, *Pobreza, desigualdad y exclusión social en la ciudad del siglo XXI*, México, UNAM-IIS & Siglo XXI.

Zermeño, Sergio (2005) *La desmodernidad mexicana y las alternativas a la violencia y a la exclusión en nuestros días*, México, Océano.

Sitios web:

www.cdi.gob.mx/indicadores/em_cuadro01_df.pdf

www.iztapalapa.df.gob.mx/htm/main.html

www.equipopueblo.org.mx/rd_ucs.htm.

http://www.securitycornermexico.com/index2.php?option=com_content&do_pdf=1&id=380